시편으로의 초대

INVITATION TO THE PSALMS

시편 독자를 위한 가이드

시편으로의 초대

초판 1쇄 발행 2014년 2월 20일
초판 1쇄 발행 2014년 2월 25일

지은이 롤프 A. 제이콥슨·칼 N. 제이콥슨
옮긴이 류호준·방정열
펴낸이 장대윤

펴낸곳 도서출판 대서
등록 제22-2411호
주소 서울시 서초구 방배동 981-56
전화 02-583-0612 / 팩스 02-583-0543
메일 daiseo1216@hanmail.net

디자인 참디자인(02-3216-1085)

ISBN 978-89-92619-97-4 03230

시편으로의 초대

INVITATION TO THE PSALMS

시편 독자를 위한 가이드

롤프 A. 제이콥슨 · 칼 N. 제이콥슨 지음

류호준 · 방정열 옮김

도서출판 대서

목차

3. 시편은 무엇인가?

4. 시인(Psalmist)은 누구인가?

역자 서문

성경은 하나님의 말씀으로서 신앙공동체의 신앙과 삶을 위한 유일한 규범입니다. 전통적으로 개혁교회는 크리스천의 삶에 있어서 성경의 중심성을 강조하여 왔습니다. 개혁교회 전통 아래 있는 크리스천들은 성경을 귀하여 여기며 그 내용을 깊이 연구하고 그 말씀 속에서 그리고 그 말씀을 통하여 일하시는 성령의 음성을 듣는 일에 주의를 집중하여 왔습니다. 이처럼 성경을 연구하는 일은 경건한 크리스천들의 신앙적 특징 중에 하나였습니다. 그들은 그냥 덮어놓고 성경을 읽는 일을 멀리하였습니다. 그 말씀의 내용뿐 아니라 그 말씀의 형식까지 관심을 두었습니다. 성경이 말씀하고자 하는 메시지는 내용뿐 아니라 형식을 통해 전달되기 때문입니다. 내용과 형식은 언제나 함께 가기 때문입니다.

이처럼 성경이 말씀하려는 '것'(what)을 잘 알려면, 그것이 '어떻게'(how) 전달되고 있는지를 살펴보면 잘 알게 됩니다. 성경을 연구하는 이유가 바로 여기에 있습니다. 예를 들어, 문헌으로서 성경에는 다양한 장르들이 있습니다. 시, 비유, 역사, 우화, 잠언, 서간문, 묵시, 예언, 족보와 같은 다양한 문학적 장르들이 사용되고 있습니다. 따라서 각각의 문학적 장르의 형식을 잘 이해해야 그 형식에 담겨져 있는 내용을 이해할 수 있을 것입니다. 이런 의미에서 본서는 성경 이해에 매우 중요한 입문서 역할을 합니다. 특별히 히브리 시에 관한 입문서입니다.

구약의 상당부분이 시로 되어있으며 시로 되어 있는 대표적인 문헌이 시편입니다. 시편은 일차적으로 히브리인들의 시(詩)입니다. 따라서 시편을 올바로 이해하고 그 맛을 감상하기 위해서는 히브리 시에 대한 이해는 필수적입니다. 그들이 어떤 방식으로 시를 짓는지, 그들의 시의 특징은 무엇인지, 그들의 시의 형식은 어떤 것이 있는지, 그들의 시의 유형들은 어떤 것들이 있는지, 시편의 시들은 어떻게 결집되었는지, 예배공동체에서 시편의 기능과 역할이 무엇인지, 이와 같은 중요한 질문들에 대한 이해를 가져야만 우리는 어느 정도 시편을 제대로 음미할 수 있을 것입니다.

한국교회의 시편 이해를 저해하는 일차적 요인은 한글 성경번역본들에게서 발견됩니다. 한글 성경 대부분이 히브리 시의 최소한의 형식인 평행법을 배제한 채, 마치 내러티브처럼 촘촘하게 인쇄되어 있다는 것입니다. 창세기나 여호수아의 레이아웃이나 시편이나 잠언의 레이아웃이 똑 같다는 불편한 사실입니다. 시는 시처럼 배열하고 인쇄해야 함에도 불구하고 전혀 그렇지 못하다는 사실입니다. 이처럼 형식적인 측면에서도 시를 시로 느끼게 하거나 경험할 수 없도록 방치했다는 사실에 독자로서 큰 아쉬움을 갖게 되었다는 말입니다. 이 사실은 앞으로 한국의 신학계, 특별히 구약신학계가 분발하여 일반 크리스천들로 하여금 히브리 시를 시로 읽어 내려갈 수 있도록 선도하는 책임을 져야 한다는 것을 의미합니다.

본서는 이러한 자극을 주기에 충분한 히브리 시 안내서입니다. 특별히 하나님의 말씀의 사역자로 준비하고 있는 신학생들이나, 이미 말씀의 수종자로 섬기고 있는 현장의 목회자들은 본서를 통하여 구약성경의 상당부분을 차지하고 있는 히브리 시(시편, 잠언, 전도서, 욥기 뿐 아니라 예언서의 대부분이 히브리 시로 구성되어 있음)의 올바르게 이해하게 될 뿐 아니라 그 형식을 통해 나타나 있는 내용(메시지)을 잘 파악하게 될 수 있으리라 믿습니다.

번역에 관하여 세 가지 사항을 알려드립니다. 첫째, 시편 장르와 관련하여 저자는 학계에서 보통 "탄식시" 혹은 "애탄시"(lament psalms)로 분류되는 시를 "도움 요청시"(Prayers for help)라는 새로운 용어를 사용하고 있습니다. 둘째, 히브리 시 장르 분류에 royal psalms가 있습니다. 한국에선 흔히 "제왕시"라고 번역을 합니다. 문제는 제왕시라는 한자어 때문에 일어납니다. 제왕에는 두 가지 한자어가 가능합니다. 하나는 임금이나 황제를 가리키는 제왕(帝王)이 있고 다른 하나는 여러 왕들이라는 뜻의 제왕(諸王)이 있습니다. 둘 다 "왕의 시"(royal psalm)라는 뜻입니다. 여기서 "왕의 시(詩)"라는 문구의 뜻은 왕이나 왕궁과 관련이 있는 시라는 뜻으로 이해해야 합니다. 왕을 위한 시, 왕의 생일에 바치는 시, 왕조의 번영을 노래하는 시, 왕궁의 혼인이나 대관식과 연관되어 있는 시 등등 다양합니다. 그러므로 왕이나 왕궁과 관계가 있는 다양한 왕적 시들이라는 의미에선 후자의 경우(諸王詩, royal psalms)가 더 적절할 것 같습니다. 이러한 복잡한 한자어의 뜻 때문에 본서에서는 단순하게 "왕의 시"라고 번역하였습니다. 셋째, 하나님의 이름을 한글 성경에서 인용할 때는 관례상 "여호와"로 인용했지만, 그 밖의 경우는 저자의 지시에 따라 "야웨"로 표기했습니다.

본서의 초고 번역은 제자 방정열 목사가 수고했습니다. 현재 미국 트리니티 신학대학원에서 반 게메렌 박사의 지도 아래 시편 연구로 박사학위논문을 쓰고 있는 방 목사는 누구보다 본서의 번역자로 적임자입니다. 지난번 마이클 윌리엄스의 『예언자와 그의 메시지』(대서, 2013)도 함께 공역하였는데, 이번에 다시 본서를 번역 출판하는 일에 함께 하게 되어서 선생 된 나로서는 큰 기쁨이 아닐 수 없습니다. 이 책을 가지고 시편을 연구하고 공부하는 모든 분들에게 부디 큰 영적 유익이 있기를 소원하는 바입니다.

"인생은 그 날이 풀과 같으며
그 영화가 들의 꽃과 같도다." (시 103:15)

류호준 · 방정열 목사

서론

N V I T A T I O N   T O   T H E   P S A L M S

서론

여호와여 내 입의 말과 마음의 묵상이

주의 앞에 열납되기를 원하나이다.

-시 19:14

위에 제시된 구절은 시편 19편의 마지막 구절이다. 이 마지막 구절은 이 시편 안에서 시인의 기도가 하나님이 받으실만한 제물이 되기를 바라는 일종의 마무리 기도로써 첨부되어 있다. 일부 기독교 전승에서는 설교를 시작할 때 회중이 선포될 메시지를 통해 조금이라도 감화되기를 간절히 바라면서 이 구절을 인용해 기도하곤 했었다.

이 구절은 본 저서의 출발점으로 매우 적절해 보인다. 왜냐하면 본 저서의 의도는 시편이 무엇을 말하는지 혹은 무엇을 의미하는지에 관해 분석하기 보다는 시편을 읽으라고 초청하기 때문이다. 즉, 시편의 목적은 사람들이 시편을 읽고, 경험하도록 하는 것이다. 시를 분석하는 것은 유익하고 중요하지만 독자가 한편의 시를 섬세하게 음미할 수 있도록 도와주는 차원에서만 중요할 뿐이다. 분석은 단지 도우미일 뿐이다. 유능한 독자는 시를 분석하여 시 자체가 보다 심오하게 말할 수 있도록 한다. 이것은 모든 시에 적용되며, 특별히 기독교와 유대교 신앙의 시(詩)인 시편에도 마찬가지다.

"시는 어떻게 의미를 전달하는가?" 라는 탁월한 에세이에서 존 차디(John Ciardi)는 "시 분석은 어떤 의미에서 결코 시를 대체할 수 없다. 분석이 할 수 있는 최고의 것은 독자를 준비시켜 시의 세계 안으로 좀 더 민감하게 들어갈 수 있도록 하는 것이다."라고 쓰고 있다.[1] 계속해서 그는 시(詩)의 관심은 "하나의 정의(定義)에 도달한 후 곧바로 책을 덮는 것이 아니라 경험까지 나아가는 것"이라고 말한다.[2] 그런 이유로 차디(Ciardi)는 이렇게 말했다: 시를 읽는 독자가 "시는 무엇을 의미하는가?"라고 질문하는 것이 아니라 "시는 어떻게 의미를 전달하는가?"라고 질문해야 한다. 시는 단순히 생각이나 느낌을 표현하는 것이 아니라, 시는 표현이다. 즉, 시는 단지 사랑, 열정, 혹은 감정에 관해 이야기하는 것이 아니라 사랑, 열정, 혹은 감정의 소리이다.

시편은 믿음의 시이기 때문에 시편의 목적은 연구되기 위한 것이 아니라 읽히기 위한 것이다. 시편에 있는 기도들은 그렇게 기도되기 위한 것이고, 시편의 노래들은 그렇게 불리기 위한 것이다. 시편의 교훈은 그리 살아가도록 하기 위한 것이고, 시편에 담긴 분노는 그렇게 외쳐지기 위한 것이며, 시편에 있는 묵상들은 그리 묵상되기 위한 것이다. 시편 가운데 가장 잘 알려진 시편 23편은 교사가 학생에게 교훈을 주기 위한 것이 아니라 그렇게 드리기 위한 기도이다.

> 여호와는 나의 목자시니 내가 부족함이 없으리로다.
> 　　그가 나를 푸른 초장에 누이시며;
> 쉴만한 물가로 인도하시는도다;
> 　　내 영혼을 소생시키시고.

---

1) John Ciardi, *How Does a Poem Mean?* (New York: Houghton Mifflin, 1959), 663.
2) Ibid., 666.

자기 이름을 위하여,

의의 길로 인도하시는도다.(1-3절)

시편은 믿음을 그저 묘사하는 것이 아니라, 믿음의 표현이다. 신실한 신자가 시편으로 기도할 때, 시편은 시인이 어떻게 느끼는지를 단지 묘사하는 것이 아니라, 오히려 시편으로 기도하는 것을 통해 기도자는 믿음에 이르게 된다.

시편을 배우는 것에 어떤 가치가 있다면, 그렇게 함으로써 학생들은 시편을 읽고, 기도하며, 노래하고, 외치며, 송영하고, 질문하는 법을 배울 수 있다는 것이다.

본 저서는 바로 그렇게 하자고 초대하는 책이다. 이 책에서 제공하는 정보는 요약된 학습 길라잡이 시리즈 크립스노트(CliffsNotes)가 다양한 여러 문학 작품들을 요약하여 대신하는 것처럼 시편을 대체하는 것이 아니다. 오히려 본 저서에서 제공하고 있는 분석은 관광 안내 책자에 제공되어 있는 일종의 정보로 비유될 수 있다. 주요 목적은 독자로 하여금 시편의 전체 풍광(風光)에 익숙해질 수 있도록 하여 자유로이 시편을 탐사하고 그들 사이에서 폭 넓게 거닐도록 한 것이다. "시 서론"(Introduction to Poetry)이라는 유명한 시에서 빌리 콜린스(Billy Collins)는 이 점을 아래와 같이 시적으로 표현하고 있다.[3)]

3) Billy Collins, "Introduction to Poetry" in *The Apple That Astonished Paris* (Fayetteville: University of Arkansas Press, 1988), 58.

시(詩) 서론

사람들에게
시 한 편 집어 들어
칼라 슬라이드처럼
불빛에 비추어 보든지,

벌집에 귀를 바짝 갖다 대어 보라고 말합니다.

쥐 한 마리 시(詩) 안에 빠뜨리고서
출구 찾는 모습을 지켜보든가,

시의 방(房) 안으로 걸어 들어가서
벽을 더듬어 전등 스위치를 찾아보라고도 말합니다.

시의 표면 위에서 수상스키를 타며
해변에 있는 저자(著者)의 이름을 향해
그들이 손을 흔들어 주기를 바랍니다.

그러나 그들이 하고 싶은 것은
시를 의자에 꽁꽁 묶어 놓고
자백을 받아내려 고문하는 것입니다.

그들은 시의 진정한 의미를 찾기 위해
호스(hose)로 시를 때리기 시작합니다.

한 편의 시를 단지 그것의 의미로 축소시키거나, 시의 메시지를 요약하는 것은 "시의 의미"를 찾아내기 위해 "고문하는 일"과 같다. 콜린스의 탁월한 표현을 빌리자면, 시를 읽는 것은 시 표면 위에서 수상스키를 타는 것이고, 벌집에 귀를 바짝 갖다 대는 것이고, 불빛을 통해 그것을 들여다보는 것이다. 이런 이유로 우리는 시편 자체에 있는 예들을 많이 사용할 것이다. 본 저서를 써나가면서, 시편을 많이 인용할 것인지 아니면 적게 인용할 것인지를 결정해야 했을 때, 우리는 "많으면 많을수록 좋다"는 입장을 견지했다.

본 저서의 대상은 시편 전문가는 아니더라도 시편에 관심을 많이 가지고 있는 학생, 즉 성경 히브리어를 읽지 못하거나 혹은 히브리어를 살짝 맛 본 자들을 대상으로 한다. 대체로 우리는 시편 해석 논쟁과 관련하여 전문가들만 주목하는 복잡한 주제들은 다루지 않았다. 이차(二次) 자료에 관한 폭넓은 지식을 드러내는 긴 각주도 피하였다. 각주에 설명을 많이 다는 대신 각 챕터 마지막에 시편을 새롭게 접하는 학생들을 위한 적절한 도서목록을 제공하였다.

우리는 시편에서 쉽게 접근할 수 있는 특징들에 집중하기로 했다. 즉, 시편의 시(1장), 시편의 기본 장르들(2-3장), "시인"의 목소리(4장), 시편에 나타난 비유들(5장), 그리고 시편 신학(6장)에 차례로 집중할 것이다. 우리는 두 가지 이유에서 시에 관한 것으로 시작할 것이다. 첫째는 히브리 시의 리듬이 대부분의 영어 사용자들에게 낯설기 때문이고, 둘째로 시편은 시(詩)라고 우리는 믿기 때문이다. 많은 이들이 그렇게 하고자 했지만, 시편의 양식과 내용을 따로 구별할 수는 없다. 그렇게 하려는 것은 습기를 물과 따로 떼어놓으려는 것과 같고, 불에서 열을 분리하려는 것과도 같다. 그리고 모든 단어들은 오로지 자신이 속해 있는 문맥에서 그 의미가 결정되며, 따라서 시편의 장르가 시편의 단어들이 의미를 갖게 하는 중요한 문예적 문맥이 된다는 가정 하에 독자들이 시편의 기본 장르들에 익숙해질 수 있도록 할 것이다. 그리고 우리는 독자에게 "시인의 살아 있는 목소리"를 소개하여 시편의 풍성한 비유적 삶과 시편에 나타난 하나님에 대해 고찰할 것이다.

독자는 시편을 읽을 때 대수롭지는 않지만 약간의 기술적인 문제로 골치를 앓을 수도 있다. 그중에 하나는 시편의 계수(計數)와 특별히 구절들의 계수 방법이 역본마다 상이하다는 것이다. 시편 계수를 위해 널리 사용되고 있는 두 가지 방식이 있는데, 한 가지는 히브리 본문(소위 "마소라 본문" [Masoretic Text: MT]이라 불림)에 기초하는 것이고, 다른 한 가지는 시편의 헬라어 고대 역본(소위 "칠십인역" [Septuagint] 혹은 "고대 그리스어" [Old Greek]라고 불림)에 기초하는 방식이다. 이 두 가지 방식에서 시편의 순서는 동일하지만, 그 계수는 약간 다르다.

히브리어 (MT)	헬라어 (LXX 혹은 OG)
1–8	1–8
9–10	9
11–113	10–112
114–115	113
116:1–9	114
116:10–19	115
117–146	116–145
147:1–11	146
147:12–20	147
148–150	148–150

시편의 절수를 계수하는 방식에도 두 가지가 있다. 대체로 두 방식은 시편의 표제(superscription)를 다르게 다룬다. "표제(superscription)"라는 용

어는 "다윗의 시"(시 23) 혹은 "다윗의 시, 영장으로 아얠렛샤할에 맞춘 노래"(시 22)와 같이 일부 시편의 시작 부분에 포함되어 있는 정보를 가리킨다. 킹제임스 성경(KJV)을 시작으로 새개역표준성경(NRSV)이나 새국제역성경(NIV)과 같은 대부분의 영역본(英譯本)들은 표제에 절수를 매기지 않고, 그 표제에 이어 나오는 부분부터 1절로 매기고 있다. 새유대인출판협회성경(New Jewish Publication Society version: NJPS)을 포함하는 다른 영역본은 표제 자체를 1절로 매기고, 이어지는 부분부터는 2절로 매긴다. 본 저서에서 우리는 시편 수와 관련하여 히브리어(MT) 본문 전승을 따라서 대부분의 영역본들과 같은 입장을 취하지만, 킹제임스 성경처럼 표제를 1절로 매기지는 않을 것이다.

마지막으로 우리 누이들에게 감사의 마음을 전하지 않을 수 없다(역주: 본 저서의 공동 저자인 Rolf Jacobson과 Karl Jacobson은 형제 사이다). 시 133:1절은 "형제가 연합하여 동거함이 어찌 그리 선하고 아름다운고!"라고 말씀한다. 함께 사는 것이 분명 선하고 아름다울 수 있지만, 우리 남매 넷이 아이였을 때 "함께 동거하는 것"이 우리 부모님에게는 그리 선하고 아름답지 않았을지도 모른다. 이런 점에서 만사가 그렇듯 늙어가는 것은 하나의 축복이다. 여하튼 우리 두 형제에게 두 누이는 최고였다. 누이들, 많이 사랑합니다. 그리고 본 저서를 당신들에게 바칩니다.

추신: 그런데 어머니는 누이들보다 우리를 더 사랑하고 있답니다.^^

1장
성경은 왜 반복하는가?

1장

성경은 왜 반복하는가?

히브리 시(詩) 이해하기

1. 히브리 시 소개

성경의 시편은 무엇보다도 히브리 시(詩)의 모음집이라 할 수 있다. 어느 독자라도 시편을 이해하고자 한다면, 혹은 시편 가운데 단 하나의 시편이라도 이해하고자 한다면, 그는 시편이 기본적으로 히브리 시(詩)라는 사실을 염두에 두어야 한다. 왜 그런가? 이유는 "읽기"(reading)란 -단어와 구와 문장이, 논리가 통제하는 원칙들에 따라 조합된다는 의미에서- 일종의 "논리적" 행위이기 때문이다. 만일 당신이 단어, 구, 문장들을 통제하는 원칙을 이해하지 못한다면, 그것들이 전하고자 하는 바를 이해할 수 없다. 일반적으로 시(詩)는 다른 형식의 글과 구분되는 통제 원칙을 가지고 있는 언어 양식이다. 특별히 히브리 시는 훨씬 더 독특한 일련의 통제 원칙을 가지고 있다.

도움이 될 수 있는 예를 하나 생각해보자. 기본적으로 방정식은 의사(意思)를 전달하기 위해서 단어를 사용하기 보다는 숫자와 수리적 상징들을 사용하는 문장이다. 아래와 같은 수리 방정식(문장)이 무엇을

전달하고자 하는 지를 당신이 이해해야 한다고 상상해보라:

$$2+2=4$$

의미가 너무나도 명백하지 않은가? 그러나 '그렇다'라고 답하기 전에 숫자가 무엇이고 그것들이 어떻게 작용하는지 모른다고 상상해보라. 2라는 상징이 두 개라는 숫자적 개념을 나타내고 있음을 당신이 이해하지 못하고 있다고 상상해보라. 혹은 상징 4에 네 개라는 숫자적 개념이 있음을 모른다고 상상해보라. 게다가 "+"와 "="과 같은 상징들이 각각 "더하기"와 "합계"라는 개념을 나타내고 있다는 것을 모른다고 가정해보라. 이 상징들의 의미를 이해하지 못하는 독자라면 가장 단순한 방정식이라도 이해하지 못할 것이다. 그 이유는 수리방정식에서 가장 기본이 되는 구성 요소는 숫자 "2"는 두 개를 의미하고, 상징 "+"는 덧셈을 상징한다는 의미체계 때문이다. 그 체계를 이해하지 못하는 독자는 "2," "4," "+" 혹은 "="와 같은 다양한 요소들을 함께 활용하여 만든 더 긴 문장은 당연히 이해할 수 없다. 그러나 이러한 기본적인 구성 요소들과 그들의 상호작용 방식을 이해하는 독자라면 사차방정식과 같은 복잡한 수리 문장들도 이해할 수 있다: ax2 + bx + c = 0 (a 0). 자, 수학에 대한 우리의 지식 한도를 넘어선 것 같으니 이제는 히브리 시(詩)로 돌아가 보자.

수리 문장에서 숫자와 수리적 상징들이 구성 요소인 것처럼 성경 시편의 기본 구성요소는 히브리 시(詩)이다. 하나의 시편이 전하고자 하는 전체 메시지를 이해하기 위해서 히브리 시를 통제하는 원칙에 대한 몇 가지 기본 요소들을 아는 것은 분명 도움이 될 것이다. 독자가 히브리 시의 기본적인 특징을 이해하지 못한다면 시편에 있는 가장 단순한 행(line)조차, 예를 들면, "여호와께서 성전에 계시니; 여호와의 보좌는 하늘에 있음이여"(시 11:4)와 같은 구절조차 이해하는 것이 거의 불가능하다는 것을 깨닫게 될 것이다. 그러나 히브리 시의 기본 구성 요소를 이해하는 독자라면 복잡한 시편들까지도 읽고 이해할 수 있을 것이다.

1장의 논지는, 시편 독자들이 시간을 투자하여 히브리 시(詩)의 기본적인 관습들과 특징들을 이해한다면, 시편의 메시지를 이해할 수 있는 유리한 위치를 점하게 될 것이라는 점이다—"시편의 표면에서 수상스키를 즐길 것이다." 본 장(章)에서 우리는 몇 가지 중요한 문예적 관습들을 실례를 들어 설명하되, 일반적으로 "평행법"이라 불리는 개념으로 시작할 것이다.

2. 평행법(Parallelism) 이해하기

이전에 혹 시편을 읽어본 적이 있다면, 당신은 아마도 왜 성경은 반복을 그렇게 많이 하는지에 대해 궁금해 했을 것이다. 시편에 있는 다음 네 가지 예들을 고찰해보라.

[A] 사람이 무엇이관대 주께서 저를 생각하시며,
[B] 인자가 무엇이관대 주께서 저를 권고하시나이까? (시 8:4)

[A] 여호와여 내가 만민 중에서 주께 감사하고,
[B] 열방 중에서 주를 찬양하오리니. (시 108:3)

[A] 하나님이여 침묵치 마소서;
[B] 하나님이여 잠잠치 말고 고요치 마소서! (시 83:1)

[A] 주의 백성의 죄악을 사하시고;

[B] 저희 모든 죄를 덮으셨나이다. (시 85:2)

각각의 예에서 확인할 수 있듯이 두 번째 행은 첫 번째 행과 매우 유사하다. 사람들–많지는 않지만 그래도 거의 대부분의 사람들–은 두 번째 행이 첫 번째 행의 정서를 그저 반복하고 있다고 말할 수도 있고, 혹은 두 번째 행이 기본적으로 첫 번째 행에 있는 의미를 다시 나타내기 위한 동의어라고 말할 수도 있을 것이다.

위에 언급한 네 가지 예들은 학자들이 소위 평행법이라고 부르는 히브리 시의 기본 구성 요소를 잘 보여준다. "평행법"이라는 용어는 1733년 크리스찬 쉐트겐(Christian Schöttgen)이라는 학자에 의해 처음 사용되었지만,[4] 1753년 성경 시와 관련하여 영향력 있는 연구물을 발표했던 영국성공회 감독 로버트 로우쓰(Robert Lowth)에 의해 유명해졌다.[5] 평행법을 가장 간단하게 정의한다면 문법 단위 안에 있는 요소들의 반복이라 할 수 있다.

위에 언급된 네 개의 예들은 "행"(line: 위에서 행은 A 혹은 B로 각각 표시되어 있다)이라고 불리는 "문법 단위"에서 발생하고 있는 반복을 잘 보여주고 있다. 그러나 학자들은 이 단위를 표시하기 위해 "소절"(colon/cola) 혹은 "행"(stich/stichoi)과 같은 여러 용어들을 사용하고 있음을 주목하라. 본 저서에서 우리는 히브리 시 단위를 위해서 "절"(verse)이라는 용

4) Claus Seybold, *Studien zu Sprache und Stil der Psalmen* (Berlin: De Gruyter, 2010), 8. 다음 참조 내용에 대해 Seybold에 감사한다: Christian Schöttgen, *Horae hebraicae et talmudicae* (Dresden: Hekel, 1733), 1:1252; http://oce.catholic.com/index.php?title=Parallelism.

5) Robert Lowth, *De sacra poesi Hebraeorum* [Lectures on the Sacred Poetry of the Hebrews] (Oxford: Clarendon, 1753).

어를 사용하는데, 보통 2개 내지 3개의 행(line)으로 구성되어 있다. 위에 언급된 예들을 보면 네 개의 절이 있고, 각각 두 개의 행으로 구성되어 있는 것을 볼 수 있다.

성경 학계에서 대부분의 해석자들은 행과 행 사이에 있는 평행법에만 초점을 맞추지만, 평행법은 다양한 수준에서 발생하고 있다: 평행법은 행 자체 안에서, 행과 행 사이에서, 절과 절 사이에서, 연과 연 사이에서, 그리고 시편과 시편 사이에서 발생한다.

(1) 평행법은 히브리 시의 행 안에서 발생할 수 있다.

[A] 여호와는 나의 빛이요 나의 구원이시니. (시 27:1a)

[A] 여호와는 은혜로우시며 자비하시며,
[B] 노하기를 더디 하시며 인자하심이 크시도다. (시 145:8)

위에 언급된 두 실례를 보면 각각의 행 안에 하나님을 묘사하기 위한 일련의 평행 어휘들이 사용되고 있다. 시편 27:1a에서 "나의 빛"과 "나의 구원"이 평행해서 사용된다. 시편 145:8에서는 평행법이 두 행 안에서 발생한다. 첫 번째 행 [A]에서 단어(單語) "은혜로우시며"가 이어지고 있는 단어 "자비하시며"와 평행해서 사용되고 있고, 두 번째 행 [B]에서는 구(句: "노하기를 더디 하시며")가 이어서 나오는 구(句: "인자하심이 크시도다")와 평행해서 사용되고 있다. 이와 같이 평행법은 히브리 시의 행 안에서 발생할 수 있다. 자, 이것을 실제로 적용해보자. 히브리 시의 두 행을 채워 넣되 평행법을 활용해야 한다.

주를 ________________으로 찬양하라.

내가 ________________으로 찬양하리라.

만일 당신에게 주어진 것과 동일한 두 행을 고대 시인이 어떻게 다루었는지 보기 원한다면 시편 150:3-4a와 101:1a을 보라. 그러나 이 간단한 연습을 하는 목적은 고대 시인이 썼던 것을 정확하게 추측하여 올바로 채워 넣으려는 것이 아님을 기억하라. 연습 목적은 평행법이 무엇이고, 그것이 어떻게 작동하는지를 당신이 비로소 이해하기 시작했다는 것을 보여주는 것이다.

(2) 평행법은 히브리 시의 행과 행 사이에서 발생할 수 있다.

[A] 내가 주의 신을 떠나 어디로 갈 수 있을까?

[B] 내가 주의 임재를 떠나 어디로 피할 수 있을까?(시 139:7)

[A] 여호와는 은혜로우시며 자비하시며,

[B] 노하기를 더디 하시며 인자하심이 크시도다. (시 145:8)

[A] 행복한 사람은

악인의 꾀를 따라 걷지 아니하며,

[B] 죄인의 길에 서지 아니하며,

[C] 조롱하는 자의 자리에 앉지 않는 자이다 (시 1:1)

위에 제시한 세 가지 예에서 보듯 행과 행 사이에서 반복이 발생하고 있다. 특별히 첫 번째 두 구절에서는 두 행이 각각 서로 평행하고 있지만, 세 번째 구절에서는 세 개의 행이 서로 평행하고 있다. 시편에서 이 삼행평행법(三行平行法: tripartite parallelism)이 이행평행법(二行平行法: bipartite parallelism) 보다 흔하지는 않지만, 독자들이 알고 있어야 할 만큼 자주 등장한다. 히브리 시에서 이러한 행 차원에서의 평행법은 학자들이 연구를 가장 많이 했던 주제였고, 그것을 어떻게 효과적으로 묘사할 것인지를 두고서 많은 지면을 할애하며 논쟁해 왔다.

이어지는 단락에서 확인할 수 있듯이 몇몇 학자들은 히브리 시에서 행 A와 행 B가 평행하는 많고도 다양한 방법들을 단순하게 범주화시키고자 했다. 찬장에 있는 양념통들을 알파벳 순서로 정렬시키는 정리벽 강박장애가 있는 사람처럼 학자들은 히브리 시의 작동 방식을 체계화시키고자 했다. 그러나 이 모든 시도들은 찬장에 있는 양념통처럼 잠시 효과를 나타내다가 결국은 바닥에 떨어져 깨지고 말았다. 그럼에도 당신은 깨진 양념통들을 알파벳 순서로 다시 정리할 것인가? 레몬(Leomon) 양념통이나 혹은 페퍼(후추: Pepper) 양념통이 아닌 레몬 페퍼(Lemon Pepper) 양념통인 경우는 어떻게 구별해 분류할 것인가? 여기서 말하고자 하는 것은 사물을 범주화시키려는 충동은 대체로 도움이 되기는 하지만, 언제나 가능한 것은 아니다. 우리는 히브리 시가 바로 이와 같은 경우라고 믿는다.

영국성공회 감독 로버트 로우쓰(Robert Lowth)는 세 종류의 평행법을 주장하며 범주화시켰다:

- 동의적 평행법(synonymous parallelism): 두 번째 행은 대체로 첫 번째 행과 동일한 것을 말한다.
- 반의적 평행법(antithetical parallelism): 두 번째 행은 대체로 첫

번째 행과 반대되는 것을 말한다.

- 통합적 평행법(synthetical parallelism): 두 번째 행은 첫 번째 행과 동일한 것도 반대되는 것도 말하지 않는다.

로우쓰의 세 가지 범주화가 지닌 문제는 명백하다. 즉, 만일 당신이 체계화한 범주에 들지 않는 다른 평행법을 억지로 끼워 맞추기 위해 "통합적 평행법"과 같은 포괄적 범주가 필요하다면, 당신의 범주화에 문제가 있을 수 있다는 것이다. 혹은 우리가 주장하는 바와 같이, 진짜 문제는 예술을 단순하게 범주화시키려는 시도에 있다.

그러나 평행법의 작동 방식을 범주화하려 할 때 발생하는 진짜 위험은 그런 범주화하려는 작업 자체가 힘들다는 것이 아니라 그런 범주화 작업으로 인해 독자들이 어떤 구절에 "통합적 평행법"이라는 레이블을 매기고서는 그 시를 충분히 분석했다고 만족하는 것에 있다. 이런 범주화 작업에 숨어 있는 정말 치명적인 문제는 독자들의 상상력을 제한하는 것이다. 즉 독자들을 피상적인 분석 수준에 노출시켜 그 시 안에 담긴 보다 심오한 의미에 도달할 수 없게 한다. 범주화는 독자들이 시(詩)에 레이블을 매기는 방식을 제공하기는 하지만, 독자들이 시를 어떻게 소화시킬 수 있을 것인가 하는 문제는 보여주지 못한다. 서론에서 밝혔듯이 분석의 목적은 독자가 시편 안으로 들어가도록 도움을 주는 데에 있다.

따라서 지금 당신이 알아야 할 것은 히브리 시의 평행법은 행과 행 사이에서 발생한다는 사실이다. 일단 그것을 안다면, 히브리 시를 읽는 작업은 단지 시(詩)에–"통합적 평행법"과 같은–레이블을 매기려는 것이 아니라 시가 무엇을 의미하고 있는 지를 이해하는 것이다. 시적인 비유를 들자면 히브리 시를 읽는 즐거움은 평행법에 대한 "감(感)"을 잡고, "탈 것 즐기기"를 배우는 것에 있다.

자, 다시 한 번 직접 연습해 볼 차례가 왔다. 시편에 있는 첫 번째 행과 평행하며 작용할 하나의 절을 작성하여 마무리해보자.

여호와는 광대하시니 극진히 찬송하리로다,

______________________________.

딸이여 듣고 생각하고 귀를 기울일지어다,

______________________________.

하나님이여 나를 긍휼히 여기시며,

______________________________.

당신이 작성한 것과 고대 히브리 시인들의 것을 비교하고 싶다면, 시편 48:1, 45:10, 51:1을 읽어보라. 그러나 만일 당신이 시편 기자가 쓴 것과 똑같은 것을 썼다 하더라고 당신이 맞은 것은 아니라는 것과 그러나 만일 당신이 히브리 시의 운율을 서서히 이해하기 시작했다면 당신이 쓴 것도 틀리지 않았다는 것을 기억하라.

(3) 평행법은 히브리 시의 행과 행 사이에서 발생할 수 있다.

시편에서 발췌한 다음 구절들을 살펴보라:

[A] 여호와여! 나의 적들이 얼마나 많은지요!

[B] 　　　많은 이들이 저를 치러 일어나나이다.

[C] 많은 이들이 나에게 말하기를,

[D] "너에게는 하나님의 구원이 없다." 하나이다. (시 3:1-2 [私譯])

[E] 내가 하늘에 올라갈지라도 주께서 거기 계시며;

[F] 내가 음부에 내 자리를 펼지라도 주께서 거기 계시나이다.

[G] 내가 새벽 날개를 치고

[H] 바다 끝에 거할지라도. (시 139:8-9 [私譯])

위에 제시된 예에서 평행법은 행과 행 사이에서 발생하고 있다. 시편 3:1-2을 보면 2개의 절이 4개의 행으로 구성되어 있다. 전체적으로 두 번째 절은 첫 번째 절과 평행하고 있다. 행 B와 행 C는 매우 유사하며, 두 행 모두 다음과 같은 형식을 취하고 있다는 것에 주목하라: "많은 이들이 제게....하다" ([B] 많은 이들이 일어나다// [C] 많은 이들이 말하다). 각 절에 있는 이 유사한 요소는 두 구절 중간에서 경첩 역할을 하며, 그것을 중심으로 두 구절이 움직인다. 아래와 같이 두 구절을 배열해서 어떻게 서로 평행하며 작동하는지를 보는 것이 더 쉬울 수 있을 것이다.

A 여호와여! 나의 적들이 얼마나 많은지요!

B 많은 이들이 저를 치러 일어나나이다.

B 많은 이들이 저에게 말하기를,

A "너에게는 하나님의 구원이 없다." 하나이다.

시편 139:8-9에서도 평행법은 두 구절 사이에서 발생하고 있다. 각 구절의 첫 번째 행이 조건절(역주: if 절은 조건절로도 쓰이고 양보절로도 사용되는데, 한글 번역은 양보절로 번역하였다)로 시작하고 있음을 주목하라.[6] 그러나 각 절의 첫 번째 행 E와 G 안에 날아가는 것과 하늘과 관련된 진술이 있다. 즉, 행 E에 "하늘에 올라가다"와 행 G에는 "새벽 날개를 치다"라는 표현이 있다. 그리고 각 절의 두 번째 행 F와 H에는 정주(定住)하는 위치와 고대 히브리인들이 지옥으로 간주했었던 것과 관련된 진술들이 있다: "음부에 내 자리를 펴다"와 "바다 끝에 거하다"(음부는 사람들이 삶을 마치고 가는 죽은 자들의 장소였고, 바다는 가나안의 죽은 자들의 신이 다스렸던 혼돈의 장소였다). 따라서 이 두 구절이 서로 평행을 이루며 작동하는 방식을 다음과 같이 나타낼 수 있을 것이다.

만일(if).... 날아가는 것에 대한 언급.... 하늘에 대한 언급

  정주하는 행위에 대한 언급.... 음부에 대한 언급

만일(if).... 날아가는 것에 대한 언급.... 하늘에 대한 언급

  정주하는 행위에 대한 언급.... 음부에 대한 언급

이제 당신이 직접 연습해 볼 순서가 되었다. 당신에게 히브리 시 두 절이 주어졌다. 주어진 두 절과 평행을 이루어 작동할 수 있는 두개의 절을 더 작성해보라.

---

6) 시편 139편의 히브리 본문을 보면, 우리가 "만일"이라고 번역하는 조건 접속사가 딱 한 번 등장한다. 이 접속사는 8절 시작 부분에서 등장하지만, 히브리 시 구문론에 따르면 각 구(句) 혹은 각 행의 시작 부분에 있는 조건 접속사—"만일(if)"—는 반복할 필요가 없다. 평행하고 있는 일련의 행들 가운데서 그 접속사가 첫 번째 행에 등장하더라도 그와 평행하고 있는 모든 행들은 영향을 받는다. 학자들은 이러한 구문론적 현상을 "이중의무(double duty)"를 행하는 것으로 간주한다—시 139:8-9의 경우는 그 접속사가 행 E, F, G를 지배하기 때문에 "삼중의무"를 행하고 있다고 볼 수 있다.

바다는 보고 달아났고;

요단은 물러갔습니다.

산들은 수양같이 뛰놀고,

작은 산들은 어린 양같이 뛰어다닙니다.

_______________________________________.

_______________________________________.

_______________________________________.

_______________________________________.

고대 히브리 시인의 것과 당신의 것(평행법)을 서로 비교하기를 원하면 시편 114편을 보라.

(4) 평행법은 시편의 섹션과 섹션 사이에서 발생할 수 있다

평행법은 행 안에서, 행과 행 사이에서, 그리고 절과 절 사이에서 발생할 뿐만 아니라 섹션과 섹션 사이에서 발생할 수 있다. 시편 42편–43편(두 개로 나눠진 이 두 시편은 사실 하나의 시편을 구성한다)에는 세 개의 평행 섹션을 만들고 있는 후렴구가 세 번 등장하고 있는데, 어떻게 작동하는지 고찰해보라.

우리는 시편 42편과 43편을 세 칸에 세로로 배열하여 두 개의 시편에 세 개의 "창(pane)"이 들어있다는 것을 예시하였다. 각 섹션은 "네가 어찌하여 낙망하느냐? 내 영혼아!"로 시작되는 후렴구로 끝맺는다. 이 시는 평행법이 시편의 섹션들 사이에서 발생할 수 있다는 것을 보여준다. 이런 형태의 평행법이 발생하는 시편들로는 시편 107편과 시편 119편을 들 수 있다.

시편 42편 A	시편 42편 B	시편 43편
사슴이 시냇물을 갈급함 같이, 내 영혼이 주님을 갈급해 하나이다.	내 영혼이 낙망되나이다. 요단 땅에서 헤르몬과 미살 산에서 내가 주를 기억하나이다.	나를 변호하소서! 하나님! 경건치 아니한 나라를 향한 내 송사를 변호하시고, 간사하고 불의한 자로부터 나를 구원하소서.
내 영혼이 생존하시는 하나님을 갈망하나이다, 내가 언제 가서 하나님의 얼굴을 뵈올까.	깊은 바다가 주의 폭포 소리에 서로 부르니; 주의 파도와 물결이 나를 삼키나이다.	주는 나의 요새이신 하나님! 어찌하여 나를 버리셨나이까? 내가 어찌하여 원수의 압제로 인하여 슬프게 다니나이까?
내 눈물이 주야로 내 음식이 되었으니, 사람들이 온종일 내게 말하기를 "네 하나님이 어디 있냐?"하나이다.	낮에는 여호와께서 그 인자함을 선포하시고, 밤에는 찬양이 나와 함께 하며 기도가 생명의 하나님께 드려지나이다.	주의 빛과 주의 진리를 보내어 나를 인도하게 하시고 주의 성산과 장막으로 인도하게 하소서
내가 기억하고 신음하나이다. 내가 축제의 무리와 함께 기쁨과 감사의 소리를 외치며, 하나님의 집으로 천천히 걸어갔나이다.	내가 나의 반석이신 하나님께 말하기를, "어찌하여 나를 잊으셨나이까? 내가 어찌하여 원수의 압제로 인하여 슬프게 다니나이까? 내 뼈의 심한 고통은 내 대적의 조롱 때문이니이다. 그들이 온종일 말하기를 네 하나님이 어디 있느냐?" 하나이다	내가 하나님의 단에 나아가리니, 기쁨의 하나님께.... 내가 기뻐하고 찬양하리다, 하나님! 나의 하나님!
네가 어찌하여 낙망하느냐? 내 영혼아! (어찌하여) 내 속에서 불안해 하느냐? 하나님을 기다리라! 내가 그의 구원을 또다시 찬양할 것이기 때문이다.	네가 어찌하여 낙망하느냐? 내 영혼아! (어찌하여) 내 속에서 불안해 하느냐? 하나님을 기다리라! 내가 그의 구원을 또다시 찬양할 것이기 때문이다.	네가 어찌하여 낙망하느냐? 내 영혼아! (어찌하여) 내 속에서 불안해 하느냐? 하나님을 기다리라! 내가 그의 구원을 또다시 찬양할 것이기 때문이다.

(시 42-43편 [私譯])

시편 111편

1 할렐루야!
내가 정직한 자의 회와 공회 중에서
전심으로 여호와께 감사하리로다.
2 여호와의 행사가 크시니
이를 즐거워하는 자가 다 연구하는도다.
3 그 행사가 존귀하고 엄위하며
그 의가 영원히 있도다.
4 그 기이한 일을 사람으로 기억케 하셨으니
여호와는 은혜로우시고 자비하시도다.
5 여호와께서 자기를 경외하는 자에게 양식을 주시며
그 언약을 영원히 기억하시리로다.
6 저가 자기 백성에게 열방을 기업으로 주사
그 행사의 능을 저희에게 보이셨도다.
7 그 손의 행사는 진실과 공의며
그 법도는 다 확실하니
8 영원 무궁히 정하신 바요
진실과 정의로 행하신 바로다.
9 여호와께서 그 백성에게 구속을 베푸시며
그 언약을 영원히 세우셨으니 그 이름이 거룩하고
지존하시도다.
10 여호와를 경외함이 곧 지혜의 근본이라.
그 계명을 지키는 자는 다 좋은 지각이 있나니 여호와를
찬송함이 영원히 있으리로다.

시편 112편

1 할렐루야,

여호와를 경외하며

그 계명을 크게 즐거워하는 자는 복이 있도다.

2 그 후손이 땅에서 강성함이여

정직자의 후대가 복이 있으리로다.

3 부요와 재물이 그 집에 있음이여

그 의가 영원히 있으리로다.

4 정직한 자에게는 흑암 중에 빛이 일어나나니

그는 어질고 자비하고 의로운 자로다.

5 은혜를 베풀며 꾸이는 자는 잘 되나니

그 일을 공의로 하리로다.

6 저가 영영히 요동치 아니함이여

의인은 영원히 기념하게 되리로다.

7 그는 흉한 소식을 두려워 아니함이여

여호와를 의뢰하고 그 마음을 굳게 정하였도다.

8 그 마음이 견고하여 두려워 아니할 것이라.

그 대적의 받는 보응을 필경 보리로다.

9 저가 재물을 흩어 빈궁한 자에게 주었으니

그 의가 영원히 있고 그 뿔이 영화로이 들리리로다.

10 악인은 이를 보고 한하여

이를 갈면서 소멸하리니

악인의 소욕은 멸망하리로다.

(5) 평행법은 두 개의 시편 사이에서 발생할 수 있다.

평행법은 시편과 시편 사이에서도 발생할 수 있다. 즉, 150개의 시를 수집하여 한 권의 시편으로 배열한 편집자들은 어떤 시편들을 의도적으로 바로 옆에 배치시켰다. 따라서 최종 배열 안에서 그 두 시편은 서로 평행성을 고려해 읽힐 수 있다. 때때로 소위 "쌍둥이 시편"이라 불리는 이런 형식의 배열은 여러 곳에서 발견된다: 시편 1-2편, 103-104편, 105-106편, 113-114편. 그러나 가장 분명한 예는 쌍둥이 시편 111-112편에서 발견된다. 두 시편은 소위 어크로스틱 시편(답관체 시편: acrostic psalms)이다. 두 시편의 각 행은 히브리어 알파벳의 순서를 따라 시작하고 있고, 두 시편 모두 "할렐루야"라는 부름으로 시작한다. 시편 111편은 하나님과 그의 방법에 대한 시이고, 시편 112편은 하나님과 그의 방법을 따르는 자들에 대한 시다. 한 주석가는 이 두 시편에 "신학의 기초"와 "인류학의 기초"라는 제목을 각각 붙여 주었다.[7]

(6) 반향(反響)과 확장: 평행법의 구성 요소

성경의 평행법과 관련해서 시편을 처음 접하는 독자들이 알면 유익한 한 가지 측면이 있다. 지금까지 우리는 평행법이 무엇이고, 어디서 발생하는 지에 대해 집중해 왔다. 지금부터는 평행법 구성 요소에 대한 시편 초보자들의 이해를 심화시키기 위해 평행법이 어떻게 만들어지는 지에 대해 초점을 맞출 것이다.

"반향(反響)"과 "확장"이라는 이 쌍둥이 개념은 평행법의 구성 요소를 이해할 수 있는 유익한 렌즈 한 쌍을 제공한다. 대부분의 평행법에서 두 번째 요소는 첫 번째 요소를 반향하거나 확장하는데, 보통은 두 가

7) James Limburg, *Psalms* (Louisville: Westminster John Knox, 2000), 381-87.

지를 모두 다 한다.

반향(反響). 우리는 "반향"이라는 용어를 사용하여 단어, 구, 문장이 마치 탁구공이 서로 왔다 갔다 하는 방식으로 어떻게 다른 단어, 구, 문장에 반응하는 지를 묘사할 것이다. 아래에 있는 단어 세트에서 확인할 수 있듯이 두 번째 단어는 어떤 방식으로든 첫 번째 단어를 반향하고 있다.

낮 ↔ 밤	낮 ↔ 해돋이/아침	날(日) ↔ 달(月)	날 ↔ 날들
사랑하다 ↔ 미워하다	사랑 ↔ 자비	사랑 ↔ 연인	사랑하다 ↔ 용서하다
예루살렘 ↔ 성전	예루살렘 ↔ 유다	예루살렘 ↔ 다윗	
나 ↔ 나의 영혼	나 ↔ 너	나 ↔ 나의 뼈들	나 ↔ 그들
노래하다 ↔ 찬양하다	노래하다 ↔ 침묵하다	노래 ↔ 새노래	

위에 예시된 단어 쌍들은 각각 반향하는 방식으로 작용하고 있다고 말할 수 있을 것이다. 반향이 꼭 명사 대 명사 혹은 동사 대 동사일 필요는 없으며, 반드시 동의어 혹은 반의어일 필요도 없다. 두 번째 단어는 동의어, 반의어, 보조 개념, 첫 번째 단어의 복수형, 첫 번째 단어의 하의어, 첫 번째 동사에 상응하는 명사 등등이 될 수 있다. 두 번째 단어가 첫 번째 단어를 반향하는 방식은 거의 무한하다.

반향 개념은 구(句) 단위에도 발생한다. 아래에 시편에서 발췌한 서로 상응하고 있는 구(句)를 살펴보라.

잠시 ↔ 평생/일생

쉐올로부터 ↔ 구덩이 아래로

입술로 죄를 짓다 ↔ 입에 재갈을 물리다

내가 깨끗할 것이다 ↔ 내가 눈보다 더 희게 될 것이다

나의 목까지 (내 영혼까지) ↔ 설 곳 없는

네 뿔을 높이 들다 ↔ 교만한 목으로 말하다

때때로 반복구(反復句)가 거의 동일한 형태를 취하는 반면 어떤 때는 되울리는 상호 작용이 보다 자유로운 형식을 취하고 있다는 것에 주목하라. 이렇듯 반향(反響)은 히브리 평행법의 두 가지 구성 요소 가운데 하나이다. 두 번째 구성 요소는 우리가 "확장"이라고 부르는 요소이다.

확장. 우리는 "확장"이라는 용어를 사용하여 단어, 구, 혹은 문장이 앞서 나온 단어, 구, 문장의 개념(thought)을 어떻게 발전시키고 지속하는지를 설명할 것이다. 비록 "반향"하는 평행 시적 요소들이 첫 번째 요소에서 에너지를 취하여 그것을 다시 첫 번째 요소로 돌려보내지만, "확장"하는 평행 시적 요소들은 첫 번째 요소에서 에너지를 취한 다음 그 에너지에 활력을 더욱 불어 넣는다. 우리가 "반향(反響)"을 탁구 경기와 같다고 묘사했는데, "확장"은 계주 경기와 같다: 즉, 첫 번째 요소는 배턴을 두 번째 요소에게 전달하고, 그것을 또 다시 앞으로 전달하지만, 확장 평행법은 배턴을 받아 앞으로 계속 나아간다. 아래에 제시된 단어와 구 세트를 살펴보라.

빨간 ↔ 마차

빠른 ↔ 독자(讀者)

빨리 ↔ 내려가다

물가에 심긴 나무들과 같이 ↔ 때를 따라 과실을 맺는

주의 법은 확실하다 ↔ 우둔한 자로 지혜롭게 하다

누가 그들의 실수를 감지할 수 있는가? ↔ 숨긴 허물로부터 저를 깨끗케 하소서

각각의 예에서 보듯이 두 번째 요소는 일차 요소로부터 공을 이어 받아 앞으로 굴려나간다. 두 번째 요소는 단지 일차 요소로 다시 되돌아가는 것이 아니라 개념을 파악한 다음 나아갈 방향을 탐구한다.

반향과 확장. 히브리 평행법에서 일반적인 것은 두 번째 요소가 보통 첫 번째 요소를 어떤 식으로든 "반향"과 "확장"을 하고 있다는 점이다. 오해하지 말라! 평행법에 대한 이해를 단지 반향이나 확장으로 축소시키지 마라! 일반적으로는 반향과 확장의 특징들이 함께 작동한다. 다음 몇 가지 예를 살펴보라.

> 여호와께 구속함을 받은 자는 노래하라!
>
> 그가 대적의 손에서 구속하신 자들. (시 107:2)

두 번째 구(句)는 하나님의 구속 행위를 반복함으로써 첫 번째 구를 반향하고 있다는 것에 주목하라: "여호와께 구속함을 받은 자" ↔ "그(여호와)가 구속하신 자들." 그러나 두 번째 구는 또한 여호와께서 그 백성들을 구속하셨다는 사실을 보다 구체적으로 정의함으로써 확장하고 있다: "구속받은" ↔ "대적의 손에서." 또 다른 예를 보자:

> 우리 삶의 길이가 칠십이요,
>
> 강건하면 팔십이라도. (시 90:10a)

두 번째 구(句)는 숫자를 반복함으로써 첫 번째 구의 내용을 반향하고 있다: "칠십" ↔ "팔십." 그러나 두 번째 구는 그 내용에 어떤 조건을 적용해서 첫 번째 구의 개념을 확장하고 있다: "칠십 년" ↔ "강건하면 팔십년." 그리고 한 가지 예를 더 살펴보자:

우준한 자도 알 수 없으며,

무지한 자도 이것을 깨달을 수 없다. (시 92:6)

두 번째 구는 이해할 수 없는 자들이 어느 정도 있다는 개념을 반향하고 있다: "우준한 자도 알 수 없다" ↔ "무지한 자도 깨달을 수 없다." 그러나 두 번째 구는 우준한 자들이 무엇을 이해하지 못하는 지를 정확하게 규정하고 있다: "알 수 없다" ↔ "이것을 깨달을 수 없다." 이 시편은 우준한 자들이 이해하지 못하는 것을 정확하게 묘사해 나가면서 계속 확장해 나간다. 만일 당신이 어리석은 자들이 이해하지 못하는 것을 알고 싶다면 시편 92편의 나머지를 읽어야 할 것이다.

여기서 다시 한 번 기본을 강조하고 싶다: 히브리 시(詩)의 특징 가운데 하나인 "반향"과 "확장"을 배우는 목적은 시의 다양한 요소를 표시하고 해석을 마무리 지으려는 것이 아니라 오히려 초보 해석자들이 히브리 시의 기본적인 리듬을 배워 시의 물마루를 따라 즐길 수 있도록 돕기 위한 것이다.

3. 시 구조와 전개 방식 이해하기

우리는 1장을 시작하면서 시편을 일련의 고정화된 원칙이 통제하는 인간의 표현 양식이라고 소개했다. (성경의 다른 히브리 시 뿐만 아니라) 시편을 다스리는 첫 번째 원칙은 평행법의 원칙이다. 그리고 성경의 시편을 통제하는 두 번째 원칙은 구조와 전개의 원칙이다. 인간 의사소통의 대부분의 양식은 어느 정도 구조 원칙에 의해 다스려진다. 예를 들어, 전화통화의 경우, 다음과 같은 원칙에 의해 통제되고 있다.

주의 환기 → 인사 → 신원 확인 → 대화

전화 벨 소리가 울린다(주의 환기). 한 사람이 전화를 받고 "여보세요"라고 말한다(인사). 그러면 전화를 건 사람이 "안녕! 엄마다"와 같은 말을 한다(신원 확인). 그런 다음에 그 전화는 계속해서 통화가 이루어진다(대화). 또 다른 예는 세 부분으로 구성된 농담(a three-part joke)이다. 대부분의 농담은 삼자가 있기 마련이다 (예, "세 가지 폰트—쿠리어, 타임즈 뉴로만, 아리알—가 술집에 걸어 들어와 각자 맥주를 주문한다"). 첫 번째 두 사람은 패턴을 정하고, 세 번째 사람은 그 패턴에서 일탈한다. 여기서 이 일탈의 목적은 재미를 위한 것이다. 예를 들어, "…. 바텐더가 첫 번째 두 폰트에게는 맥주를 내주었지만, 세 번째 폰트에게는 "이보시오. 이 가게에는 당신 같은 타입에게 맥주를 제공하지 않소이다."라고 말했다. (이 농담의 목적이 재미를 위한 것이었음을 기억하라. 언제나 웃음이 보장되는 것은 아니다.) 요점은 많은 의사소통 양식들이 의미를 전달하기 위해 구조에 의존하고 있다는 것이다. 사람들은 종종 의사소통 양식에 너무 익숙해져 있어서 그런 구조가 존재하고 있는지조차 인식하지 못하지만, 독자가 새로운 의사소통 양식을 이해하고 해석하고자 할 때 구조와 전개 방식에 주의를 기울이는 것은 큰 도움이 될 수 있다.

(1) 첫 번째 실례: 질문–대답 구조

시편 읽기를 배울 때 구조에 세심한 주의를 기울이는 것은 매우 중요하다. 다른 의사소통 양식과 같이 시편도 구조를 가지고 있고 정해진 논리에 따라 전개된다. 그러나 모든 시편들이 한 가지 구조를 공유하고 있다기보다는 각각의 시편이 자신만의 독특한 구조를 가지고 있고, 자신만의 원칙에 따라 전개하는 경향이 있다. 매우 빈번하게도 한 시편의 구조를 파악하는 것은 그 시편에 담긴 의미를 이해하는 열쇠가 된다. 그리고 우리가 시편의 구조를 더 깊이 이해하면 할수록 시편에 대한 우리의 이해는 더욱 더 완전해질 것이다. 다음 시편을 살펴보라.

시편 121

1 내가 산을 향하여 눈을 들리라
나의 도움이 어디서 올꼬?
2 나의 도움은 천지를 지으신
여호와에게서로다.

3 여호와께서 너로 실족치 않게 하시며;
너를 지키는 자가 졸지 아니하시리로다.
4 이스라엘을 지키시는 자는
졸지도 아니하고 주무시지도 아니하시리로다.

5 여호와는 너를 지키시는 자라;
여호와께서 네 우편에서 네 그늘이 되시나니
6 낮의 해가 너를 상치 아니하며,
밤의 달도 너를 해치 아니하리로다.

7 여호와께서 너를 지켜 모든 환난을 면케 하시며
또 네 영혼을 지키시리로다.
8 여호와께서 너의 출입을
지금부터 영원까지 지키시리로다.

가장 초보적인 단계에서 볼 때, 이 시편은 '질문—답변'의 구조를 지니고 있다. 첫 구절은 이렇게 질문한다: "내가 산을 향하여 눈을 들리라—나의 도움이 어디서 올꼬?" 그리고 나머지 구절들은 이 질문에 대한 답변으로 제공된다: "나의 도움은 천지를 지으신 여호와에게서로다." 시편 121편의 의미를 이해하는 차원에서 구조에 대한 이와 같은 초보적인 단계는 이 시편의 기본 메시지를 이해하는데 도움을 준다. 우리는 다음과 같이 요약할 수 있을 것이다: 시편 121편은 "도움을 구하기 위해 우리는 누구를 향해야 하는가?"라는 질문을 한 다음, 그 질문에 "살아가는 동안 우리의 출입을 지키시는 여호와께로 돌아서야 한다"는 답변을 제공하는 시편이다.

이 시편을 이해할 수 있는 두 번째 단계의 구조가 있음을 주목하라. 1–2절은 일인칭으로 기록되어 있다: "내가 나의 눈을 들리라... 나의 도움... 나의 도움..." 시편의 나머지(3–8절)는 이인칭으로 기록되어 있다: "... 너로 실족치 않게 하시며... 너를 지키시는 자... 너를 지키는 자... 네 그늘... 네 영혼... 너의 출입...." 따라서 시편 121편의 의미를 이해할 때 두 번째 단계의 구조 이해는 우리가 시편의 메시지를 보다 더 깊이 이해할 수 있도록 도와준다. 다음과 같이 정리할 수 있다: 시편 121편에서 두 화자(話者)가 대화를 나눈다. 첫 번째 화자는 질문을 던지고 기초가 되는 답변을 한다: "도움을 얻기 위해 나는 누구를 향해야 하는가? 도움을 위해 나는 여호와께로 향한다." 그리고 두 번째 화자는 약속의 말씀으로 화답한다: "사는 동안 여호와께서 너를 안연히 지키실 것이다." 게다가 두 번째 단계의 구조는 보다 깊은 질문들을 제기한다: (1) 두 명의 화자(話者)는 누구인가?와 (2) 두 명의 화자는 어떤 상황에 대해 대화하고 있는 것인가? 물론 이 질문들에 대한 답변들에 대해서 학자들이 동일한 입장을 취하는 것은 아니다. 이 시편에 대한 꼼꼼한 독법에 근거하여 가장 폭 넓게 받아들여지고 있는 해석은 다음과 같다: 여행을 막 떠나려는 자가 다음과 같이 1-2절을 말한다(이제 막 여행을 떠나려하는데, 멀리 있는 저 산지를 지나갈 때 누가 나를 도울 것인가?). 그리고 나서 두 번째 화자가 이렇게 말한다(네가 여행을 하는 동안 우리 백성 전체를 인도하시고 보호하시는 여호와께서 네가 돌아올 때까지 너를 인도하시고 보호하실 것이다).

그러나 시편 121편의 구조에는 훨씬 더 복잡한 세 번째 단계가 있다. 3-8절에서 단어 "지키다"가 여섯 번 등장하고 있는 것에 주목하라: 3-5절에서는 "지키는 자"(keeper)로 세 번, 7-8절에는 "지키실 것이다"(will keep)로 세 번 등장한다. 이런 반복 한 가운데에 "그늘," "해," "달"을 언급하는 5b-6절이 3절-8절의 중심에 자리하고 있다. 게다가 이 부분에서 하나님의 이름이 네 번 사용된다(히브리어 "여호와"를 영어 성경은 the LORD로 번역한다). 하나님의 이름 여호와가 5b-6절을 중심으로 앞에 두 번 뒤에 두 번 등장하며 균형을 맞추고 있다.

A 여호와께서 너로 실족치 않게 하시며;
너를 지키시는 자(keeper)가 졸지 아니하시리로다.
B 이스라엘을 지키시는 자(keeper)는
졸지도 아니하고 주무시지도 아니하시리로다.
C 여호와는 너를 지키시는 자(keeper)라;
여호와께서 네 우편에서 네 그늘이 되시나니
D 낮의 해가 너를 상치 아니하며,
밤의 달도 너를 해치 아니하리로다.
C 여호와께서 너를 지켜(will keep) 모든 환난을 면케 하시며
B 또 네 영혼을 지키시리로다(will keep).
A 여호와께서 너의 출입을 지금부터 영원까지 지키시리로다(will keep).

세심하게 짜여진 3-8절의 구조를 보면, 시편 121편이 즉흥적으로 기록되지 않았다는 것을 확인할 수 있다. 오히려 공동체가 반복해서 사용할 수 있도록 매우 세심하고 정교하게 만들어진 기도문이다. 이 기도문 형식을 자세히 살펴보면 독자는 두 번째 화자(話者)의 신원(身元)에 대해 좀 더 추론할 수 있다. 이 두 번째 화자는 여행을 떠나는 자에게 공식적으로 축복을 기원하는 제사장이거나 혹은 공동체 장로였을 것이다.

위에서 언급한 바와 같이 시편은 각각 자신만의 독특한 구조를 가지고 있다. 그러나 알아야 할 공통의 패턴들뿐만 아니라 살펴보아야 할 공통된 특징들이 있다.

이미 살펴본 바와 같이 시편 121편은 질문으로 시작하고, 나머지는 그 질문에 대한 답변이다. 다른 시편들도 그와 같은 구조를 공유하고 있다. 시편 115편이 어떻게 전개되는지 주목해보라.

> 여호와여 영광을 우리에게 돌리지 마옵소서 우리에게 돌리지 마옵소서,
> 　　오직 주의 인자하심과 진실하심을 인하여 주의 이름에 돌리옵소서,
> 어찌하여 열방으로
> 　　"저희 하나님이 이제 어디 있느냐?" 말하게 하리이까. (1-2절)

> 오직 우리 하나님은 하늘에 계셔서,
> 　　원하시는 모든 것을 행하셨나이다.
> 저희 우상은 은과 금이요
> 　　사람의 수공물이라!
> 입이 있어도 말하지 못하며,
> 　　눈이 있어도 보지 못하며,
> 귀가 있어도 듣지 못하며,

코가 있어도 맡지 못하며,
손이 있어도 만지지 못하며,
발이 있어도 걷지 못하며,
목구멍으로 소리도 못하느니라.
우상을 만드는 자와
그것을 의지하는 자가
다 그와 같으리로다. (3-8절)

이스라엘아 여호와를 의지하라!
그는 너희 도움이시요 너희 방패시로다.
아론의 집이여 여호와를 의지하라!
그는 너희 도움이시요 너희 방패시로다.
여호와를 경외하는 너희는 여호와를 의지하라!
그는 너희 도움이시요 너희 방패시로다. (9-11절)

이 시편의 구조를 주목해보라: 서론(1-2절)은 다음과 같은 질문으로 끝이 난다: "어찌하여 열방으로 저희 하나님이 이제 어디 있느냐 말하게 하리이까?" 이어지는 시편의 핵심 본문은 두 부분으로 나눠져 전개된다. 첫 번째 부분(3-8절)에서 "저희 하나님이 어디 있느냐?"라는 질문에 시인은 말 그대로 "우리 하나님은 하늘에 계신다"고 주장하며 답변한다(3a절). 시인은 계속해서 하늘에 거처하는 이스라엘의 하나님과 열방이 경배하는 우상들을 비교한다. 이스라엘의 하나님은 "원하시는 모든 것을 행하신다." 그러나 열방의 우상들은 인간의 손으로 만들어진 수공물이어서 말하지 못하며, 보지 못하고, 듣지 못하며, 냄새를 맡거나 느끼지 못하고, 걷지도 못한다. 그리고 그런 우상들을 의지하는 모든 자들이 또한 그러하다.

핵심 본문의 두 번째 부분(9-18절; 지면 관계로 여기서는 9-11절만 인용되었다)에서 시인은 어조(語調)에 변화를 주고 청중에게 권고한다. 시인은 "이스라엘"(경배를 위해 모인 하나님의 백성들), "아론의 집"(경배를 위해 모인 제사장 무리), "여호와를 두려워하는 자들"(여호와를 경배하지만 이스라엘 공동체 안으로 받아들여지지 않은 외인들을 의미함)을 소개한다. 그는 청중에게 (열방의 우상들을 신뢰하지 말고) "여호와를 의지하라"고 권고한다. 따라서 시편 115편의 구조는 아래와 같이 간략하게 정리될 수 있을 것이다:

- 질문(1-2절): "어찌하여 열방으로 저희 하나님이 이제 어디 있느냐 말하게 하리이까?"
- 답변(3-8절): 우리의 하나님은 하늘에 살아 계신다(죽은 우상이 아니다).
- 권고(9-18절): 살아계신 여호와를 의지하라.

주(註): 2절과 3절, 그리고 8절과 9절 사이에 각각 놓여 있는 공란을 신경써서 살펴보라. 이 공란은 영어 성경 번역본의 출처인 고대 히브리어 사본에는 존재하지 않는다. 오늘날 성경 편집자들은 영어권 독자들이 각 시편의 구조를 보다 쉽게 파악할 수 있도록 빈 공란을 첨부한 것이다. 이를테면 빈 공란은 해당 시편의 구조가 어떠하며, 중요하거나 그렇지 않은 휴지(休止)가 어디에서 발생하는지에 대한 해석을 보여준다.

시편 15편과 24편도 '질문—답변' 구조의 특징을 가지고 있는 시편들이다. 시편 15:1은 "여호와여 주의 장막에 거할 자 누구오며, 주의 성산에 거할 자 누구오니이까?"라는 질문으로 시작한다(지금쯤 당신은 이 질문의 평행법을 확인하고 이해할 수 있어야 한다). 그리고 이 시의 나머지는 계속해서 하나님의 임재에 들어갈 수 있는 자의 자격 조건들을 묘사하고 있다. 이와 비슷하게 시편 24:3절도 "여호와의 산에 오를 자 누구오며, 그 거룩한 곳에 설자가 누군고?"라고 질문한다.

(2) 두 번째 실례: 연(聯: stanza)으로 나뉨

시편에서 두 번째로 흔한 구조 양식은 하나의 시편이 몇 개의 균등한 연(聯: stanza; 크기가 대체로 균등하다)으로 구성되어 있다는 것이다. 시편 114편은 이런 구성을 매우 분명하게 보여주는 좋은 실례이다:

[A] 1 이스라엘이 애굽에서 나오며,
야곱의 집이 방언 다른 민족에게서 나올 때에,
2 유다는 여호와의 성소가 되고,
이스라엘은 그의 영토가 되었도다.

[B] 3 바다는 이를 보고 도망하며,
요단은 물러갔으며,
4 산들은 수양 같이 뛰놀며,
작은 산들은 어린 양 같이 뛰었도다.

[B'] 5 바다야 네가 도망함은 어찜이며,
요단아 네가 물러감은 어찜인고,
6 너희 산들아 수양 같이 뛰놀며,
작은 산들아 어린 양 같이 뛰놂은 어찜인고?

[A'] 7 땅이여 너는 주 앞,

곧 야곱의 하나님 앞에서 떨지어다.

8 저가 반석을 변하여 못이 되게 하시며,

차돌로 샘물이 되게 하셨도다.

시편 114편은 몇 개의 균등한 연(聯: stanza)을 지니기 위해 하나의 시편이 어떻게 구성될 수 있는지를 잘 보여주는 예이다. 각 연은 각각 네 개의 행으로 구성되어 있다. 시편 115편과 관련해서 위에서 우리가 확인했던 것처럼 각각의 연 사이에 추가로 놓여 있는 빈 공란은 영어 번역본들이 참고한 고대 히브리어 사본에는 존재하지 않는다. 그 빈 공란은 전문 번역가들의 해석을 보여주고 있는데, 그들은 현대 독자들이 시편을 보다 쉽게 이해할 수 있도록 연(聯)을 어떻게 나눌 것인지를 결정한다. 여하튼 시편 114편의 경우 그 구분은 매우 분명하다. 우리가 B와 B 로 표시한 두 개의 연(聯: stanza)은 매우 유사하다. 그 두 연에서 각 행은 동일한 단어 및 구(句)를 공유하고 있다: "바다"와 "도망했다"/"도망하다," "요단"과 "물러갔다"/"물러가다," "산들"과 "뛰놀았다"/"수양 같이 뛰놀다," 그리고 "작은 산들"과 "어린 양 같이." 그리고 연 A와 연 A 이 각각 야곱을 언급하고 있는 것을 주목하라.

균등한 연으로 구성되어 있는 두 번째 예로 시편 46편을 생각해 볼 수 있다:

1 하나님은 우리의 피난처시요 힘이시니,

환난 중에 만날 큰 도움이시라.

2 그러므로 땅이 변하든지,

산이 흔들려 바다 가운데 빠지든지,

3 바닷물이 흉용하고 뛰놀든지,

그것이 넘침으로 산이 요동할지라도 우리는 두려워 아니하리로다.

(셀라)

4 한 시내가 있어 나뉘어 흘러

하나님의 성 곧 지극히 높으신 자의 장막의 성소를 기쁘게 하도다.

5 하나님이 그 성중에 거하시매 그 성이 요동치 아니할 것이라.

새벽에 하나님이 도우시리로다.

6 이방이 훤화하며 왕국이 동하였더니,

저가 소리를 발하시매 땅이 녹았도다.

7 *만군의 여호와께서 우리와 함께 하시니,*

야곱의 하나님은 우리의 피난처시로다. (셀라)

8 와서 여호와의 행적을 볼지어다.

땅을 황무케 하셨도다.

9 저가 땅끝까지 전쟁을 쉬게 하심이여,

활을 꺾고 창을 끊으며,

수레를 불사르시는도다.

10 이르시기를 너희는 가만히 있어 내가 하나님 됨을 알지어다.

내가 열방과 세계 중에서 높임을 받으리라 하시도다.

11 *만군의 여호와께서 우리와 함께 하시리니,*

야곱의 하나님은 우리의 피난처시로다. (셀라)

이 시편은 세 개의 연으로 구성되어 있고, 각 연에는 세 개의 구절이 들어있다. 두 번째와 세 번째 연 끝에는 동일 후렴구가 있다(강조를 위해 이탤릭으로 표시함): "만군의 여호와께서 우리와 함께 하시리니; 야곱의 하나님은 우리의 피난처시로다." 각 연 끝에는 히브리 단어 셀라(Selah)도 등장한다. 이 단어의 분명한 의미는 알려져 있지 않지만, 최대한 추측할 수 있는 것은 예배에서 해당 시편을 연주할 때 사용할 수 있는 일종의 음악적 표식이라고 한다. 그러나 이 단어가 시편 46편을 세 개의 깔끔한 연으로 나누고 있다는 것에 주목하라. 어떤 학자들은 그 후렴구("만군의 여호와께서 우리와 함께 하시리니; 야곱의 하나님은 우리의 피난처시로다")가 3절 바로 뒤에도 포함되어 있었을 것이라고 주장했다. 다시 말해서 시편 46편은 원래 각 연이 동일한 후렴구와 셀라(Selah)로 끝나는 세 개의 균등한 연을 가지고 있었다는 것이다.

시편 구조를 이해하는 것이 독자가 시의 의미를 이해하는데 있어서 어떻게 도움을 주는가? 본 시편의 경우, 시편 구조 이해는 독자가 후렴구("만군의 여호와께서 우리와 함께 하시리니 야곱의 하나님은 우리의 피난처시로다")를 믿는다는 것이 무엇을 의미하는지 이해할 수 있도록 도움을 준다. 첫 번째 연은 몇몇 학자들이 "자연 악(natural evil)"이라고 부르는 것을 묘사하고 있다: 지진과 쓰나미 같이 자연 질서에서 발생하는 위험과 위협을 말한다. 두 번째 연은 학자들이 "도덕적 악(moral evil)"이라고 부르는 것에 초점을 맞추고 있다: 즉, 전쟁이나 압제와 같이 인간에게서 나오는 위험들과 위협들을 가리킨다("이방이 훤화하며 왕국이 동하였더니"). 세 번째 연은 자연 악("내가 세상에서 높임을 받으리라") 뿐만 아니라 도덕적 악("내가 열방 가운데서 높임을 받으리라")을 잠잠케하시는 하나님의 말씀으로 끝나고, 시편 전체는 후렴구로 마무리된다. 다시 말해서, 1연과 2연은 창조 질서가 하나님을 거역하는 두 가지 방식을 명명하고 있고, 3연은 그것에 대한 하나님의 반응을 묘사하고 있다. 그리고 후렴구는 차례로 공동체에게 자신의 믿음을 표시하는 표현을 제공하고 있다.

연(聯: stanza)으로 구성되어 있는 시편들은 시편 2편, 107편, 42-43편, 그리고 139편이 포함된다. 이 시편들은 본 저서의 다른 곳에서 논의될 것이다.

(3) 세 번째 실례: 시편의 전환점들

몇몇 시편에는 중요한 전환점이 있는데, 바로 그 지점에서 시편의 분위기 혹은 개념이 크게 바뀐다. "전환점(turning point)"이라는 말은 탁월한 시편 학자 페트릭 밀러(Patrick Miller)에 의해 전개되었다.[8] 이 용어는 몇 개의 시편들이 구성되어 있는 방식을 가리키기 때문에 매우 유익하다. 그것은 종종 독자가 시편에서 그 시의 의미가 선회하고 있는 중요한 지점을 찾고자 할 때 도움이 된다.

시편 73편은 그러한 좋은 실례를 보여준다. 이 시편은 기본적으로 다음과 같은 주장으로 시작한다: "참으로 하나님은 마음이 청결한 자에게 선하시다"(1a 절). 그리고 이 시편은 확신에 찬 이 진술을 받아들이는 것이 얼마나 힘든지를 묘사한다. 왜냐하면 인생에서 너무 흔하게 악인들은 번성하고 오히려 정직한 자들은 고난당하는 것처럼 보이기 때문이다(2–16절). 2–16절은 구절 두 개로 요약할 수 있다. 첫 번째는 3절이다: "이는 내가 악인의 형통함을 보고 오만한 자를 질시하였음이로다." 두 번째는 16절이다: "내가 어찌면 이를 알까 하여 생각한즉 내게 심히 곤란하더니." 시인은 심지어 하나님에 대한 믿음을 버리고 악인들과 함께 하고 싶은 유혹을 받았음을 인정한다. 그리고 이 시편의 전환점이 17절에 등장한다: "하나님의 성소에 들어갈 때에야 저희 결국을 내가 깨달았나이다." 위대한 구약 신학자 월터 부르그만(Walter Brueggemann)은 시편 73편은 17절을 중심으로 분위기가 전환된다고 주장하면서, 17절을

---

8) Patrick Miller, "Yāpiah in Psalm XII 6 [=12:5 NRSV]," *Vetus Testament* 29 (1979): 495-501. idem, *They Cried to the Lord: The Form and Theology of Biblical Prayer* (Minneapolis: Fortress, 1994).

"이 시편의 중심"이라고 말한다.[9] 그는 "우리는 더 많은 것을 알고 싶지만 우리에게는 단지 힌트만 주어졌다.... 몇 가지 방식에서—아마도 제의적인—하나님의 거룩함에 대한 경험 때문에 시인은 (악인들과 같이 살고 싶다는) 달콤한 유혹을 재고할 수 있었다."고 말한다. 부르그만은 시인이 성전에서 "철저한 반전의 순간"을 경험했다고 말한다.[10] 이 순간이 시인에게는 전환점이었고, 이 시편의 전환점이기도 하다.

중요한 전환점을 중심으로 구성된 또 다른 시편의 예는 시편 12편이다. 이 시편은 도움을 구하는 부르짖음으로 시작한다: "여호와여 도우소서 경건한 자가 끊어지며 충실한 자가 인생 중에 없어지도소이다"(1절). 그러나 이 시편은 은근한 확신의 어조로 끝이 난다: "여호와여 저희를 지키사 이 세대로부터 영영토록 보존하시리이다"(7절). 이 시편 기자는 그토록 연약한 감정 상태에서 어떻게 확신으로 나아갈 수 있었을까? 이 시편의 전환점은 주님의 약속이 주어지는 5절에 등장한다: "여호와의 말씀에 가련한 자의 눌림과 궁핍한 자의 탄식을 인하여 내가 이제 일어나 저를 그 원하는 안전지대에 두리라 하시도다." 따라서 그 시편의 구조는 다음과 같이 설명될 수 있다: 도움을 요청하는 인간의 부르짖음, 희망이 담긴 주님의 약속, 그리고 신뢰에 대한 시인의 개인적인 표현이 각각 연이어서 등장한다.

9) Walter Brueggemann, "Bounded by Obedience and Praise: The Psalms as Canon," in *The Psalms and the Life of Faith*, ed. Patrick Miller (Minneapolis: Fortress, 1995), 209.
10) Walter Brueggemann, *The Message of the Psalms: A Theological Commentary* (Minneapolis: Augsburg, 1984), 118.

4. 시편의 해부도

시편에 대해 글을 쓸 때 저자들은 시편을 구성하고 있는 다양한 부분을 언급하기 위해 특별한 용어들을 사용한다. 아래에서 보듯이 "시편의 해부도" 비유는 이러한 용어들이 무엇을 의미하는지 잘 보여준다.

시편의 해부도

장 제목

시편 89편 "하나님의 다윗과의 언약"

1 에스라인 에단의 마스길.
내가 여호와의 인자하심을 영원히 노래하며;

절

주의 성실하심을 내 입으로 대대에 알게 하리이다.
2 내가 말하기를 인자하심을 영원히 세우시며;
주의 성실하심을 하늘에서 견고히 하시리라 하였나이다.
3 주께서 이르시되 내가 나의 택한 자와 언약을 맺으며,
내 종 다윗에게 맹세하기를.
4 내가 네 자손을 영원히 견고히 하며;
네 위를 대대에 세우리라 하였다 하셨나이다. (셀라)

본문

미상의 단어

5-51절
5 여호와여 주의 기사를 하늘이 찬양할 것이요,
주의 성실도 거룩한 자의 회중에서 찬양하리이다.

......

50 주는 주의 종들의 받은 훼방을 기억하소서;
유력한 모든 민족의 훼방을 기억하소서,
51 여호와여 이 훼방은 주의 원수가,
주의 기름부음 받은 자의 행동을 훼방한 것이로소이다.
52 여호와를 영원히 찬송할지어다.
아멘! 아멘!

추가된 끝맺음 말

표제어(Supercription): 많은 시편에는 표제어, 즉 시편의 가장 오래된 많은 역본들에서 본문의 일부분이 되어 있는 제목을 가리킨다. 그러나 대부분의 학자들은 표제어를 시편이 작성된 이후에 첨부된 것으로 받아들이고 있다. 표제어들은 다음과 같은 몇 가지 정보를 제공한다: (1) 시편과 연관된 인물 정보가 담겨있을 수 있다. 시편 89편의 경우 에스라인 에단이 바로 그 인물에 해당한다. 여러 시편들이 다윗, 고라 자손들, 아삽 및 다른 여러 인물들에 그 기원을 두고 있다. (2) 시의 양식을 가리키는 어려운 히브리 용어들이 상당히 많이 포함되어 있다. 즉, 시편 89편은 마스길이라 불리고, 다른 시들 중에는 믹담, 식가욘이라 불리는 용어들도 있다. (3) 그러한 용어들은 음악 혹은 제의와 관련된 용어일 수 있다. 예를 들어, "소산님에돗에 맞춘 노래"(시 80), "아얠렛사할에 맞춘 노래"(시 22), "영장으로 한 노래"(시 36)와 같은 용어들이 있다. (4) 어떤 표제어들은, 예를 들어, "깃딧에 맞춘 노래" 혹은 "스미닛에 맞춘 노래"는 음악적 표식 역할을 한다.

제목(Title): 대부분의 영어 번역본에는 히브리 시에는 없지만 영어 번역자들이 편집해 삽입한 제목이 실려 있다. 이 제목들은 종종 도움이 되며, 시편을 읽고 이해하는데 안내해주려는 목적이 있지만, 성경의 일부분으로 받아들여서는 안 된다.

절(Verses): 절 숫자는 시편의 시에 후기에 첨부되었다. 역본과 번역본 마다 다른 절 숫자를 지니고 있는데, 영어 성경의 경우 현대의 표준 절 숫자는 1560년 출판된 제네바 성경에서 처음으로 사용되었다. 절 숫자는 주로 참조를 위해서는 도움을 주지만 시편의 의미와 반드시 관계가 있는 것은 아니다.

장(Number): 시편의 장수(章數)는 후기에 첨부되었다. 처음부터 "시편 89편"이라고 쓰기 시작한 것은 아니었다. 구약의 라틴어 번역본인 70인역(LXX)은 장수에 있어서 MT본문과는 약간 다르다.

본문(Body): 시의 크기는 둘 혹은 세 개의 행을 담고 있는 절들로 구성된다. 행 사이에 있는 휴지(休止)는 히브리 성경에는 분명하게 표시되어 있으며, 영어 성경에는 종종 세미콜론(;) 혹은 들여쓰기로 구분하고 있다. 한 구절 안에 있는 행들은 다음과 같이 언급된다. 예를 들면, 시 89:50a, "주는 주의 종들의 받은 훼방을 기억하소서,"와 89:50b, "유력한 모든 민족의 훼방을 기억하소서," 시편 가운데 짧은 것은 2개 구절로 구성된 시편(117편)도 있고, 176개 구절로 구성된 시편(119)도 있다

미상의 단어(Unknown words): 많은 시편 끝에서 종종 셀라(selah)라는 단어가 발견된다. 학자들은 이 단어의 의미에 대해 전적으로 확신하지 못하고 있지만, 이 단어는 휴지(休止)를 가리키거나 중요한 구분을 나타내는 것일 수 있다. 시편 89편에서 이 단어는 4절, 37절, 45절, 48절에서 등장한다. 시 중간에 미상의 단어가 등장하는 또 다른 예는 시편 9:17에 등장하는 '힉가욘'이 있다.

추가된 끝맺음 말(Closing additions): 종종 시편이 끝나는 부분에 다음 시편과 연결하거나 중요한 구분선을 표시하기 위해 자료를 첨가한 시편들이 많다. 시편 89:52절은 시편 89편뿐만 아니라 시편의 제 삼 권을 끝맺기 위해 첨가된 것이다. 이 경우, 음성을 발하는 송영(頌榮) 혹은 주님에 대한 찬양이 첨가된 것이다.

---

5. 결론

1장에서 독자는 히브리 시(詩)의 기본적인 특징들을 접할 수 있었다. 그 특징들은 시편을 이해하며 읽기 위해서는 히브리 시가 어떻게 의미를 만들어내는 지에 대한 기본 통제 논리를 독자가 파악하고 있어야 한다는 가정에 기초한다. 첫째, 독자에게 평행법이 소개되었다. 우리는 평행법이 여러 단계 차원에서 운영되고 있음을 주장했다: 단어와 단어 사이에서(구 안에서 작동하는 평행법), 구와 구 사이에서(절 안에서 작동하는 평행법), 절과 절 사이에서(하나의 연 안에서 작동하는 평행법), 연과 연 사이에서(하나의 시편 안에서 작동하는 평행법), 그리고 시편과 시편 사이에서("쌍둥이 시편" 혹은 짝을 이루는 시편을 만들기 위해 작동하는 평행법) 발생한다. 독자에게 또한 시편의 구조에 대한 개념과 하나의 시편 안에서 흐르는 시적 전개(poetic development)에 관해서도 소개했다.

6. 심화하기

1장에서 소개한 개념들을 더욱 심화하기 위해서 아래에 소개된 연습들 가운데 한 가지 혹은 그 이상을 생각해보라:

1. 히브리 시에 관해 공부하지 않은 자를 찾아서 그들이 이해할 수 있는 방식으로 히브리 평행법의 개념을 설명해 보도록 하라.

2. 성경의 시편을 펼쳐서 무작위로 시편 하나를 선택한 다음 그 시편에서 평행법이 작동하는 방식과 시적으로 전개하고 있는 방식을 당신이 확인할 수 있는지를 살펴보라.

3. 당신이 물어보았거나 혹은 지난주에 누군가가 당신에게 물어

보았을 어떤 질문에 관해 생각한 다음, 그 질문을 여섯 행으로 구성된 시로 작성해보라. 히브리 평행법을 사용하여 첫 두 개의 행은 질문을 던지고, 나머지 네 개의 행은 그 질문에 답하는 시를 구성해보라.

7. 추천도서

Alter, Robert. *The Art of Biblical Poetry*. New York: Basic Books, 1985.

Berlin, Adele. *The Dynamics of Biblical Parallelism*. Bloomington: Indiana University Press, 1985.

_______. "Introduction to Hebrew Poetry." In vol. 4 of *The New Interpreter's Bible: A Commentary in Twelve Volumes*, 301-15. Nashville: Abingdon, 1996.

Fokkelman, J. P. *Reading Biblical Poetry: An Introductory Guide*. Louisville: Westminster John Knox, 2001.

Gillingham, Susan E. *The Poems and Psalms of the Hebrew Bible*. Oxford: Oxford University Press, 1994.

Kugel, James. *The Idea of Biblical Poetry*. New Haven: Yale University Press, 1981.

2장
시편은 무엇인가? (1)

2장

시편은 무엇인가?

다양한 시편 장르 이해하기 – 1부

다음 표현의 의미를 생각해보라: **깨끗한 화장실**(Clean Bathrooms)!!!

무엇을 의미하는지 너무나도 명백하지 않은가? 그러나 너무 서둘러 판단하지 않았으면 좋겠다. 이 표현은 어떤 문맥에 사용되느냐에 따라 완전히 다른 의미를 전달할 수 있다.

먼저, 함께 살고 있는 누군가가 이 표현을 쓴 노트를 당신 방문에 붙여 놓았다고 상상해보라. 그는 부모나 배우자 혹은 룸메이트일 수 있다. 그 노트에 다음과 같은 말들이 포함되어 있다고 상상해보라: "쓰레기 내다 놓기!" "설거지하기!" "빨랫감 치우기!" 그리고 마지막으로 "6시30분에 손님 도착!!" 이 문맥에서 "깨끗한 화장실(Clean Bathrooms)!!!"의 의미는 매우 분명해질 것이다. 그 표현은 일종의 명령이다. 당신은 부모나 배우자 혹은 룸메이트가 돌아오기 전에 화장실을 깨끗하게 청소해야 한다는 것을 알 것이다. 더욱이 "깨끗한 화장실"에 이어서 나오는 세 개의 감탄 부호와 6시30분에 손님이 도착할 것이라는 마지막 문장은 그 목록에 우선순위와 목적이 있음을 보여준다. 노트를 남겨둔 자가 당황스런 상황이 연출되지 않기를 바라기 때문에 당신은 눈에 가장 잘 띄는 것들부터 시작하는 것이 좋을 것이다—화장실을 청소하고, 쓰레기를 내다버린 다음, 설거지하는 순으로 해야 할 것이다. 그렇게 하지 않으면, 한바탕 난리가 날 수도 있을 것이다.

이와 달리 "깨끗한 화장실"이라는 표현을 다른 문맥에서 마주했다고 상상해보라. 당신의 차가 고속도로에서 벗어나 어느 주유소로 천천히 들어선다. 주유소 입구에 전문가의 솜씨로 인쇄된 다음 문구가 현수막에 쓰여 있다: "깨끗한 화장실(Clean Bathrooms)!!!" 그리고 같은 현수막에 있는 다른 문구들도 눈에 들어온다: "새로 구운 음식!" "갓 내린 무료 커피!" "경영진이 바뀌었음!" 이런 문맥에서 "깨끗한 화장실"의 의미는 매우 분명해 진다. 그렇다. 그 말은 일종의 약속이다. 이 문맥에서 위의 표현들은 당신이 주유소에서 무엇을 얻을 수 있는지를 보여준다: 고객에게 친절한 운영, 깨끗한 화장실, 갓 내린 커피와 음식. 간단히 말해서 당신은 주유소에서 안락함을 즐길 수 있다는 것이다.

위에서 제시한 두 가지 실례에는 세 가지를 주목해야 한다. 첫째, 두 가지 실례가 서로 다른 두 가지 종류의 문학적 문맥을 묘사하고 있는 것이다. 이에 대한 전문 용어는 두 가지 다른 장르로 언급될 수 있다. 첫 번째 실례에 있는 "깨끗한 화장실(Clean Bathrooms)!!!"은 "해야 할 목록" 문맥에서 발견된다. 두 번째 실례에 있는 "깨끗한 화장실(Clean Bathrooms)!!!"은 광고 문맥에서 볼 수 있는 표현이다. 둘째, 동일한 단어/표현이 두 개의 서로 다른 문학적 문맥에서 완전히 다른 의미가 될 수 있다는 점이다. 첫 번째 실례에 있는 "깨끗한 화장실!!!"은 그 글을 읽는 자가 무엇인가를 해야 한다는 명령을 가리키는 것이고, 두 번째 실례의 "깨끗한 화장실!!!"은 그 글을 읽는 자에게 무엇인가가 준비되었다는 약속을 나타낸다. 셋째, 기록된 표현을 정확하게 이해하기 위해서 독자는 그 표현이 어떤 장르에서 등장하고 있는지 분명하게 확인할 수 있어야 한다. 글을 능숙하게 읽은 독자는 그 표현이 어떤 문학 장르에서 등장하고 있는 지를 파악할 수 있는 기술을 갖추고 있으며, 그 기술의 도움으로 독자는 그 표현의 진의를 정확하게 이해하게 된다.

본 장(章)의 목적은 독자가 시편에 있는 여러 문학적 장르를 이해할 수 있도록 구비시켜서 시편을 진정으로 경험하고, 보다 완벽하게 이해할 수 있도록 하는 것이다. 서론에서 우리는 존 챠디(John Ciardi)의 금언을 인용했다: "분석은 어떤 의미에서건 결코 시(詩)를 대체할 수 없다. 분석이 할 수 있는 최고의 일은 독자가 섬세하게 시 안으로 들어갈 수 있도록 준비시키는 것이다."[11] 본 장에서 독자는 보다 섬세하게 시편의 세계 안으로 들어갈 수 있도록 시편의 여러 다른 종류의 장르들을 배우게 될 것이다. 그러나 분석의 목적은 분석 자체가 아니라 독자가 시편 안으로 들어갈 수 있도록 준비시키는 데에 있다.

시편 읽기는 이 기술을 반복해서 사용할 것을 요구한다. 어떤 장르의 시편을 읽고 있는지 확인한 다음, 읽고 있는 표현을 이해할 수 있도록 그 확인된 장르를 이용하는 것이다. 시편을 능숙하게 읽는 독자는 하나의 시편이 어떤 장르에 속하는지 확인할 수 있는 자이며, 그 확인을 통해 주어진 시편에 등장하는 표현의 의미를 바르게 이해할 수 있게 된다.

---

11) John Ciardi, *How Does a Poem Mean?* (New York: Houghton, Mifflin, 1959), 663.

1. 시편의 장르 개념 이해하기

시편 전체에는 150개의 시편이 들어 있다. 그것은 다음과 같은 단순한 질문을 던질 수 있다. 즉, "어쨌든 시편은 무엇인가?"라는 질문이다. 대부분의 좋은 질문들처럼, 짧고 단순한 답변이 있고, 길고 복잡한 답변이 있다.

첫째, 짧고 단순한 답변은 이렇다. 시편은 성경의 시(詩)이다. 영어 단어 "시편"(psalm)은 문자적으로 "노래"를 의미하는 히브리어 단어 미즈모르(mizmor)를 번역할 때 사용되던 그리스어 psalmos에서 유래한다. 따라서 가장 기본적인 의미에서 시편은 성경의 노래 혹은 성경의 시를 말한다.

둘째, 보다 길고 복잡한 답변은 이렇다. 시편에는 정말 여러 종류의 시편들이 많이 있다. 실례로써 다음 노래를 들어보자. 이 노래는 친구 요나단이 죽었을 때 다윗이 불렀던 노래이다.

> 다윗이 이 슬픈 노래로 사울과 그 아들 요나단을 조상하고 명하여 그것을 유다 족속에게 가르치라 하였으니 곧 활 노래라 야살의 책에 기록되었으되,
>
> "이스라엘아 너의 영광이 산 위에서 죽임을 당하였도다.
> 오호라 두 용사가 엎드러졌도다!"
>
> "이 일을 가드에도 고하지 말며,
> 아스글론 거리에도 전파하지 말지어다.
> 블레셋 사람의 딸들이 즐거워할까,
> 할례 받지 못한 자의 딸들이 개가를 부를까 염려로다."

"길보아 산들아 너희 위에 우로가 내리지 아니하며,

제물 낼 밭도 없을지어다.

거기서 두 용사의 방패가 버린바 됨이라.

곧 사울의 방패가 기름 부음을 받지 않음 같이 됨이로다."

"죽은 자의 피에서,

용사의 기름에서,

요나단의 활이 물러가지 아니하였으며,

사울의 칼이 헛되이 돌아오지 아니하였도다.

사울과 요나단이 생전에

사랑스럽고 아름다운 자러니,

죽을 때에도 서로 떠나지 아니하였도다.

저희는 독수리보다 빠르고

사자보다 강하였도다."

"이스라엘 딸들아!

사울을 슬퍼하여 울지어다.

저가 붉은 옷으로 너희에게 화려하게 입혔고

금 노리개를 너희 옷에 채웠도다."

"오호라 두 용사가 전쟁 중에 엎드러졌도다.

요나단이 너의 산 위에서 죽임을 당하였도다.

내 형 요나단이여 내가 그대를 애통함은

그대는 내게 심히 아름다움이라.

그대가 나를 사랑함이 기이하여

여인의 사랑보다 승하였도다."

"오호라 두 용사가 엎드러졌으며

싸우는 병기가 망하였도다! 하였더라." (삼하 1:17-27)

사울과 요나단의 죽음에 관한 다윗의 노래는 시편 밖에서 등장하는 시(詩)의 실례이다–즉, 성경의 내러티브 책들 가운데서 시가 등장한다. 내러티브 책에 있는 시들은, 이렇게 등장함으로써 시편에 관해서 우리가 놓쳤을 만한 것들을 가르쳐준다. 이 시편(삼하 1:17–27)은 우리에게 시편이 단지 성전 예배에서만 불렸을 뿐만 아니라 일상의 삶(말하자면, 들판)에서 불렸다는 것을 보여준다. 이 노래의 경우는 "애탄시"라고 불리는 장르의 시이다(17절). 이것을 가리키는 히브리어 단어는 qinah('키나'라고 발음된다)인데, 사랑하는 사람의 죽음을 애도할 때 부르는 노래이다. '키나' 노래들은 히브리어에서만 확인할 수 있는 운율(韻律)을 가지고 있다. 그 노래들은 죽음에 대한 슬픔을 표현하면서 고인의 삶과 업적들을 기렸다.

"시편은 무엇인가?"라는 질문에 대한 두 번째 답변이 길고도 복잡한 이유는 성경 시편에는 여러 가지 다른 장르들이 많이 있기 때문이다. 따라서 시편에 있는 모든 장르들을 설명할 수 있어야 "시편이 무엇인가?"라는 질문에 만족스러운 답변을 할 수 있을 것이다. 본 장의 나머지 부분과 제3장에서 독자는 성경의 시(詩)에 얼마나 다양한 하위종류 혹은 하위범주들이 있는지 연구하게 될 것이다.

성경 밖의 시(詩)에도 하위 장르가 존재한다. 예를 들어, 일본 시(詩)의 하이쿠(haiku)는 특별한 시 장르로써 길이는 짧지만 규칙은 엄격하다. 보통 하이쿠는 3행 안에 17개의 음절을 지니고 있고(각각 5음절, 7음절, 그리고 5음절 씩 배분된다), 계절(봄, 여름, 가을, 겨울)을 연상할 수 있는 이미지 두 개를 비교해야 하고, 계어(季語) 한 개를 사용해야 한다. 영시(英詩)에서 리머릭(limerick) 또한 하위 장르의 시이다. 리머릭은 빠른 단장단격(短長短格)의 운율을 지니고 있고[12], 엄격한 AABBA 리듬 체계를 지닌 5행으로 구성되어 있다. 리머릭은 보통 유머가 넘치고, 종종 외설스럽기도 하다. 어떤 사람이 서로 다른 이 두 가지 시 장르를 경험할 때, 그가 유능한 독자라면 읽으면서 매우 다른 경험을 기대할 것이다. 물론 다른 장르의 시들도 많이 있다: 소네트(14행 시), 담시(譚詩), 4행시(4행으로 구성된 연으로 구성되고, 2번째 행과 4번째 행은 반드시 각운이어야 한다).

용어 "장르"는 범주, 종류, 혹은 문학 양식을 의미한다. "시편"은 그 자체로 하나의 문학 장르이지만, 우리가 시편이라고 부르는 넓은 장르 안에는 하위 장르들이 존재한다. 다섯 가지 종류만 제시한다면 애탄시, 도움 요청시(prayers for help), 찬양시, 감사시, 그리고 신뢰시 등이 있다. 이렇게 다른 다섯 종류의 시는 각각 다른 "장르"를 의미한다. 일반적으로 장르 개념은 문학을 문학답게 작동하도록 한다. 기록된 글이 이해되도록 하기 위해서 저자와 청중은 그 글의 장르에 관해서 몇 가지 공통된 가정을 공유해야 한다. 문학 작품을 감싸고 있는 '장르'는 종종 그 작품에 있는 단어의 의미를 어떻게 해석하고 이해할 것인지를 결정한다. 각 장르에는 자기만의 특징적인 요소들과 가정들이 존재한다. 그 요소와 가정들은 다음과 같은 것들을 포함한다.

1. 상황과 화자: 누가 말하고 있는 지에 대한 가정과 화자(話者)의 삶에 무슨 일이 있었으며, 일어나고 있는 지에 대한 가정.

---

12) 각각의 시 운율은 3음절을 지니고 있는데, 첫 음절을 짧고, 다음 음절은 길고, 세 번째 음절은 다시 짧은 음절을 갖는 체계를 의미한다.

2. 청중: 어떤 청중이 듣고 있는가?

3. 언어: 어떤 종류의 문장들(질문, 요청, 환호, 선포 등)과 어떤 의미 혹은 내용이 적절한가?(신뢰에 대한 표현, 고통과 의심의 울부짖음, 기쁜 감정 표현, 등)

> 당신이 해야 할 목록에 있는 문장 "깨끗한 화장실!"을 읽으면서 그 암시된 명령을 무시한다고 가정해보라. 그 노트를 남긴 자가 집에 돌아와서 개수대에 있는 지저분한 그릇들과 텔레비전을 보고 있는 당신을 발견하고서는 이렇게 따진다: "해야 할 목록에 있는 거 다 했지? 45분 후에 손님들이 오실거야!" 그런데 만일 당신이 "앗, 내가 오해했나보다. 나는 네가 화장실을 이미 청소했고, 쓰레기도 내다 버렸고, 설거지도 했고, 손님 맞을 준비를 다 마쳤는지 알았어!"라고 말한다면, 이 대화가 어떻게 흘러갈 것이라고 생각하는가?
>
> 당신이 들었거나 읽었던 것을 잘못 이해했던 때를 생각해보라-음성메일, 텍스트, 시험지에 있는 문제 혹은 전화 대화할 때 상대방 너머로 우연히 듣게 된 이야기 등. 당신은 왜 당신이 들은 것과 읽은 것을 오해했는가? 충분히 이해하기 위해서 추가적인 상황 정보가 필요하지는 않았는가?

2. 두 종류의 장르: 내용과 양식

아래 그림을 주의 깊게 살펴보라:

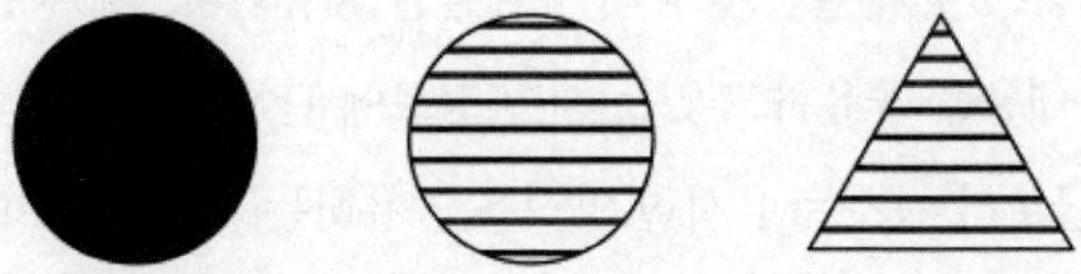

당신은 위의 그림을 어떻게 두 그룹으로 구분하겠는가? 한편으로는 해석자(기본적으로 무엇인가를 이해하고자 하는 자)로서 당신은 주로 그림의 외형(外形)에만 집중할 수 있을 것이다. 그런 경우 당신은 비슷한 형태를 공유하고 있다는 이유로 왼쪽에 위치한 두 개의 원을 한 범주로 묶고, 제일 우측에 놓인 삼각형은 별도의 범주로 분류할 것이다. 다른 한편으로는 당신이 해석자로서 내부 내용에만 치중한다면, 유사한 내용을 공유하고 있다는 이유로 두 번째와 세 번째 그림을 한 범주로 묶고, 첫 번째 그림은 별도의 범주로 구분할 것이다. 자, 해석자로서 당신은 처음에 외형의 유사함과 다름의 패턴을 찾아본 다음, 범주들을 그 패턴에 배정했다는 것을 주목하라. 독자는 시편을 해석할 때 그와 유사한 과정을 거치게 된다.

시편 해석자들은 당연히 시편을 이해하고자 한다. 시편을 이해하고 그들 세계 안으로 들어가기 위해서 해석자들은 시편들 사이에 놓인 유사함과 다름의 패턴을 찾는 것이 유익하다는 것을 발견했다.

해석자들이 패턴의 유사함과 다름을 찾아가면서 발견한 것은 어떤 시편들은 유사한 양식을 공유하고 있고, 어떤 시편들은 유사한 '내용'을 공유하고 있다는 것이다. 양식 측면에서 어떤 시편들은 동일한 것으로 시작해서 동일한 것으로 끝이 나거나, 유사한 구조를 공유하거나, 혹은 꽤 비슷한 유형의 문장들을 가지고 있다. 반면에 다른 어떤 시편들은 유사한 내용을 가지고 있다: 즉, 그들은 왕(제왕시라고 불림)이나 자연(창조시)을 언급하거나, 혹은 도시 예루살렘(시온시)과 용서를 구하는 것(참회시)에 집중하는 것과 같은 공통의 주제들을 공유한다. 제3장은 독자들에게 유사한 내용을 공유하고 있는 시편 장르에 관해 소개할 것이다.

지금부터 독자는 유사한 양식을 공유하는 시편 장르에 관해 배우게 될 것이다. 각 장르의 양식에 관한 정보와 유능한 독자가 화자(話者)에 관해 무엇을 가정하는가에 관한 정보 등이 주어질 것이다. 그러나 이 분석의 목적은 단지 다양한 시편 장르들이 존재하고 있다는 것만을 배우는 것이 아니라, 독자가 다양한 종류의 시편 세계 안으로 "보다 섬세하게" 들어갈 수 있도록 준비시키기 위한 것임을 기억하라.

3. 도움 요청시(애탄시): "저를 도우소서! 저를 도우소서! 저를 도우소서!"

아래에 제시된 시편 13:1-6을 고찰해보라. 오로지 시어(詩語)에 근거하여 시 안으로 들어가 세 가지 질문을 던져보라: (1) 당신이 생각하기에 화자(話者)의 삶에서 무엇이 이 시어들을 발생시켰다고 보는가? (2) 화자는 누구에게 말하고 있으며, 그 이유는 무엇인가? (3) 저자는 왜 특정한 단어들 혹은 문장 유형을 선택해서 사용하는가?

1 여호와여! 언제까지 나를 잊으시겠습니까?
언제까지 주의 얼굴을 나에게서 숨기시겠습니까?
2 언제까지 내가 내 영혼의 고통을 견디며,

(언제까지 내가) 내 마음의 슬픔을 온종일 품겠습니까?
언제까지 내 원수가 나를 압도하며 의기양양해하겠습니까?

3 여호와, 나의 하나님! 나를 돌아보시고 응답하소서!
내가 사망의 잠에 들지 않도록 나의 눈을 밝히소서!
4 나의 원수가 "내가 저를 이기었다" 말하지 않도록 하소서!
내가 흔들림으로 나의 대적들이 기뻐할 것입니다.

5 그러나 나는 오직 주의 인자하심을 의뢰하였으며,
내 마음은 주의 구원을 기뻐할 것입니다.
6 내가 여호와를 찬송하리니,
주께서 내게 후히 갚으시기 때문입니다. (시 13:1-6)

위에서 제시한 세 가지 질문에 대해 다양한 답변이 가능하다. 화자(話者)의 삶에 무슨 일이 발생하고 있는가? 정말 속상한 일이 벌어졌음은 분명하다. 화자는 일종의 위기를 경험하였고, 하여 "나의 영혼의 고통"과 "내 마음의 슬픔"에 대해 말하고 있다. 이 시인은 또한 자신을 짓누르는 "나의 원수"에 관해 말하고 있다—아마도 이 원수는 한 사람 혹은 그 이상의 실제 사람들을 가리키지만, 그 외의 것을 가리킬 수도 있다. 화자는 하나님께 말하면서, 질문하고("여호와여! 언제까지니이까?"), 도움을 구하며("응답하소서"), 신뢰를 표현하고("나는 오직 주의 인자하심을 의뢰하였사오며"), 약속을 한다("내가...... 찬송하리니").

이 시편의 종류(장르)는 무엇인가?

시편 13편은 시편에서 가장 흔한 장르인 도움 요청시(도움을 요청하는 기도)이다. 이 시편들은 종종 애탄시라고도 불리는데, 이유는 시인들이 불평하며 하나님께 울부짖기 때문이다. 즉, 그들은 탄식한다. 우리는 그런 시편 장르를 '도움 요청시'로 호칭하는 것을 선호하는데, 이유는 이 시들의 무게 중심이 불평이 아니라 요청이기 때문이다. 시인들은 하나님이 돕기로 결정하기만 하면 그리 하실 수 있다는 믿음을 가지고 하나님께 도움을 구한다. 놀랍게도 "도움 요청시"는 시편 전체에서 대략 삼분의 일을 차지한다.[13)]

시편 13편은 "도움 요청시"를 보여주는 좋은 예이다. 왜냐하면 시편 13편에는 이런 종류의 시편들에서 전형적으로 발견되는 중요한 요소들이 모두 포함되어 있기 때문이다: 위기 상황, 하나님께 고함, 불평, 도움 요청, 신뢰 표시, 찬양에 대한 약속 등이 포함되어 있다.

(1) 상황: 위기!

도움을 요청하는 모든 기도들처럼 시편 13편은 개인적인 위기 상황에서 드려졌던 기도로 보인다. 몇몇 시편들은 그 위기의 내용에 대한 정보를 다음과 같이 어느 정도 제공하고 있다: 심한 질병, 적들의 억압, 범죄를 저질렀다는 비난, 임박한 전쟁, 혹은 그와 유사한 것들. 그러나 시편 13편과 같이 사용된 언어가 모호하고, 위기의 구체성을 확인하기 어려운 시편들도 많이 있다. 시인이 처한 상황에 관한 모호성은 아마도 의도적인 것으로 보인다. 이 시편들은 위기를 모호하게 표현하고 있기 때문에 다양한 위기에 처한 많은 사람들이 이 시편들을 통해 기도할 수 있을 것이다.

13) 학자들마다 다른 기준을 적용하지만, 도움 요청시(도움을 요청하는 기도)로 분류되는 시편들은 다음과 같다: 시 3; 4; 5; 7; 9-10; 13; 17; 22; 26; 28; 31; 35; 36; 38; 39; 42-43; 44; 51; 54; 55; 56; 57; 58; 59; 60; 61; 67; 69; 70; 71; 74; 77; 79; 80; 82; 83; 85; 86; 88; 89; 90; 94; 102; 108; 109; 120; 123; 126; 130; 137; 139; 140; 141; 142; 143; 144.

시편 13편을 다시 읽어보라. 읽으면서 두 가지 질문을 던져본다: (1) 자신의 삶에서 시편 13편의 말씀이 딱 들어맞는 상황이 있었는가? 있었다면, 그 때의 상황은 어떠하였는가? (2) 현재 시편 13편의 말씀과 유사한 상황에 처해 있는 사람을 혹시 알고 있는가?

(2) 일차 청중: 하나님

도움을 요청하는 모든 기도와 같이, 시편 13편의 기도는 하나님께 드려진다. 이 시편은 "여호와"와 "나의 하나님" 그리고 단순하게 "당신"이라는 단어를 사용하여 하나님께 기도한다. 시편 13편 이외의 다른 "도움 요청시"에는 다음과 같은 다양한 표현(구)이 사용되고 있다: "나의 의의 하나님!"(4:1), "나의 왕"(5:2), "나의 방패"(7:10), "우리 구원의 하나님"(79:9), "나의 바위"(62:2), "나의 피난처"(61:3) 등. 하나님에 대한 이 표현들의 핵심은 이 시편들이 기도라는 것을 의미한다. 하나님은 이 시(기도)를 듣는 일차 청중인 것이다. 시인은 하나님과의 지속적인 관계를 상정(上程)하고 있다(하나님이 나의 하나님, 나의 왕, 나의 방패, 우리 구원의 하나님임을 주목하라). 그러나 하나님에 대해 사용된 이미지들이 '보호,' '안전,' '능력'의 이미지들이라는 것도 주목하라: 바위, 방패, 피난처, 왕 등등. 하나님에 대해 이 표현들을 사용함으로써 "도움 요청시(기도)"를 드리는 자들은 하나님께 보호와 안전과 강력한 구원을 섬세하게 요청하고 있었던 것이다.

이 시편들이 하나님을 칭하기 위해 사용하고 있는 이미지들은 고대 세계의 일상의 삶에서 나온 것들이다. 오늘날 일상의 삶에서 보호와 안전과 강력한 구원을 불러일으키는 비교할 만한 이미지나 개념들이 있을까?

(2) 이차 청중: 인간 공동체

"도움 요청시(기도)"들은 주로 하나님께 드려진다. 시편 13편에서 시 전체는 "여호와"로 알려진 이스라엘의 하나님을 향하고 있다. 그러나 "도움 요청시(기도)"들에 있는 다음 구절들을 고찰해보라:

> 어느 때까지 나의 영광을 수치로 바꾸겠는가?
> 　　어느 때까지 허탄함을 사랑하고 거짓을 구하겠는가? (4:2)

> 시온에 보좌하신 여호와를 찬양하라;
> 　　열방 가운데서 그의 행사를 선포하라! (9:11)

> 여호와를 사랑하라! 그의 모든 성도들아!
> 　　주께서 신실한 자들을 보호하시지만,
> 　　교만한 자들에게는 온전히 보응하시리라! (31:23)

> 네 짐을 여호와께 맡기라,
> 　그리하면 주께서 너를 붙잡아주시리라;
> 　주께서는 의인들이 넘어지는 것을 허락하지 않으실 것이다! (55:22)

위에 제시된 네 구절은 모두 "도움 요청시"에서 발췌한 것들이다. 각 구절은 하나님께 직접 말하고 있는 것이 아니라 공동체의 다른 지체들에게 말하고 있다는 것을 알 수 있다. 이런 구절들은 "도움 요청시"에서 드물게 등장하지만, 그럼에도 그 구절들은 "도움 요청시(기도)"의 이차 청중으로서 하나님 이외에 인간 공동체가 있다는 것을 보여준다. 도움 요청 기도를 하고 있는 자들은 누군가가 그들의 기도를 엿듣고 있다는 것을 알고 있었던 것으로 보인다. 그리고 시인들은 그들의 공동체가 그 기도를 듣고 그들이 처한 고난으로부터 배우게 되기를 바라고 있다.

이차 청중에 대한 이러한 시적(詩的)인 인식은 '도움 요청시'를 읽는 현대 독자들에게 어떤 의미가 있는 것일까? 첫째, 현대 독자들은 자신을 시인들의 기도를 엿듣고 있는 이차 청중이라고 생각할 수 있다. 다른 사람의 기도를 엿듣는 것은 무엇을 의미하는가? 도움 요청시에서 시인들은 고통 중에 울부짖고, 그들의 필요가 무엇인지를 토로한다. 그런데 어떤 사람이 고난 받는 자의 고통의 울부짖음과 절실한 필요를 엿듣게 되었을 때, 그 사람은 기도하고 있는 자에 대한 어떤 도덕적 의무가 있는 것일까?—고통을 줄이기 위해 돕든지 아니면 그 필요를 채워주든지 말이다. 만일 그렇다면, 오랫동안 고난 받아 죽은 자와 같이 된 자의 기도를 엿듣는 것은 무엇을 의미하는가?

(3) 언어(1부): 불평(애탄)

당신은 다음 표현을 어떻게 묘사할 것인가?

> 1 여호와여! 언제까지 나를 잊으시겠습니까?
> 언제까지 주의 얼굴을 나에게서 숨기시겠습니까?
> 2 언제까지 내가 내 영혼의 고통을 견디며,
> (언제까지 내가) 내 마음의 슬픔을 온종일 품겠습니까?
> 언제까지 내 원수가 나를 압도하며 의기양양해하겠습니까? (시 13:1-2)

시편을 분석하는 자들은 이 표현을 "불평(항의)" 혹은 "애탄"으로 묘사했다. 모든 "도움 요청시(기도)"들은 시인이 처한 위기 상황에 대한 불평을 포함한다. 이 불평(항의)은 다음 세 가지 형식 가운데 최소한 한 가지 형식을 띤다–"당신–불평," "나–불평," "그들–불평." "당신–불평"라는 형식에서 시인은 하나님께 하나님에 대해 불평(항의)한다. 시편 13편에서 "당신–불평(항의)"의 형식은 1절에 등장한다: "여호와여! 언제까지 (당신이) 나를 잊으시겠습니까?" 그리고 "나–불평(항의)" 형식에서 시인은 자신이 겪고 있는 고난에 대해 불평한다. 시편 13편에서 우리는 "언제까지 내가 내 영혼의 고통을 견디며"라는 시인의 불평을 읽을 수 있다. 그리고 "그들–불평" 형식에서 시인은 자신에게 고난을 가져다주고 있는 다른 사람들에 대해 불평한다. 이들 중에는 시인을 억압했던 적들이 포함되어 있었던 것으로 보이며, 어떤 이들은 시인에게 단지 후원과 도움을 주지 않았던 공동체 일원이었을 수도 있다. 시편 13편에서 시인은 원망한다: "언제까지 내 원수가 나를 압도하며 의기양양해하겠습니까?" 이런 불평(원망)의 일부분을 보면 시인들이 하나님께 다음과 같이 질문한다는 특징을 발견할 수 있다: "언제까지....?", "왜 주의 얼굴을 숨기십니까?" (10:1) 혹은 "주의 인자하심이 어디 있습니까?"(89:49). 도움 요청 시에서 하나님께 질문하는 것–심지어 하나님을 비난하는 것–은 신실하지 않다거나 믿음이 없는 것으로 이해되지 않았다. 이렇게 질문하는 것은 믿음 관계에서 극히 중요하고도 필수적인 부분으로 간주되었다.

"도움 요청시"의 불평 섹션에 표현되어 있는 핵심 주장은 매우 단순하다. 즉, 삶은 이래서는 안 된다는 것이다. 시인은 고통 중에 울부짖으며, 세상이 지금처럼 고통스럽고 위험해서는 안 된다는 근본적인 믿음을 표현한다.

(4) 언어(2부): 도움 요청

시편 13편에 있는 다음 구절들을 고찰해보라. 당신은 그것들을 어떻게 묘사하겠는가?

3 여호와, 나의 하나님! 나를 돌아보시고 응답하소서!
내가 사망의 잠에 들지 않도록 나의 눈을 밝히소서!
4 나의 원수가 "내가 저를 이기었다" 말하지 않도록 하소서!
내가 흔들림으로 나의 대적들이 기뻐할 것입니다. (시 13:3-4)

"도움 요청시"에서 가장 중요한 부분은 도움에 대한 요청이다. 시편 13편에서 시인은 "내가 사망의 잠에 들지 않도록 나의 눈을 밝히소서!"라고 간구한다. 다른 "도움 요청시"에서 시인은 "나를 구원하소서"(3:7), "내게 응답하소서"(4:1), "나를 인도하소서"(5:8), "내 생명을 구하소서"(6:4), "일어나소서"(7:6)와 같은 도움을 많이 간구한다. 대부분의 도움 요청시에서 시인은 한 가지 이상을 기도한다. 예를 들면, 시편 17편에서 시인은 다음과 같은 것들을 간청한다: "정직함을 들으소서," "나의 부르짖음에 주의하소서," "주의 인자를 나타내소서," "나를 지키소서," "나를 숨기소서," "일어나소서," 그리고 "저들을 대항하소서"−그리고 이것들은 도움 요청에 대한 완전한 목록도 아니다! 각각의 "도움 요청시"에서 시인은 이 도움 요청 기도를 단지 개인 묵상으로 간주하는 것이 아니라 시인 자신을 포함하여 자신을 괴롭히는 원수들보다 훨씬 크고 강력한 하나님과의 적극적이고 지속적인 관계의 일부분이라 생각한다.

이런 도움 요청 시편들은 도움 요청의 일부로써 하나님께 기도 응답을 촉구하는 표현들을 포함하거나 혹은 하나님이 그 기도에 응답해야 할 충분한 이유를 제공하고 있다. 시편 13편에서 시인은 다음과 같이 기도한다: "내가 사망의 잠에 들지 않도록…."(3절) 다른 시편들의 경우에서처럼 이 표현은 시인이 처한 위기의 본질이 하나님이 그 기도에 응답해야 할 이유라고 주장한다. 다른 시편에서 시인들은 하나님이 기도에 응답해야 할 이유로써 그의 본질을 언급한다: 하나님은 "그의 인자하심을 따라" 혹은 "그의 선하심을 인하여" 기도에 응답해야 한다고 촉구하는 것이다(25:7). 또 다른 시편에서는 하나님이 응답해야 할 이유로써 시인의 무고함이 제시되거나("주께서 나를 감찰하셨으나 흠을 찾지 못하셨으니"[17:3])[14] 혹은 공격하는 적들의 죄가 제시되기도 한다("저희가 자기 기름에 잠겼으며 그 입으로 교만히 말하나이다"[17:10]). 패트릭 밀러(Patrick Miller)는 이와 같이 동기를 부여하고 촉구하는 표현들에 대해 다음과 같이 언급했다:

> 이 표현들은 하나님이 자신의 본성에 따라 행하시기를 호소한다. 여기서 기도는 단순히 "당신의 뜻이 이루어지이다" 가 아니다. . . .[중략]. . . . 동기를 부여하는 표현들은 사실 다음 사실을 나타내는 방식이다: 즉, 울부짖음에 대한 하나님의 응답은 자비와 사랑의 표명이요, 하나님이 세상을 정당하게 다루고 있음에 대한 입증이요, 고통 가운데 있는 자 혹은 공동체의 약자들에 대한 동정어린 반응이요, 하나님의 도움이 하나님과 그의 백성 사이에 맺어진 관계에 적절할 것이라는 점에서 의의 행위임을 나타내는 방식이다.[15]

(5) 언어(3부): 신뢰 표현

당신은 다음 구절을 어떻게 묘사하겠는가?

> 그러나 나는 오직 주의 인자하심을 의뢰하였으며,
>
> 내 마음은 주의 구원을 기뻐할 것입니다. (시 13:5)

---

14) 시인은 여기서 잘못한 일이 없다고 주장하는 것은 아니다. 어떤 위기이든지 간에 "지금 당장"이라는 것을 제외하면, 이 특정한 문제에 있어서 시인은 잘못한 것이 없다.

15) Patrick Miller, *They Cried to the Lord: The Form and Theology of Biblical Prayer* (Minneapolis: Fortress, 1994), 126.

대부분의 도움 요청시들은 시인의 믿음을 표현하는 섹션도 포함하고 있다. 시편 13편에서 시인은 "그러나 나는 오직 주의 인자하심을 의뢰하였으며"라고 고백하고 있다. 다른 도움 요청 시편들에서 신뢰를 표현하는 진술들의 예는 다음과 같다: "나의 걸음이 주의 길을 굳게 지키고 실족치 아니하였나이다"(17:15). "이스라엘의 찬송 중에 거하시는 주여 주는 거룩하시니이다. 우리 열조가 주께 의뢰하였고 의뢰하였으므로 저희를 건지셨나이다"(22:3-4). "나의 하나님이여 내가 주께 의지하였사오니"(25:2). "하나님이 나를 도우심인 줄 아나이다"(56:9). 우리가 앞에서 살펴보았던 격앙된 불평 바로 옆에 이렇듯 차분한 믿음의 표현이 등장하는 것 때문에 해석자들은 혼란스러울 수 있다. 특별히 일관성을 중요하게 생각하는 현대 해석자들에게는 더욱 그럴 수 있다. 이 시점에서는 "도움 요청시"에 있는 질문들과 고소들이 기도자의 입장에서 부족한 믿음으로 이해되지 않았던 것처럼, 이런 신뢰 표현들이 시인들의 위기가 지나갔음을 의미하는 것은 아니라는 것으로 만족해야 할 것이다. 그러한 신뢰의 표현들은 단지 분위기 변화만을 알리는 것이 아니라, 오히려 위기한 가운데서 시인의 믿음이 하나님의 신실하심을 바라고 붙잡고 있다는 것을 포함하고 있었다는 것을 알려준다—종종 그러한 희망에 대해 어떤 외적인 근거가 없었음에도 말이다.

(6) 언어(4부): 찬양 약속

마지막으로 다음 구절을 살펴보라:

> 내가 여호와를 찬송하리니,
>
> 주께서 내게 후히 갚으시기 때문입니다. (시 13:6)

도움 요청 시편에는 위기가 일단 지나가면 하나님께 찬양하겠다는 약속이 종종 포함되어 있다. 시편 13편의 마지막 구절은 그러한 약속을 잘 보여준다: "내 마음은 주의 구원을 기뻐할 것입니다. 내가 여호와를 찬양하리니…." 다른 도움 요청시에도 찬양하리라는 유사한 약속들이 발견된다. 예를 들면: "내가 여호와의 의를 따라 감사함이여 지극히 높으신 여호와의 이름을 찬양하리로다"(7:17). "내 발이 평탄한 데 섰사오니 회중에서 여호와를 송축하리이다"(26:12). 찬양하리라는 약속을 이해하기 위해서 '찬양'이 무엇보다도 하나님이 행하신 일에 대한 간증으로 이해되었다는 것을 우리는 이해해야 한다. 시인은 하나님의 도우심을 받은 이후에 하나님이 행하신 일들을 다른 이들에게 알리겠다고 약속한다. 이 약속들은 때때로 오해되는 것처럼 시인이 하나님과 거래하고 있는 것이 아니다. 오히려 그 약속들은 신뢰 표현의 확장이요, 하나님에 대한 시인의 지속적인 헌신을 나타낸다.

도움 요청 시편은 대체로 두 가지 종류로 나뉜다: 개인 도움 요청시(예: 시 13편)와 공동체 도움 요청시(예: 시 44 혹은 82). 시편 전체에서 개인 도움 요청시가 공동체 도움 요청시보다 훨씬 더 많다. 이런 구분이 보여주는 바와 같이 '도움 요청시(기도)'는 심각한 위기에 직면해 있던 공동체를 위한 기도였을 뿐만 아니라 어려움 한 가운데 있던 개인을 위한 기도이기도 했다.

4. 찬양시 (Hymns of Praise): "선하신 하나님"

찬양시는 시편 전체에서 두 번째로 가장 많이 등장하는 시편 장르다.[16] "찬양시"라는 장르 제목이 암시하는 바와 같이 찬양시는 주로 공동체 예배에서 불리기 위한 노래였다. 앞에서 언급한 것처럼 찬양의 주 목적은 하나님이 행하신 일을 선포함으로써 그 분이 누구인지를 노래하는 것이다. 그러므로 찬양은 간증이요 증거이다. 즉, 찬양은 함께 모인 공동체가 하나님이 누구인지에 관해 노래를 불러 증거하는 양식이다.

시편 113편은 전형적인 찬양시이다.

1 여호와를 찬양하라!
　　여호와의 종들아, 찬양하라!
　　여호와의 이름을 찬양하라!
2 여호와의 이름이 찬송을 받으실지라.
　　이제부터 영원까지.
3 해 뜨는 데부터 해 지는 데까지
　　여호와의 이름이 찬양을 받으실지라.
4 여호와는 모든 열방 위에 높으시며,
　　그 영광은 하늘 위에 높으시도다.
5 누가 여호와 우리 하나님과 같으셔서,
　　높이 좌정하시고,

16) 찬양시는 다음 시편들에서 확인할 수 있다: 시 8; 33; 47; 48; 65; 66; 67; 68; 76; 84; 87; 89; 93; 96; 97; 98; 99; 100; 103; 104; 105; 111; 112; 113; 114; 117; 135; 145; 146; 147; 148; 149; 150.

6 스스로 낮추어

천지를 살피시는가?

7 그는 진토에서 가난한 자를 일으키시며,

쓰레기 더미에서 궁핍한 자를 높이시어,

8 지도자들

곧 그 백성의 지도자들과 함께 앉히도다.

9 그는 집안의 임신치 못하는 여인을

행복한 자녀의 어미가 되게 하시는 도다.

여호와를 찬양하라!

시편 113편은 찬양의 두 가지 주요 특징을 분명하게 보여준다는 점에서 찬양시의 좋은 모델이라 할 수 있다: (1) 찬양 요청과 (2) 하나님의 정체와 그의 행적에 관한 증거.[17)]

(1) 언어 (1부): 찬양 요청(Call to praise)

대부분의 찬양시는 찬양 요청으로 시작하고 끝을 맺는다. 찬양 요청의 가장 특징적인 양식은 시편 113편의 도입 부분에서 찾아볼 수 있다: "할렐루야"라는 히브리어 표현. 이 표현은 문자적으로 "여호와를 찬양하라"는 의미이다. 다른 표현으로는 "여호와를 즐거워하라!"(33:1), "손바닥을 치라!"(47:1), "하나님께 즐거운 소리를 발할지어다!"(66:1), "여호와께 찬

---

17) 대부분은 그렇지 않지만 많은 경우에 있어서, 찬양시에서 우리가 "하나님이 행하신 것에 대한 증거"라고 부르는 섹션인 시편의 서론들은 "찬양해야 할 이유들"로 간주된다. 예를 들어, Claus Westermann, *The Psalms: Structure, Content & Message* (Minneapolis: Augsburg, 1980), 90; Miller, *They Cried to the Lord*, 206을 보라. 그러나 찬양으로의 부름 이후에 "하나님의 어떤 특성 혹은 행위에서 찬양의 이유를 제공하는, 보통은 키(*ki* [for])로 시작되는, 원인절에서 찬양의 표현 자체를 통해 노래는 지속된다는 밀러의 해설을 주목하라.

양하라!"(98:1), "여호와를 송축하라!" 등이 있다. 이 요청의 핵심은 예배 공동체를 초청하여 믿음을 기쁘게 표현하도록 하는 것이다. 찬양 요청은 사실 그 자체로써 찬양 행위이다. 예를 들어, 시편 150편과 같은 몇몇 시편들은 시편 전체가 찬양 요청으로 구성되어 있다. 하나님의 선하심을 축하하자고 공동체를 초대하는 것 자체가 이미 축하를 시작한 것이다. 찬양 요청은 찬양 분위기를 결정한다. 그 분위기는 기쁘고, 즐거우며, 축하로 가득 찬다. 찬양 요청은 찬양의 목적도 보여준다. 즉, 제자 공동체를 형성하는 것이다. 찬양은 단지 하나님에 관한 것뿐만 아니라 하나님께 속한 인간 공동체에 관한 것이다. 이 두 가지 행위—축하하는 것과 제자 공동체를 형성하는 것—가 찬양 요청에 관한 모든 것이다.

(2) 찬양시의 정황과 주요 청중

찬양시가 도움 요청시와 근본적으로 다른 두 가지를 주목하라. 도움 요청시가 위기 상황을 가정하고, 그 기도의 주요 청중이 하나님인 반면에 찬양시의 주요 청중은 인간 공동체이다. 그리고 찬양시는 나쁠 때나 좋을 때 모두 불릴 수 있지만, 적어도 찬양시가 위기의 때를 가정하고 있지 않다는 것은 말할 수 있다.

대부분의 찬양시는 찬양 요청을 되풀이하면서 마무리된다. 말하자면 이것은 노래를 시작점으로 다시 되돌려 갈무리하는 기교이다. 이것은 찬양이 단지 한 번 하고 끝내는 종류의 일이 아님을 보여주는 것이다. 오히려 찬양은 하나의 삶의 방식으로써 지속성을 지닌다.

(3) 언어(2부): 하나님의 정체와 행위에 대한 증거

찬양시의 두 번째 주요 특징은 종종 이 시편의 몸통 혹은 심장에 놓여 있다. 찬양시의 이 본론 부분—항상 그런 것은 아니지만—은 종종 단어 "왜냐하면(for)"으로 시작한다. 예를 들면, 시편에서 가장 짧은 시편 117편에서 시인은 다음과 같이 노래한다:

> 1 여호와를 찬양하라! 너희 모든 열방들아!
> 그를 찬송하라! 너희 모든 민족들아!
> 2 이는[왜냐하면(for)] 그의 인자함이 크고,
> 그의 진실함이 영원하기 때문이로다!
> 여호와를 찬양하라!

이 찬양시들의 본론 부분에서 시인은 찬양 요청을 뛰어넘어 찬양 자체를 표현해 나간다. 클라우스 베스터만(Claus Westermann)은 도입 부분의 찬양 요청과 본론에서 전개되는 증거와의 관계를 다음과 같은 흥미로운 비유를 들어 독자의 이해를 돕고 있다:

> [찬양시 구조]는 일행과 살짝 떨어져 걷다가 멋진 풍경을 발견한 어느 도보 여행자의 상황에서 이해될 수 있다. 그는 일행들에게 와서 보라며 손짓하여 부른다. 그리고 그들이 함께 보는 것 자체가 그들 앞에 펼쳐진 풍경에 대한 놀랍고도 경이로운 표현이 된다.[18)]

멋진 풍경을 발견한 도보 여행자가 손짓하여 부르는 것과 같이 찬양 요청(Call to praise)은 '와서 멋진 풍경을 즐기라'는 초청이다. 하나님이 누구이며 무엇을 했는지에 관한 증거는 경험 자체, 즉 함께 모여 파노라마와 같이 광활한 장관을 즐기는 경험이다.

18) Westermann, *The Psalms*, 85.

이미 살펴본 바와 같이 찬양시의 본론에는 하나님의 행적을 선포하여 그의 정체를 묘사하는 장면이 등장한다. 시편 113편은 여호와를 초월적인 존재로 묘사하기 위해 역설적인 이미지를 사용하여 하나님의 정체를 선포한다: "여호와는 모든 열방 위에 높으시며, 그 영광은 하늘 위에 높으시도다"(4절). 그러나 세상에서의 그의 존재 방식은 가장 낮고, 세속적인 장소에서 활동하는 것이다: "(누가) 스스로 낮추어, 천지를 살피시는가? 그는 진토에서 가난한 자를 일으키시며, 쓰레기 더미에서 궁핍한 자를 높이시어…"(6–7절). 다른 찬양시들은 수많은 하나님의 은혜로운 행위들을 묘사하며 하나님이 누구인지를 선포한다. 여기서는 독자의 입맛을 자극하기 위해 몇 가지 예를 제공하는 것만으로도 충분할 것이다: "여호와께서 자기를 경외하는 자에게 양식을 주시며"(111:5a), "세계를 견고히 세우시며"(93:1c), "그의 모든 말씀에 신실하시며, 그의 모든 행위에 은혜로우시고"(145:13b: 역주, 히브리 사본, 칠십인역, 시리아역에는 이 구절이 나타나지만, BHS와 한글번역에는 나오지 않음), "압박당하는 자를 위하여 공의로 판단하시며 주린 자에게 식물을 주시는 자시로다.…소경의 눈을 여시며…비굴한 자를 일으키시며"(146:7c–8b), "네 모든 죄악을 사하시며, 네 모든 병을 고치시며"(103:3)와 같은 예들이 많이 있다.

하나님의 정체와 행위에 대한 증거를 보면 다른 종류의 언어가 사용되고 있음을 확인할 수 있다. 첫 번째 양식은 화자(話者)가 삼인칭 명사와 대명사를 사용하여 하나님에 관해 노래하는 것이고, 두 번째 양식은 이인칭 명사와 대명사를 사용하여 하나님에게 노래하는 것이다. 하나님의 성품과 행위를 삼인칭으로 묘사하고 있는 첫 번째 양식의 목적은 하나님을 이웃에게 소개하는 것이다. 예를 들면, 위에서 인용된 시편 117편의 증거 섹션은 하나님을 삼인칭으로 소개하고 있다: "그의 인자함이 크고, 그의 진실함이 영원하기 때문이로다!" 이런 찬양 양식에서 시인(들)은 하나님이 행하신 일들을 선포함으로써 다른 이들에게 하나님을 증거한다. 패트릭 밀러(Patrick Miller)는 이런 종류의 찬양을 "회심을 위한 간증"이라고 말한다.[19] 그러한 찬양은 여호와가 하나님이라고 듣는 모든 이들에게 증인되기를 추구한다.[20]

찬양시의 도입 부분에 있는 찬양 요청에 대해 '증거'와 '찬양'으로 응답하는 두 번째 방식이 있다. 이 두 번째 양식에서 시인들은 이인칭을 사용하여 하나님께 직접 노래한다. 예를 들어, 시편 92편의 해당 섹션을 살펴보라.

> 여호와여 당신이 당신의 행사로 나를 기쁘게 하셨사오니;
>
> 당신의 손의 행사를 인하여 내가 기뻐 노래하나이다 (시 92:4)

첫 번째 양식의 목적이 하나님을 이웃에게 소개하는 것이라면, 두 번째 양식의 목적은 시인이 자기 자신을 하나님께 내어 드리는 것이다. 찬양의 첫 번째 양식의 목적이 증거라면(시인은 하나님과의 관계에서 나오는 기쁨을 이웃과 공유하기를 원한다), 찬양의 두 번째 양식의 목적은 경건이다(시인은 하나님께 가까이 나아가기를 열망한다). 맥케인(J. Clinton McCann)이 언급하였듯이 두 번째 양식의 목적은 "자기 자신 전체를 하나님께 드리는 것이다."[21] 이런 종류의 찬양에서 유한하여 언젠가는 죽을 운명의 인간은 자기 자신을 자신보다 무한하게 큰 무엇인가에 참여시키기를 갈망한다. 하나님을 직접 "당신"으로 부르며 찬양하는 것은 제자가 스승과의 대화에 참여하거나 어린 아이가 부모와의 대화에 참여하는 것과 같이 하나

19) Patrick Miller, *Interpreting the Psalms* (Philadelphia: Fortress, 1986), 68.

20) Ibid.

21) J. Clinton McCann, *A Theological Introduction to the Book of Psalms* (Nashville: Abingdon, 1993), 53.

님과의 적절한 대화에 참여하는 것이다. 하나님을 "당신"으로 부르는 것은 그 관계가 동등한 자들의 관계가 아니라는 것을 인정한다. 왜냐하면, 시인들이 자신을 위해 제공할 수 없는 것을 여호와께서는 제공하시기 때문이다. 간단히 말해서, 시인들이 이인칭 명사나 대명사를 사용하여 직접 하나님을 찬양할 때, 그들은 하나님께 자기 자신을 전적으로 내어 드리고 있는 것이다.

5. 신뢰시(Trust Psalms): "하나님! 제가 할 수 있는 한 주님을 꼭 붙잡나이다."

시편의 세 번째 기본 장르는 신뢰시이다. 시뢰시는 여러 가지 방식에 있어서 '도움 요청시'와 유사하지만, 적어도 한 가지 중요한 점에 있어서는 서로 다르다. '도움 요청시'처럼 신뢰시는 공동체나 개인에 의해 불릴 수 있다. 예를 들어, 시편 46편은 다음과 같이 고백하는 공동체 신뢰시이다: "만군의 여호와께서 우리와 함께 하시니; 야곱의 하나님은 우리의 피난처 시로다"(7, 11절). 반면 시편 23편은 개인 신뢰시이다. 시인은 "주께서 나와 하심이라. 주의 지팡이와 막대기가 나를 안위하시나이다."라고 고백한다(4절).

(1) 상황: 위기

신뢰시는 도움 요청시와 유사하게 어떤 위기 상황을 가정한다. 예를 들어, 시편 22편과 시편 69편(두 시편 모두 도움 요청시임)에서 시인은 심한 고통 한 가운데 있음을 노래한다: "나는 물같이 쏟아졌으며, 내 모든 뼈는 어그러졌으며.... 개들이 나를 에워쌌으며"(22:14, 16). "하나님이여 나를 구원하소서! 물들이 내 영혼까지 흘러 들어왔나이다. 내가 설 곳이 없는 깊은 수렁에 빠지며, 깊은 물에 들어가니 큰물이 내게 넘치나이다"(69:1–2). 신뢰시의 시인들이 자신이 처한 위기를 묘사하기 위해 매우 유사한 언어를 사용하고 있음을 주목하라. 이미 언급하였듯이 공동체 신뢰시인 시편 46편은 위기를 다음과 같이 묘사한다: "산들이 흔들려 바다 가운데 빠지든지"(2절)와 "이방이 훤화하며 왕국이 동하였더니"(6절). 이와 같이, 시편 23편과 27편에 있는 개인 신뢰시들은 "사망의 음침한 골짜기"를 걷고(23:4), 어떻게 "원수된 행악자가 내 살을 먹으려고"(27:2) 달려드는지를 묘사하고 있다. 시편의 서로 다른 두 장르는 하나님에 대한 신뢰/믿음을 표현한다. 이미 살펴보았듯이 시편 13편에 있는 도움 요청시의 시인은 "그러나 나는 오직 주의 인자하심을 의뢰하였사오니"라고 노래한다(5절). 이와 같이 시편 23편의 시인도 "해를 두려워하지 하지 않을 것은 주께서 나와 함께 하심이라"고 자신의 믿음을 고백한다(4절).

신뢰시라는 명칭이 나타내고 있는 바와 같이, 두 장르(신뢰시와 도움 요청시) 사이에 있는 중요한 차이는 신뢰시에 담긴 지배적인 분위기 혹은 감정이 '신뢰'라는 점이다. 도움 요청시에 등장하는 신뢰의 표현들은 도움 요청에 종속되어 있다. 그러나 신뢰시에는 도움을 요청하는 내용이 거의 빈약하기 때문에 결과적으로 신뢰의 표현들이 지배적인 모습을 띠게 된다.

가장 잘 알려져 있는 신뢰의 시는 시편 23편이다.[22)]

1 여호와는 나의 목자시니 내게 부족함이 없으리로다.

22) 신뢰시에는 11; 16; 27; 46; 52; 62; 63; 91; 121; 125; 129; 131 등이 포함된다. 61편과 91편과 같은 시편들도 종종 신뢰시로 설명된다.

2 그가 나를 푸른 초장에 누이시고;
잔잔한 물가로 인도하시나이다.
3 그가 내 영혼을 다시 회복시키시고,
자기의 이름을 위하여
나를 바른 길로 인도하시나이다.

4 비록 내가 사망의 음침한 골짜기를 걸을 지라도,
어떤 해도 두려워하지 않을 것은
주께서 나와 함께 하시기 때문이로다.
주의 지팡이와 막대기가 나를 위로하시나이다.

5 주께서 내 원수들 앞에서
나를 위해 상을 베푸시고;
주께서 기름을 내 머리에 부으시니
내 잔이 넘치나이다.
6 선하심과 자비가 평생 나를 쫓으리니
내가 여호와의 집에 영원히 거하리로다.

다른 신뢰시들과 관련해서 시편 23편의 양식은 세 가지 일반적인 특징을 보여준다: 위협에 대한 묘사, 신뢰의 표현, 하나님의 보호하심에 대한 묘사.

(2) 언어 (1부): 위협에 대한 묘사들

일반적으로 신뢰시는 비유적으로든 혹은 문자적으로든 실제 위협 혹은 위험을 묘사한다. 위에서 주목했던 바와 같이 시편 46편은 위험과 위협을 "산들이 흔들려 바다 가운데 빠지든지"(2절)와 "이방이 훤화하며 왕국이 동하였더니"(6절)와 같이 묘사한다. 다른 신뢰시들은 위협하는 적들의 존재(23:5; 42:1–4)와 실질적인 사망(16:10), 전쟁의 위험(27:3)과 질병의 위험(91:6), 혹은 자연 재해(121:5–6) 같은 위협들을 묘사하고 있다. 신뢰시들이 가진 힘은 참으로 한 사람이 살면서 부딪히게 되는 진짜 위협과 위험이 얼마나 놀랍도록 실제적으로 묘사되어 있는가에 있다. 결코 순진하지 않은 신뢰시들은 인간이 얼마나 깨지기 쉬운 삶을 살고 있고, 얼마나 많은 위험에 노출되어 있는지를 보여준다. 삶에 있는 바로 그 위험들을 열거함으로써 신뢰시들은 이 시들을 암송하는 자들이 그 위기에 정면으로 직면할 수 있도록 용기를 북돋워 준다.

(3) 언어(2부): 신뢰의 표현들

도움 요청시와 같이 신뢰시는 여호와의 섭리에 대한 확신을 표현한다. 그러나 도움 요청시와 달리 신뢰시에 있는 이 표현들은 지배적인 멜로디가 된다. 이 시편들은 다음과 같은 표현을 통해 확신/믿음을 표현한다: "내게 부족함이 없으리로다"(23:1), "내가 누구를 두려워 하리요?"(27:1), "내가 요동치 아니하리로다"(16:8), "내가.... 의지하리로다"(52:8), "내가 심령으로 고요하고 평온케 하였으며"(131:2).

(4) 언어(3부): 하나님의 돌보심에 대한 묘사들

신뢰시의 시인들이 바로 눈앞에 있는 실제 위험 앞에서도 신뢰와 확신을 표현할 수 있었던 근거는 무엇인가? 이 질문에 대해 신뢰시 시편들은 '하나님의 임재'라는 놀라울 정도의 일관된 답변을 제공한다. 시편 46편은 "만군의 여호와께서 우리와 함께 하시니"(7, 11절)라고 표현하고 있고, 시편 23편은 "주께서 나와 함께 하심이라"(4절)고 고백하며, 시편 16편은

"내가 여호와를 항상 내 앞에 모심이여"(8절)라고 노래한다. 신뢰시 시편들에 담긴 일관된 메시지는 이 시편들이 하나님의 능동적이며 효과적인 임재에 대한 확신을 표현하고 있다는 점이다. 신뢰시들은 하나님의 임재를 두 가지 다른 방식으로 묘사한다. 첫 번째 방식은 하나님의 임재를 표현하는 다수의 풍성한 비유들을 제공하는 것이고, 두 번째 방식은 하나님이 세상에서 행하는 특징적인 행동들을 묘사하는 것이다.

신뢰시 시편이 지닌 대부분의 힘의 근원은 하나님의 임재를 표현하는 비유들에 있다. 예를 들어, 이 시편들은 하나님을 "목자"(23:1), 잔치를 배설(排設)하는 자(23:5), "빛"(27:1), "초막"(27:5), "나의 산업과 나의 잔의 소득"(16:5; 여기서 산업으로 번역된 portion은 물려받은 기업을 의미하는 inheritance를 가리킨다), "피난처"(46:1), "나의 바위"와 "나의 요새"(62:2), "견고한 망대"(61:3), "거처"(90:1), "지키시는 자"(121:5; 여기서 "지키는 자"는 "보호자"를 의미한다), "그 어미 품에 안겨 있음 같게 하였나니"(131:2)[23] 등이 있다. 윌리엄 브라운(William Brown)은 시편에 표현된 다양한 비유들의 신학(神學)과 의미에 관해 폭넓게 연구했다. 그는 비유가 지닌 상상력을 묘사하면서 "시인의 적절한 비유 배치로 인해 모든 세대의 독자들이 시인의 개인적인 정념(情念)의 언어를 공감할 수 있게 된다"고 주장한다.[24] 우리는 신뢰시의 비유들을 이차적인 요소로 간주하는 것이 아니라 중요한 요소로 이해해야 한다. 비유들은 나무의 가지들을 치장하는 장신구들이 아니라 나무 자체의 일부분이다. 고대의 것이든 현대의 것이든 어떤 비유들이 당신에게 힘과 확신을 전달해주는지 생각해 보라?

---

23) 시편 131편이 여호와께서 어미와 같다는 것을 명시하고 있는 것은 아니지만, 아이가 어미에게 받는 편안함과 시인이 하나님에게서 경험한 것을 연결하고 있다. 시인은 이 토대 위에서 "영원까지 여호와를 바랄지어다"라고 이어서 노래한다.

24) William P. Brown, *Seeing the Psalms: A Theology of Metaphor* (Louisville: Westminster John Knox, 2002), 3.

신뢰시들이 하나님의 임재를 묘사하는 또 다른 방식은 여호와의 특징적인 행위들에 대한 구체적인 표현들을 통해 이루어진다. 많은 경우 이 표현들은 그 시편의 핵심인 비유의 논법을 확장한다. 예를 들어, 시편 23편에서 여호와는 처음에 "나의 목자"로 명명된 다음 "잔잔한 물가로 인도"하고, "바른 길로 인도"하는 분으로 묘사된다(2-3절). 신뢰시들에 따르면 여호와의 몇몇 특징적인 행위들은 "훈계"하고, "교훈"하는 것(16:7), 적들에게서 구원하는 것(27:2-5), 자연 재해와 전쟁 중에 거처를 제공하는 것(시 46)과 같은 행위들을 포함한다. 시편 91편은 하나님의 구원 행위들을 제한하지 않고 마음껏 묘사한다:

> 네가 사자와 독사를 밟으며
>
> 젊은 사자와 뱀을 발로 누르리로다.
>
> 저가 나를 사랑한즉 내가 저를 건지리라.
>
> 저가 내 이름을 안즉 내가 저를 높이리라.
>
> 저가 내게 간구하리니 내가 응답하리라.
>
> 저희 환난 때에 내가 저와 함께 하여
>
> 저를 건지고 영화롭게 하리라.
>
> 내가 장수함으로 저를 만족케 하며
>
> 나의 구원으로 보이리라 하시도다. (13-16절)

시편 91:13-16절에 있는 다소 과장된 표현들을 이해하고자 할 때, 우리는 구절에 담긴 약속들을 지나칠 정도로 엄격하게 해석해서는 안 될 것이다. 즉, 시편 91편은 하나님을 신뢰하는 자들이 독사를 밟고도 살아남을 수 있음을 문자 그대로 약속하는 것도 아니고(13절), 장수(長壽)의 복이 신실한 자들 모두에게 자동적으로 주어질 것이라고 약속하는 것도 아니다(16절). 앞에서 주목했던 바와 같이, 신뢰시는 깨진 세상에 사는 사람이면 누구에게나 닥치는 실제 위협과 위험들에 관해 꽤 진솔한 편이다. 오히려 13-16절은 인생들이 마주하는 위험 한 가운데서 하나님이 제공하는 구원(도움)의 종류를 대략적으로 묘사하고 있다. 신뢰시들이 인생들 앞에 놓인 실제 위기 자체를 부인하지 않는 것처럼, 13-16절은 신실한 자들에 대한 보편적인 보호를 약속하는 것이 아니다. 오히려 하나님의 구원 능력이 어떤 모습인지를 대강 보여주는 밑그림일 뿐이다. 그리고 이 구절들은 하나님의 행위를 상징적인 방식으로 묘사하고 있다. 이 상징적 표현들은 우리에게 삶의 위협 자체를 억지로 부인하도록 하는 천진난만한 약속을 제공하기 보다는, 오히려 시인들이 위험에 위태롭게 빠져 있음에도 불구하고 하나님의 임재를 의지하고 있다는 신앙적 표현들인 것이다.

이상한 노래 종류

당신은 아마도 경건한 사람들은 성경의 노래들을 항상 깊은 경외심과 순수함으로 불렀을 것이라 상상할 것이다. 그러나 실제의 모습은 꽤 다르다. 비꼼(풍자)은 최근에 만들어진 것이 아니다. 성경이 풍자적 노래를 부르는데 전문화된 일단의 특별가수 그룹에 대해 이야기하고 있다는 것은 사실이다. 이 사람들은 일반적으로 예언자들로 알려져 있었다.
예를 들어, 아모스 5장에서 예언자 아모스가 애가"(哀歌:장송곡이라도 불림)를 비꼬듯 다음과 같이 부른다.

이스라엘 족속아 내가 너희에게 대하여 애가로 지은 이 말을 들으라:
"처녀 이스라엘이 엎드러졌음이여

다시 일어나지 못하리로다.
자기 땅에 던지움이여
일으킬 자 없으리로다."
주 여호와께서 가라사대:
"이스라엘 중에서 천명이 나가던 성읍에서
백 명만 남고
백 명이 나가던 성읍에는
열 명만 남으리라." (암 5:1-3)

이 애가에서 아모스는 장송곡의 음악 형식을 흉내 내고 있었다. 그는 죄 가운데서 이미 죽은 이스라엘 백성들(여기서 "처녀 이스라엘"로 불림)에게 선포하기 위해 이 거룩한 양식에 손을 댔다.

이와 같이 예언자 이사야는 "아가(雅歌)"의 형식을 빌려온다. 고대 이스라엘의 아가(雅歌)에서 사랑의 대상은 종종 정원(庭園: 아가서의 노래들을 참조하라)으로 그려진다.

내가 나의 사랑하는 자를 위하여 노래하되,
나의 사랑하는 자의 포도원을 노래하리라:
나의 사랑하는 자에게 포도원이 있음이여
심히 기름진 산에로다.
땅을 파서 돌을 제하고,
극상품 포도나무를 심었었도다.
그 중에 망대를 세웠고,
그 안에 술틀을 팠었도다.
좋은 포도 맺기를 바랐더니,
들 포도를 맺혔도다.
"예루살렘 거민과 유다 사람들아 구하노니
이제 나와 내 포도원 사이에 판단하라.
내가 내 포도원을 위하여 행한 것 외에
무엇을 더할 것이 있었으랴.

내가 좋은 포도 맺기를 기다렸거늘
　　들포도를 맺힘은 어찜인고?
이제 내가 내 포도원에 어떻게 행할 것을
　　너희에게 이르리라:
내가 그 울타리를 걷어 먹힘을 당케 하며,
　　그 담을 헐어 짓밟히게 할 것이요.
내가 그것으로 황무케 하리니,
　　다시는 가지를 자름이나 북을 돋우지 못하여
　　질려와 형극이 날 것이며,
내가 또 구름을 명하여
　　그 위에 비를 내리지 말라 하리라"하셨으니...
대저 만군의 여호와의 포도원은
　　이스라엘 족속이요,
그의 기뻐하시는 나무는
　　유다 사람이라.
그들에게 공평을 바라셨더니
　　도리어 포학이요,
그들에게 의로움을 바라셨더니
　　도리어 부르짖음이었도다(사 5:1-7).

예언자의 이 같은 비난을 이해하기 위해서 고대의 청중들은 무엇보다 먼저 이 노래들의 두 가지 양식-애가(哀歌)와 아가(雅歌)-을 구분할 수 있어야 했고, 둘째로는 이 양식들이 풍자적인 방식으로 불리고 있었다는 것도 알고 있어야 했을 것이다. 거룩한 양식을 풍자적인 방식으로 사용한 것에 대해 고대 청중들이 어떻게 반응했을 것이라고 당신은 생각하는가?

6. 감사시(Songs of Thanksgiving): "감사합니다! 감사합니다! 감사합니다!"

시편에서 살펴볼 마지막 장르는 감사시다. 감사시는 찬양시와도 몇 가지 요소를 공유하고 있고, 도움 요청시와도 몇 가지 요소를 공유한다.

(1) 감사시의 정황과 청중들

감사시는 찬양시와 비슷하게 하나님의 행위를 선포하며 그가 누구신지를 노래한다. 감사시는 또한 찬양시와 비슷하게 보통 하나님과 인간 청중을 향해 불린다. 찬양시와 관련하여, 하나님에 대한 찬양이 어떤 때는 2인칭이 사용되어 하나님께 직접 불리고 ("오 주여, 당신이....."), 다른 때는 3인칭으로 쓰여 하나님에 관해 불리고 있음을 기억할 수 있다("여호와는 자비로우시며....."). 대부분의 감사시는 이러한 두 가지 형식을 모두 포함하고 있다. 또한 감사시는 도움 요청시와 몇 가지 특징을 공유한다. 도움 요청시와 비슷하게 감사시는 구체적인 위기 경험과 관련하여 불리는 것 같다. 그런데 도움 요청시가 위기 한 가운데서 불렸던 반면 감사시는 위기가 끝나고 난 후 불린다. 감사시에서 시인은 과거를 되돌아보며 위기를 통과했던 경험을 이야기한다. 또한 도움 요청시와 유사하게 감사시는 위기를 통과한 개인(시 30)과 공동체(시 66)에 의해 불릴 수 있다.

시편 30편은 감사시의 탁월한 실례를 보여준다. 이 시편의 경우는 위기에서 살아남은 개인이 부른 노래의 예를 잘 보여준다.[25)]

> 1 여호와여 내가 주를 높일 것은 주께서 나를 끌어내사,

25) 감사시로 분류되는 시편들은 9; 18; 32; 34; 40; 57; 66; 75; 92; 107; 116; 118; 138 등이 있다.

내 대적으로 나를 인하여 기뻐하지 못하게 하심이니 이다.

2 여호와 내 하나님이여 내가 주께 부르짖으매,

나를 고치셨나이다.

3 여호와여 주께서 내 영혼을 음부에서 끌어내어,

나를 살리사 무덤으로 내려가지 않게 하셨나이다.

4 주의 성도들아 여호와를 찬송하며,

그 거룩한 이름에 감사할지어다.

5 그 노염은 잠간이요,

그 은총은 평생이로다.

저녁에는 울음이 기숙할지라도,

아침에는 기쁨이 오리로다.

6 내가 형통할 때에 말하기를,

"영영히 요동치 아니하리라" 하였도다.

7 여호와께서 주의 은혜로

내 산을 굳게 세우셨더니

주의 얼굴을 가리우시매

내가 근심하였나이다

8 여호와여 내가 주께 부르짖고

여호와께 간구하기를

9 "내가 무덤에 내려갈 때에

나의 피가 무슨 유익이 있으리요?

어찌 진토가 주를 찬송하며

주의 진리를 선포하리이까?

10 여호와여 들으시고 나를 긍휼히 여기소서

여호와여 나의 돕는 자가 되소서!" 하였나이다.

11 주께서 나의 슬픔을 변하여 춤이 되게 하시며

나의 베옷을 벗기고 기쁨으로 띠 띠우셨나이다.

12 이는 잠잠치 아니하고 내 영광으로 주를 찬송케 하심이니

여호와 나의 하나님이여 내가 주께 영영히 감사하리이다.

감사시를 음미(吟味)하기 위한 가장 유익한 방법 한 가지는 감사시를 두 개의 장(章)으로 구성된 이야기의 "두 번째 장"으로 이해하는 것이다. 여기서 첫 번째 장에는 도움 요청시가 자리한다. 독자는 도움 요청시에 들어있는 다음 특징들을 기억할 것이다: 시인은 (1) 위기 한 가운데 있고, (2) 하나님을 불러 구원해달라는 도움 요청기도를 하며, (3) 도움이 임하면 하나님을 찬양하겠노라는 약속을 한다. 두 번째 장에 해당하는 감사시에서도 시인은 (1) 지나간 위기의 때를 회상하며, (2) 하나님이 어떻게 도와주었는지를 묘사하고, (3) 약속했던 대로 찬양을 드린다.

1장-도움 요청 기도		2장-감사시
위기 한 가운데서	→	위기를 회상하며
도움 요청	→	받은 도움을 묘사
찬양할 것을 약속	→	약속한 찬양을 드림

시편 30편에서 감사시의 이런 특징적 요소들은 매우 분명하게 드러난다: 위기 보고(報告), 받은 도움에 대한 묘사, 찬양 드림. 감사시는 이 세 가지 요소가 함께 있는 삼중적 구조를 지닌다(아래를 참조하라).

(2) 언어 (1부): 위기 보고(報告)와 도움 요청

다양한 도움 요청시들이 다양한 위기에서 표현되는 것처럼, 감사시는 다양한 위기를 통과한 자들의 경험을 반영한다. 즉 감사시에 반영된 위기 종류는 한 가지가 아니다. 도움 요청시들이 다양한 위기에 처한 자들이면 누구나 그 기도를 드릴 수 있도록 포괄적이고 상징적인 언어를 활용하여 위기를 묘사하는 것처럼, 감사시들도 다양한 많은 사람들이 이 시들을 사용할 수 있도록 과거에 경험한 위기를 은유적 언어를 사용하여 표현하는 경향이 있다. 시편 30편에는 과거의 경험이 다양한 이미지들을 통해 암시되고 있다: "내 대적이 나를 인하여 기뻐하지 못하게..."(1절), "주께서 내 영혼을 음부에서 끌어내어"(3절), 하나님의 진노를 당하며 밤새도록 흐느끼는 느낌(5절), 하나님이 얼굴을 가리신 듯한 느낌(7절), 흐느끼며 베옷을 입고 있는 이미지(11절: 여기서 베옷은 사람들이 회개하거나 슬픔을 표현하는 방식이다). 혼란스러워 보이는 일련의 은유적 표현들을 보면 완전히 일률적인 것으로 보이지 않을 수 있다. 그러나 사용된 표현들을 보면 시인이 오직 한 가지 상황을 묘사하고자 한 것이 아니라, 발생할 수 있는 다양한 위기 상황을 불러일으키고자 한 것임을 알 수 있다. 다른 감사시에는 과거의 겪었던 위기들을 "사망의 줄이 나를 얽고, 불의의 창수가 나를 두렵게 하였으며"(18:4), "내 뼈가 쇠하였도다...내 진액이 화하여..."(32:3-4), "나를 기가 막힐 웅덩이와 수렁에서 끌어 올리시고"(40:2), "우리가 불과 물을 통행하더니..."(66:12)와 같은 풍성한 표현으로 묘사하고 있다.

하나님께 도움을 요청하는 시인의 보고(報告)는 위기를 묘사함에 있어서 필수적인 부분이다. 시편 30편에서 시편 기자는 "내가 주께 부르짖으매"(2절)와 "여호와여 내가 주께 부르짖고, 여호와께 간구하기를..."(8절)이라고 노래한다. 시편 107편은 보다 포괄적이고 긴 시편으로써 위기에 처했던 네 종류의 다른 사람들을 묘사하고 있다: "광야 사막 길에 방황"(4절)했던 자들, "흑암과 사망의 그늘에" 앉았던 자들(10절), "범과와 죄악의 연고로 고난을" 당한 자들(17절), 그리고 "선척을 바다에 띄우며 큰물에서 영업하는 자"들(23절)이 바로 그들이다. 그리고 네 가지 종류의 사람들이 각각 어떻게 그 근심 중에 여호와께 부르짖었는지를 묘사하고 있다(6, 13, 19, 28절).

(3) 언어 (2부): 받은 도움 묘사

감사시의 핵심은 시인이 받은 도움을 보고하는 장면이다. 감사시의 시인들이 원하는 것은 독자들이 하나님의 도움은 문제 한 가운데서 그에게 울부짖는 자들에게 주어진다는 것을 깨닫도록 하는 것이다. 시편 30편을 보면 하나님의 도움은 여러 가지 방식으로 묘사되고 있다—"나를 끌어내사"(1절), "나를 고치셨나이다"(1절), "나를 살리사"(3절), 그리고 매우 창의적인 표현으로써 "기쁨으로 띠 띠우셨나이다"(11절)가 있다. 이와 같이 다른 시편에서도 무엇인가를 환기시키는 이미지가 사용된다.

(4) 언어 (3부): 찬양 드림

감사시의 핵심이 시인이 받았던 도움에 대한 보고라면, 감사시가 드리는 찬양은 그 자체로 그들의 감사를 표현하는 방식이다. 사실 구약 히브리어에는 "감사"("thanks" 혹은 "thanksgiving")를 의미하는 단어가 없다. 시편 107:1의 "여호와께 감사하라"에서처럼 "감사"로 번역된 단어는 사실 "증언하다," "고백하다," 혹은 "알리다"와 같은 의미를 지니고 있다.[26] 대충 말하자면 감사시의 시인들은 하나님께 '감사하다'고 말하기 보다는

26) 예를 들어, Westermann, *The Psalms*, 72와 John Goldingay, *Psalms 1-41*, vol. 1 of Psalms (Grand Rapids: Baker Academic, 2006), 592.

하나님의 행하신 일을 다른 이들에게 선포함으로써 감사의 마음을 표현한다. 하나님이 바라는 감사의 종류는 사적인 감사 노트가 아니라 공동체의 찬양 증거이다(기억하라! 찬양은 하나님의 행하신 일을 선포함으로써 하나님이 누구인지 알리는 것이다).

감사시에서 찬양은 보통 세 가지 방식으로 표현된다. 첫째, 감사시는 종종 찬양의 표현으로 시작한다. 예를 들어, 시편 107편은 "여호와께 감사하라 그는 선하시며"로 시작하고, 시편 30편은 "여호와여 내가 주를 높일 것은…"으로 시작한다. 둘째, 감사시 중간에는 보통 찬양에 동참하라는 요청이 들어 있다. 시편 30:4에서처럼 시인은 회집한 공동체에게 다음과 같이 요청한다: "주의 성도들아 여호와를 찬송하며 그 거룩한 이름에 감사할지어다." 시편 66:8에서 시인은 회중을 향해 이렇게 간청한다: "만민들아 우리 하나님을 송축하며 그 송축 소리로 들리게 할지어다." 감사시의 이런 특징이 찬양시와 어떻게 살짝 다른지 주목하라. 왜냐하면 찬양시는 보통 찬양 요청으로 시작하는 반면 감사시의 찬양 요청은 시인이 개인적인 구원 경험을 이야기 한 이후 중간 부분에 등장하기 때문이다. 셋째, 감사시에서 시인의 노래는 어떤 지점에 이르러 하나님의 행하신 일을 이야기하는 것으로부터 하나님이 누구인지, 어떠한 분이신지를 묘사하는 것으로 전환된다. 즉, 시인은 보통 자신의 개인적인 경험을 보고한 후 기어변속기를 바꾸어 하나님의 성품을 묘사한다:

> 그 노염은 잠간이요,
> 　　그 은총은 평생이로다.
> 저녁에는 울음이 기숙할지라도,
> 　　아침에는 기쁨이 오리로다.(30:5)

7. 결론

본 장에서 독자는 장르의 개념을 배울 수 있었다. 우리는 글의 장르에 대한 이해는 그 글을 이해하는데 결정적이라고 주장했다. 독자는 시편 안에 두 종류의 장르가 있다는 것도 배웠다. 즉, 공통된 "양식"에 따라 분류된 장르와 동일한 "주제" 혹은 "내용"에 따라 분류된 장르가 그것이다. 마지막으로 본 장에서 독자는 공통된 양식에 따라 분류된 네 가지 종류의 시편 장르를 배웠다: (1) 도움 요청시, (2) 찬양시, (3) 신뢰시, (4) 감사시. 독자는 이제 제3장에서 동일한 주제 혹은 내용에 따라 분류된 시편 장르에 관해 공부하게 될 것이다.

8. 심화하기

시편 장르와 그 작용에 대한 이해를 심화시키기 위해서 다음 활동 가운데 한두 가지를 해보기 바란다.

1. 살아가면서 위기 한 가운데서 두려움에 떨었거나 혹은 반대로 확신을 느꼈던 때를 상상해보라. 시편 13편(도움 요청시) 혹은 시편 23편(신뢰시)을 읽고서, 그 시편이 위기에 처한 당신의 삶에 얼마나 잘 들어맞았는지 혹은 제대로 들어맞지 않았는지 생각해보라.
2. "도움 요청시," "찬양시," "신뢰시," 혹은 "감사시"의 양식을 따라 당신 자신의 감정과 생각들을 담아 자신만의 시편을 작성해보라.
3. 성경을 펴서 시편 3편과 시편 95편을 찾아보라. 이 시편들이 어떤 장르의 시편인지 확인해보고, 이 시편에 있는 여러 다른 요소들에 라벨을 붙여보라.

9. 추천도서

Brueggemann, Walter. *The Psalms and the Life of Faith*. Minneapolis: Fortress, 1995.

DeClaisse-Walford, Nancy. *Introduction to the Psalms*. St. Louis: Chalice, 2004.

McCann, J. Clinton. *A Theological Introduction to the Book of Psalms*. Nashville: Abingdon, 1993.

Miller, Patrick D. *Interpreting the Psalms*. Philadelphia: Fortress, 1986.

3장
시편은 무엇인가?(2)

3장

시편은 무엇인가?

다양한 시편 장르 이해하기 – 2부

1. 장르 개념 재소개

제2장에서 우리는 일반적인 장르 개념과 보다 구체적으로는 시편에 있는 장르 개념을 살펴보았다. 한 편의 문학 작품이 어떤 장르인가를 이해하는 것은 그 작품을 이해하는데 결정적이라고 주장했다. 만일 우리가 우리 앞에 놓여 있는 문학 작품의 장르를 제대로 파악하지 못한다면, 그 안에 담긴 여러 표현들의 의미를 제대로 이해하지 못 할 공산(公算)이 크다. 시편에 능숙한 독자는 한 편의 시편이 어떤 장르의 시편인지 확인할 수 있으며, 그 능력으로 시편 안에 있는 단어 및 표현들의 의미를 보다 더 잘 이해할 수 있다.

독자는 제2장에서 시편 안에 두 가지 종류의 장르가 있다는 것을 배웠다.

- 공통된 "양식"에 따라 분류된 장르들(제2장을 보라).

■ 공통된 “주제” 혹은 “내용”에 따라 분류된 장르들(본 장에서 소개될 것임).

한 때 어느 재담꾼이 만일 당신이 한 방에 두 명의 학자를 들여보내 놓고 질문 하나를 하면, 세 가지의 다른 의견을 듣게 될 것이라는 농담을 한 적이 있다. 이 농담의 요점은, 비유로 말하자면, 사상을 다루는 전문인들은 다른 색조의 회색을 구분한다는 것이다. 그리고 어떤 학자들은 조금 다른 장소에 있는 다른 색조들 사이에 선을 긋기도 한다. 이처럼 주제/내용에 따라 분류된 시편 장르에 관하여 학자 두 명에게 목록을 만들어 달라고 부탁하면, 세 가지의 서로 다른 목록을 얻을 수 있다. 그러나 우리가 제시하는 목록은 아래와 같다.

■ 제왕시(Royal psalms): 이스라엘의 인간 왕과 관련이 있다.
■ 즉위시(Enthronement psalms): 이스라엘 왕으로서의 하나님과 관련이 있다.
■ 지혜시(Wisdom psalms): 이스라엘의 지혜 전승에 의존하고 있고, 독자(청중)에게 어떤 교훈을 가르치고자 한다.
■ 창조시(Creation psalms): 하나님을 창조자로, 땅을 하나님의 창조 세계로 노래한다.
■ 역사시(Historical psalms): 이스라엘 역사 일부를 다시 들려준다.
■ 시온시(Zion psalms): 하나님의 거처로써 예루살렘(과 특별히 성전)을 노래한다.
■ 저주시(Imprecatory psalms): 시인 혹은 그의 공동체를 억압하는 악인들을 심판해달라고 하나님께 간구한다.
■ 참회시(Penitential psalms): 용서를 구한다.

■ 제의시(Liturgical psalms): 예배 제의와 관련된 사항들을 제공한다.

독자는 제2장에서 각 장르에 할애된 섹션에 "상황"과 "언어"라는 하부 섹션들이 포함되어 있었던 것을 기억할 것이다. 그 이유는 그런 "공식 장르들"이 일관된 언어 형식들이라는 것과 서로 다른 형태의 사회적 상황에 딱 맞아 떨어진다는 사실로 규정되기 때문이었다. 제3장에는 그런 하부 섹션들이 많지 않다. 그 이유는 독자가 이미 추측했겠지만, 본 장은 공통의 언어보다는 공통 주제로 규정되는 장르들을 다루기 때문이다. 대체로 이 장르들에는 일관된 언어가 부족하다("즉위시[enthronement psalms]"는 예외가 될 수 있다).

2. 제왕시(Royal Psalms): "왕이 있어서 좋다."

네 개의 시편에서 발췌한 다음 구절들을 고찰해보라. 어떤 점에서 이 시편들은 서로 유사한가?

시편 21

여호와여! 왕이 주의 힘을 인하여 기뻐하며,

　　주의 구원을 인하여 크게 즐거워하리이다.

그 마음의 소원을 주셨으며,

　　그 입술의 구함을 거절치 아니하셨나이다. (1-2절)

시편 89

그러나 주께서 주의 기름 부음 받은 자를 노하사,
　　물리쳐 버리셨으며,
주의 종의 언약을 미워하사,
　　그 관을 땅에 던져 욕되게 하셨으며... (38-39절)

시편 72

하나님이시여! 주의 판단력을 왕에게 주시고
　　주의 의를 왕의 아들에게 주소서
저가 주의 백성을 의로 판단하며
　　주의 가난한 자를 공의로 판단하리니...(1-2절)

시편 20

여호와께서 자기에게 속한 바 기름부음 받은 자를 구원하시는 줄 이제 내가 아노니.
　　그 오른 손에 구원하는 힘으로
　　그 거룩한 하늘에서 저에게 응락하시리로다.
혹은 병거, 혹은 말의 의지하나,
　　우리는 여호와 우리 하나님의 이름을 자랑하리로다.

자, 다음 질문에 답해보라: 위에 제시된 네 편의 시편은 어떤 장르의 시편들인가? 한편으로는, 이 시편들은 서로 완전히 다르다. 만일 우리가 제1장에서 소개했던 시편의 양식들을 고려한다면, 위에 언급한 네 개의 시편은 서로 다르다고 볼 수 있다. 예를 들어, 시편 21편은 감사시이지만, 왕을 위해 하나님이 행하신 것에 대해 감사를 드리고 있다. 시편 89

편은 도움 요청시(애탄시)이지만, 어떤 위기로 고초를 겪은 왕을 위해 아파하며 울부짖는 시편이다. 시편 72편도 양식 차원에서는 도움 요청시이지만, 구원을 위해 기도하기 보다는 왕이 나라를 잘 다스릴 수 있게 해 달라고 기도한다. 시편 20편은 신뢰시이지만, 위기 한 가운데 있는 왕을 대신해서 믿음을 표현한다.

다른 한편으로 이 시편들은 모두 완전히 똑같다. 우리가 주제에 초점을 맞춘다면, 이 시편들은 모두 고대 이스라엘 왕에 관한 시편들이다. 이런 이유로 이 시편들은 제왕시(royal psalms)라 불린다.

제왕시들은 주제 면에서 이스라엘의 인간 왕을 다룬다.[27] 이 시편들이 "고정된 문예적 패턴"[28] 이나 일관된 삶의 정황 혹은 청중을 전시하고 있지 않음에도 불구하고, 대부분의 학자들은 제왕시를 하나의 장르로 받아들이고 있다. 그 이유는 제왕시들이 주제 면에서 왕에 일관되게 집중하고 있음을 보여주기 때문이다. 이 시편들이 어떤 특정한 문맥을 공유하고 있다는 것은 매우 분명하다: 즉, 제왕시들은 왕의 삶과 관련된 이런저런 사건을 기록하고 있다.[29] 더욱이 고대 저자들도 제왕시를 하나의 시편 장르로 분명하게 인식하고 있었다. 이런 결론을 내리는 한 가지 이유는 시편의 최종 정경을 배열한 편집자들이 제왕시들을 의도적으로 중요한 자리에 배치했기 때문이다. 즉, 제왕시들이 특정한 위치에 배치되었다는 바로 그 사실은 편집자들이 그 시편들을 하나의 그

27) 어떤 시편을 제왕시 범주로 분류할 것인지에 대해 학자들마다 의견이 분분하다. 우리가 제시하는 제왕시 목록은 다음과 같다: 시편 2편, 18편, 20편, 21편, 45편, 72편, 89편, 101편, 110편, 132편, 144편.

28) William P, Brown, "Psalms, Book of," in *the New Interpreter's Dictionary of the Bible*, ed. Katherine Doob Sakenfeld (Nashville: Abingdon, 2009), 4:6666.

29) Hermann Gunkel, *Introduction to the Psalms: The Genres of the Religious Lyric of Israel*, completed by Joachim Begrich, trans. James D. Nogalski (Macon. GA: Mercer University Press, 1998), 99를 보라.

룹으로 간주하였음을 반증하는 것이다.[30] 또 다른 이유는 시편 45편을 기록한 시인이 "내 마음에서 좋은 말이 넘쳐 왕에 대하여 지은 것을 말하리니"(1절)라는 말로 시편을 시작하기 때문이다. 독일 학자 한스 요아킴 크라우스(Han-Joachim Kraus)가 주장한 바와 같이, "왕에 대하여 지은 것"(poem to a king)은 제왕시, 즉 왕을 향한 혹은 왕에 대한 시를 가리킨다.[31]

시편 72편은 제왕시에 대한 좋은 실례이다. 이 시편은 다음과 같이 시작한다.

> 하나님이여! 주의 판단력을 왕에게 주시고,
> 　　주의 의를 왕의 아들에게 주소서.
> 저가 주의 백성을 의로 판단하며,
> 　　주의 가난한 자를 공의로 판단하리니.
> 의로 인하여 산들이 백성에게 평강을 주며,
> 　　작은 산들도 그리하리로다.
> 저가 백성의 가난한 자를 신원하며,
> 　　궁핍한 자의 자손을 구원하며,
> 　　압박하는 자를 꺾으리로다. (1-4절)

이 시편은 도움 요청시(prayer for help)이기도 하며 제왕시이기도 하다는 점을 주목하라. 양식 패턴을 따르자면, 이 시편은 도움 요청시다. 즉, 기

30) Gerald Wilson, "The Use of the Royal Psalms at the 'Seams' of the Hebrew Psalter," *Journal for the Study of the Old Testament* 35 (1986): 85-94.

31) Hans-Joachim Kraus, *Psalms 1-59: A Commentary*, trans. Hilton C. Oswald (trans. of 5th German ed., 1978; Minneapolis: Augsburg, 1988), 56.

도의 대상은 하나님이며, 긴박한 도움 요청으로 가득 차 있다(제2장에서 논의한 도움 요청시를 보라). 그러나 주제와 내용을 따르면, 이 시편은 제왕시이다. 즉, 왕에 관한 시편이다. 이 시편은 왕이 왕으로서의 의무를 잘 수행할 수 있도록 그에게 "공의"와 "정의"와 같은 왕적 자질을 달라고 기도하고 있다. 구체적으로 시편 72편은 분쟁 해결을 위한 중재자로서의 왕의 역할을 염두에 두고 있다(예를 들어, 삼하 15:1–6과 왕상 3:16–28에서 특유의 분쟁을 판결하는 다윗 왕과 솔로몬 왕의 이야기를 참조하라).

다른 제왕시들도 유사한 패턴을 따른다. 양식 면에서 이 시편들은 보통 '공식 장르들' 가운데 한 장르를 취한다(도움 요청시, 제의시, 혹은 찬양시 등). 내용 면에서 제왕시들은 왕이 수행했던 구체적인 역할 혹은 왕의 삶에 있었던 구체적인 시기를 다룬다. 몇몇 다른 제왕시들은 아래에 제시된 시편들을 포함하고 있다.

시편 2편. 새로 즉위에 오른 왕의 대관식을 위해 기록된 것으로 보이는 예배 제의시다.

시편 18편. 왕이 어떤 위기로부터 구원을 경험한 후 감사하기 위해 기록된 감사시다. 이런 점에서, 동일한 시편이 삼하 22장에서도 등장하고 있다는 점을 주목하라. 삼하 22장에서 다윗은 모든 적들과 사울의 손에서 여호와께서 자신을 구원했던 날에 관한 시편을 노래한다.

시편 20편. 왕을 위한 기도로써 왕이 이스라엘 군대를 이끌고 전쟁터로 진군하기 전에 기도되었던 것으로 보인다.

시편 21편. 왕이 군사적으로 승리한 후에 혹은 유사한 구원을 경험한 이후에 작성된 것으로 보이는 감사시다.

시편 45편. 왕의 가례(嘉禮)를 위해 작성된 것으로 보이는 찬양시다.

시편 89편. 이 시편은 찬양시와 도움 요청시로 구성되어 있다. 전반부(1–37절)는 다윗 왕과 그의 후손들에게 보인 하나님의 신실함을 찬양하고, 반면 후반부(38-51절)는 주전 586년 예루살렘 멸망과 같은 심각한 패배를 왕이 경험한 이후에 작성되었던 것으로 보이는데, 하나님께서 신실히 행해주실 것을 기도하는 도움 요청시다.

제왕시들에 있는 흥미로운 사실들 가운데 하나는 그 시편들은 모두 예루살렘이 파괴되고 다윗 왕가의 마지막 왕이 바벨론으로 유수되었던 주전 586년 이전 어느 시기, 즉 이스라엘에 왕정 제도가 여전히 존재하고 있었을 때 작성되었다는 점이다. 그러나 시편의 최종 형태는 오랜 세월이 흐른 후, 아마도 주후 100년이 되어서야 갖추게 되었을 것이다.[32] 다윗 계열 왕들에 대한 이 시편들은 본래 인간, 특별히 왕과 같은 지도자들을 통해 하나님이 어떻게 역사하는지를 증언하기 위해 기록되었다. 그러나 제왕시들이 왜 다윗 왕정 제도가 끝난 지 오랜 세월 후에 '시편'이라는 책에 포함되었을까? 이유는, 클라우스 베스터만(Claus Westermann)이 주장한 것처럼, "제왕시들은 메시아 기대 사상을 증언하고 있기 때문이다."[33] 다시 말해서 제왕시들이 보존되었던 이유는 공동체가 이 시편들에 담겨 있는 약속들-도래할 왕, 즉 오실 "메시야"(히브리 용어를 사용하자면), 혹은 오실 "그리스도"(헬라 용어를 사용하자면)에 관한 약속들—을 하나님이 신실하게 지키실 것이라 믿었기 때문이다.

---

32) 시편의 최종 형성 연대에 대한 논의는 진행 중이다. Gerald Wilson, "A First Century CE Date for the Closing of the Psalter?" in *Haim M.I. Gevaryahu: Memorial Volume*, ed. Joshua J. Adler (Jerusalem: World Jewish Bible Center, 1990), 136-43을 보라.

33) Claus Westermann, *The Psalms: Structure, Content & Message* (Minneapolis: Augsburg, 1980), 106.

3. 즉위시(Enthronement Psalms): "새 지도자를 만나보라! 이전과 같은 지도자를..."[34)]

아래 제시된 시편들을 보면 한 가지 핵심 표현이 반복되고 있음을 주목할 수 있다:

> 하나님이 열방을 치리하시며,
> 　　하나님이 그 거룩한 보좌에 앉으셨도다. (시 47:8)
>
> 여호와께서 통치하시니, 스스로 권위를 입으셨도다;
> 　　여호와께서 능력을 입으시며 띠셨으므로
> 　　세계도 견고히 서서 요동치 아니하도다. (시 93:1)
>
> 열방 중에서는 이르기를 "여호와께서 통치하시니",
> 　　세계가 굳게 서고 흔들리지 못할찌라;
> 　　저가 만민을 공평히 판단하시리라 할지로다. (시 96:10)
>
> 여호와께서 통치하시나니 땅은 즐거워하며;
> 　　허다한 섬은 기뻐할지어다. (시 97:1)
>
> 여호와께서 통치하시나니 만민이 떨 것이요;

---

34) 역주(譯註): "Meet the New Boss, Same as the Old Boss."라는 표현은 록그룹 The Who가 1971년 출시한 다섯 번째 앨범『Who's Next』에 실린 곡 "Won't Get Fooled Again"의 가사 일부분이다. 악한 통치에 항거해 혁명을 일으킨 지도자들이 결국은 이전과 같은 악한 지도자들이 되었다는 냉소적인 내용을 담고 있다. 이 곡은 마이클 무어(Michael Moore)의 다큐멘터리 영화 *Fahrenheit 9/11*를 장식할 때 사용하기도 했다.

여호와께서 그룹 사이에 좌정하시니 땅이 요동할 것이로다.

(시 99:1)

위에 제시된 시편들은 모두 "여호와께서 통치하신다."라는 표현을 공유하고 있다. 다른 번역본들은 이 표현을 "여호와는 왕이시다." 혹은 "여호와께서 왕이 되셨도다."로 번역하고 있다.[35] 이 시편들은 하나님을 높은 "보좌에 앉아" 온 세상을 통치하시는 모습을 묘사하고 있다. 이런 이유로 이 시편들은 즉위시로 알려져 있다.

시편 93편은 즉위시 장르를 잘 예시하고 있다:

1 여호와께서 통치하시니 스스로 권위를 입으셨도다;
여호와께서 능력을 입으시며 띠셨음으로,
세계도 견고히 서서 요동치 아니하도다;
2 주의 보좌는 예로부터 견고히 섰으며;
주는 영원부터 계셨도다.

3 여호와여 큰물이 소리를 높였고,
큰물이 그 소리를 높였고;
큰물이 그 물결을 높이나이다.
4 높이 계신 여호와의 능력은 많은 물소리와,
바다의 큰 파도보다 위대하시나이다.

35) Sigmund Mowinckel, *The Psalms in Israel's Worship*, 2 vols. (Nashville: Abingdon, 1962), 1:107; James Luther Mays, *The Lord Reigns: A Theological Handbook to the Psalms* (Louisville: Westminster John Knox, 1994), 12-15.

5 여호와여 주의 증거하심이 확실하고;
거룩함이 주의 집에 합당하여,
영구하리이다.

이 그룹의 시편들을 대표하는 시편 93편은 "여호와께서 왕이시다!"라는 외침으로 시작한다. 시편 97편과 99편도 이런 외침으로 시작한다. 시편 47편, 96편, 98편에 있는 이 외침은 이 시편들 도처에서 발생한다(47:8; 96:10; 98:6). 시편 95편에는 이것과 동일한 표현은 없지만, "여호와는 크신 하나님이요, 모든 신 위에 크신 왕이시로다."라고 노래한다. 이 시편들이 유사한 표현을 공유하고 있다는 것에 주목하라.

이런 중요한 주제적 연결고리에 더하여, 이 시편들은 몇 가지 다른 (주제적이며 양식적인) 특징들도 공유하고 있다. 주제 면에서, 이 시편들은 하나님에 대한 우주적인 경배와 온 우주의 통치자이신 하나님께 복종할 것을 요청하고, 우주에 대한 하나님의 통치와 창조 사역을 연결한다. 왜 하나님이 왕이신가? 하나님이 만유를 창조하고 유지하시기 때문이다: "바다가 그의 것이라. 그가 만드셨고 육지도 그의 손이 지으셨도다."(95:5). 모든 즉위시들에서 창조와 관련된 것–바다, 땅, 홍수, 하늘, 들판, 세상, 언덕, 숲의 나무 등등–들이 의인화되어 여호와께 나아와 경배하고 복종할 것을 요구받는다. 율법 수여자(93:5)와 재판관(95:8–11; 96:13; 99:4)으로서의 여호와의 역할은 이 시편들을 관통하고 있는 또 다른 하나의 특징이다. 시편 48편과 114편과 같은 시편들은 즉위시의 일부 특징들을 공유하고는 있지만, 보통 즉위시(Enthronment psalms)에는 포함되지 않는다.

시편 학자 지그문트 모빙켈(Sigmund Mowinckel)은 추수(秋收)와 신년(新年)을 축하하는 가을 축제 기간에 즉위시들이 상연(上演)되었다는 이론을 제기했다.[36] 그는 이 시편들에 있는 "여호와께서 왕이 되셨도다!"라는 외침은 매년 부활절마다 그리스도인들이 예수의 부활을 기념하기 위해 "그리스도께서 다시 사셨다!"라는 외침과 유사한 방식으로 기능했다고 주장했다. 그는 즉위시를 신년 축제 기간에 "야웨 하나님을 막 보좌에 올라 왕권을 행사하는 왕으로서 경의를 표하기 위해서" 사용되었던 것으로 이해해야 한다고 제안했다.[37] 모빙켈의 이와 같은 해석 노선이 폭 넓은 인기를 얻지는 못했지만, 그럼에도 불구하고 즉위시를 분명한 시편 그룹으로 구별하는데 에는 성공했다. 시편 47편 이외에 모든 즉위시들이 전체 시편 안에서 조밀하게 그룹을 형성하고 있다(93; 94-99)는 사실은 시편 전체를 최종적으로 마무리 짓던 고대 편집자들이 그 즉위시들을 하나의 명백한 장르로 인식했다는 것을 반증한다.

어떤 의미에서 제왕시들은 즉위시들 때문에 균형을 유지한다. 제왕시들은 선택된 백성을 위해 하나님이 인간 왕들과 지도자들을 매개체 삼아 일하신다는 점을 강조한다. 다시 말해서 제왕시들은 자신의 백성들 가까이 다가와 인간 대리자들을 통해 행동을 취하시는 하나님을 묘사하는 것이다. 반면 즉위시들은 완전히 다른 하나님, 즉 모든 창조 위에 계셔서 만유로부터 경배와 찬양받아야 할 홀로 왕이신 하나님을 강조한다.

---

36) Sigmund Mowinckel, *The Psalms in Israel's Worship*, vol 1, chap. 5. 고대 이스라엘에서 신년(Rosh-hashana) 축제는 현대 랍비 유대주의의 경우에서처럼 가을에 거행되었다.

37) Ibid., 106.

4. 지혜시(교훈시): "내가 알아야 했던 모든 것을 시편에서 배웠다."

다음 표현들을 읽고 어떤 종류의 사람이 이런 말을 했을지 혹은 어디서 비슷한 말을 들었을지 생각해보라.

행악자를 인하여 불평하여 하지 말며;
　　불의를 행하는 자를 투기하지 말지어다.
저희는 풀과 같이 속히 베임을 볼 것이며,
　　푸른 채소 같이 쇠잔할 것임이로다. (시 37:1-2)

빈약한 자는 복이 있음이여
　　재앙의 날에 여호와께서 저를 건지시리로다. (시 41:1)

저가 보리로다. 지혜 있는 자도 죽고,
　　우준하고 무지한 자도 같이 망하고
　　저희 재물을 타인에게 끼치는도다. (시 49:10)

여호와의 율법은 완전하여,
　　영혼을 소성케 하고;
여호와의 증거는 확실하여,
　　우둔한 자로 지혜롭게 하며. (시 19:7)

어떤 부류의 사람이 이와 같은 말을 했을 것이라 생각하는가? 교사일까? 아니면 할아버지일까? 아니면 코치 혹은 멘토가 말했을까? 만일 당신이 이 구절들의 화자(話者)를 교사 혹은 나이 지긋한 원로급의 누군가로 상상한다면, 당신은 대다수의 시편 학자들과 동일한 그룹에 속해 있는 것이 된다. 위 구절들은 지혜시(Wisdom psalms) 혹은 교훈시(Instruction psalms)로 알려진 시편 장르에서 나온 것들이다.

지혜시는 이스라엘의 지혜 전승의 흔적을 지니고 있는 시편이다(성경에 끼친 이스라엘 지혜 전승의 영향은 구약성경의 지혜서인 잠언서, 전도서, 욥기서에 가장 분명하게 나타난다). 몇몇 학자들은 지혜시를 다른 방식으로 정의하여 기존의 지혜시 목록에 다른 시편들도 포함시키고 있지만,[38] 본 저서에서 우리가 정의하는 지혜시는 다음과 같은 특징들을 포함한다.

1. 교훈적인 어조: 지혜시는 교훈적인 방식으로 말한다. 지혜시 분야에서 탁월한 어느 학자가 언급하고 있듯이, "정경의 지혜시들의 지배적인 담화 방향은 수직적으로 신을 향하고 있는 것이 아니라 수평적으로 인간을 향하고 있다. 그런 어조들은 지혜를 갈망하고 있는 자들에게 선한 삶에 대한 교훈들을 전하고자 하는 교사 시인의 산물이다."[39] 시편 78편도 "내 백성이여, 내 교훈을 들으며"로 시작하고 있다.
2. 지혜와 관련된 용어: 지혜시들은 구약의 다른 지혜서(잠언서, 전도서, 욥기서)에 등장하는 용어들을 많이 보여주고 있다. 지혜시마다 공통된 하나의 용어 혹은 일련의 용어들은 없으며, 어떤 시편에 지혜와 관련된 용어 하나가 등장했다고 해서 자동적으로 그 시편이 지혜시가 되는 것도 아니다. 그러나 지혜와 관

38) 어떤 시편을 지혜시 목록에 포함시켜야 할 것인가가 학자들 사이에 많이 논의되고 있다. 다음 시편들이 종종 지혜시로 분류된다: 1; 19; 32; 34; 37; 39; 49; 73; 78; 112; 119; 127; 128; 133. 시편 1편, 19편, 119편의 경우는 구체적으로 여호와의 율법("Torah")을 언급하고 있기 때문에 "토라 시편"(Torah psalms)으로 정의되기도 한다. "지혜시"의 범위에 관한 논의를 위해서는 J. Kenneth Kuntz, "Reclaiming Biblical Wisdom Psalms: A Response to Crenshaw," in *Currents in Biblical Research* 1, no. 2 (2003): 145-54를 보라.

39) Ibid., 151.

련된 어떤 용어들이 집중적으로 모여 있다는 것은 어떤 시편을 지혜시로 구분하는데 도움을 주는 것은 사실이다. 이 용어들은 보통 "행복한 자들" 혹은 "복이 있는 자들" (시 1:1, NIV)로 번역되는 히브리 단어 아슈레이('ashrey)와 같은 단어를 포함한다. 전형적인 지혜 용어들의 예들에는 "의인들"과 "악인들"(시 1:6; 37:17), 그리고 하나님의 "길"(시 1:6; 37:34)과 "교훈"(시 73:24) 같은 대조를 이루는 단어의 쌍이 포함되어 있다.

3. 지혜와 관련된 질문 혹은 주제: 지혜시들은 질문을 던지거나 다른 지혜서에서 씨름하는 것들과 유사한 주제들을 탐구한다. 예를 들어, 시편 1편은 (잠 3:31; 4:11에서와 같이) 살아가는 동안 최선의 "길" 혹은 "방식"이 무엇인가에 대한 주제를 제기한다. 시편 73편은 왜 악인들은 번성하는 듯하며 반면 선한 사람은 고난을 당하는가에 대한 질문을 제기한다. 이 주제를 의인의 고난을 다루고 있는 욥기서와 비교해보라.

시편 73편은 대표적인 지혜시이다.

1 하나님이 참으로 이스라엘[40] 중
　　마음이 정결한 자에게 선을 행하시나.
2 나는 거의 실족할 뻔하였고;
　　내 걸음이 미끄러질 뻔하였으니.
3 이는 내가 악인의 형통함을 보고;
　　오만한 자를 질시하였음이로다.

40) NRSV는 "이스라엘"을 "정직한 자들"로 바꾸지만, 우리는 대부분의 번역본들처럼 "이스라엘"을 유지한다.

4 저희는 죽는 때에도 고통이 없고;

그 힘이 건강하며.

5 타인과 같은 고난이 없고;

타인과 같은 재앙도 없나니.

6 그러므로 교만이 저희 목걸이요;

강포가 저희의 입는 옷이며.

7 살찜으로 저희 눈이 솟아나며;

저희 소득은 마음의 소원보다 지나며.

8 저희는 능욕하며 악하게 압제하여 말하며;

거만히 말하며.

9 저희 입은 하늘에 두고;

저희 혀는 땅에 두루 다니도다.

10 그러므로 그 백성이 이리로 돌아와서,

잔에 가득한 물을 다 마시며.

11 말하기를 "하나님이 어찌 알랴?

지극히 높은 자에게 지식이 있으랴?" 하도다

12 볼지어다 이들은 악인이라;

항상 평안하고 재물은 더 하도다.

13 내가 내 마음을 정히 하며

내 손을 씻어 무죄하다 한 것이 실로 헛되도다.

14 나는 종일 재앙을 당하며,

아침마다 징책을 보았도다.

15 내가 만일 스스로 이르기를 "내가 이렇게 말하리라" 하였더면,

주의 아들들의 시대를 대하여 궤휼을 행하였으리이다.

16 내가 어찌면 이를 알까 하여 생각한즉,

내게 심히 곤란하더니.

17 하나님의 성소에 들어갈 때에야;

저희 결국을 내가 깨달았나이다.

18 주께서 참으로 저희를 미끄러운 곳에 두시며;

파멸에 던지시니.

19 저희가 어찌 그리 졸지에 황폐되었는가!

놀람으로 전멸하였나이다.

20 주여 사람이 깬 후에는 꿈을 무시함 같이

주께서 깨신 후에 저희 형상을 멸시하시리이다.

21 내 마음이 산란하며,

내 심장이 찔렸나이다.

22 내가 이같이 우매 무지하니;

주의 앞에 짐승이오나.

23 내가 항상 주와 함께하니;

주께서 내 오른손을 붙드셨나이다.

24 주의 교훈으로 나를 인도하시고;

후에는 영광으로 나를 영접하시리니.

25 하늘에서는 주 외에 누가 내게 있으리요;

땅에서는 주 밖에 나의 사모할 자 없나이다.

26 내 육체와 마음은 쇠잔하나;

하나님은 내 마음의 반석이시요 영원한 분깃이시라.

27 대저 주를 멀리하는 자는 망하리니;

음녀 같이 주를 떠난 자를 주께서 다 멸하셨나이다.

28 하나님께 가까이 함이 내게 복이라;

내가 주 여호와를 나의 피난처로 삼아,

주의 모든 행사를 전파하리이다.

시편 73편은 앞에서 정의한 전형적인 지혜시의 주제적 특징들을 잘 보여주고 있다. 이 시편은 좋은 일들이 왜 나쁜 사람들("악인들," 3절)에게 일어나고, 반면에 나쁜 일들은 왜 하나님의 사람들("이스라엘," 1절; 혹은 "주의 아들들," 15절)에게 발생하는가? 에 대한 신학적으로 힘겨운 주제를 제기한다. 앞에서 언급했듯이 이 주제는 욥기서의 주제와 매우 흡사하다. 욥기서에서 다루는 중요한 주제들 가운데 하나가 바로 "순전하고 정직한" 자가 왜 고난당하는가? 라는 질문이다(욥 1:1). 시편 73편은 이러한 질문을 2절부터 20절까지 탐구해 나간다. 시인은 어떻게 악인에게 고통이 없고(4절), 타인에게 있는 고난이 없으며(5절), 항상 평안하고 재물은 더 할 수 있는가?(12절)에 관하여 이야기한다. 이 시편은 도덕적으로 문제가 있는 악인의 선택을 따르는 것이 얼마나 유혹적인가를 보여주고 있다: "이는 내가 악인의 형통함을 보고, 오만한 자를 질시하였음이로다"(3절). 사실, 시인은 이 유혹에 넘어갔던 것을 인정한다: "나는 거의 실족할 뻔했고, 내 걸음이 미끄러질 뻔했으니"(2절).

시편 73편의 어조는 교훈적이다. 1절부터 교훈적인 말씀으로 시작하는데, 마치 잠언서에서 나온 말씀처럼 들린다: "하나님이 참으로 이스라엘 중 마음이 정결한 자에게 선을 행하시나." 이 시편은 많은 시편들처럼 삼인칭(하나님에 관하여)과 이인칭(하나님에게)을 사용한다. 전반부(1-14절)는 교훈적인 어조로 하나님에게 자신의 심정을 토로하고 있고,

후반부(15–28절)는 기도처럼 하나님과의 대화로 전환된다. 이 시편은 지금 기도와 교훈의 기능을 하고 있다. 예를 들어, 시편 73편은 구약성경에 있는 몇 가지 중요한 교훈을 단언한다. 무엇보다 하나님의 임재를 말하고 있다: "내가 항상 주와 함께하니, 주께서 내 오른손을 붙드셨나이다"(23절). 또한 악인들의 삶의 방식이 단기적으로 볼 때 쓸모가 있겠지만, 악을 선택하는 것이 결국에는 죽음의 씨앗을 뿌리는 것임을 가르치고 있다: "주께서 참으로 저희를 미끄러운 곳에 두시며, 파멸에 던지시니"(18절). 시편 73편은 하나님의 인도하심과 보호가 그의 말씀을 통해서 이루어진다는 점도 단언한다: "주의 교훈으로 나를 인도하시고, 후에는 영광으로 나를 영접하시리니"(24절). 시의 교훈적 기능에 대해 저명한 시편 학자가 언급했던 바와 같이, "시편 73편은 시편 1편부터 72편에서 이미 제시한 본질적인 교훈을 강화하고 있다: 하나님이 통치하신다; 우리는 하나님께 속해 있다; 어떤 경험도 우리를 하나님과 떼어놓지 못한다; 행복과 선은 자신을 의지하는 것이 아니라 하나님께 피해 사는 것을 의미한다."[41]

게다가 시편 73편의 용어는 지혜문학에 있는 용어들과 유사하다. 한 가지 예를 들자면, 시인은 16절에서 "내가 어찌하면 이를 알까 하여 생각한즉 내게 심히 곤란하더니"라고 말하는데, 이 표현이 전도서의 용어와 얼마나 유사한지 주목해보라: "내가 돌이켜 전심으로 지혜와 명철을 살피고 궁구하여 악한 것이 어리석은 것이요 어리석은 것이 미친 것인 줄을 알고자 하였더니"(전 7:25); "만물의 피곤함을 사람이 말로 다 할 수 없나니, 눈은 보아도 족함이 없고 귀는 들어도 차지 아니하는도다"(전 1:8).

41) J. Clinton McCann, *A Theological Introduction to the Book of Psalms* (Nashville: Abingdon, 1993), 143.

5. 창조시(Creation Psalms): "온 땅에 주의 이름이 어찌 그리 아름다운지요?"

시편 학자들은 창조시로 알려진 그룹에 관해서도 종종 이야기한다. 본장(章)에서 묘사되고 있는 다른 시편들과 같이, 창조시들은 공통된 양식이 아니라 공통된 주제를 공유한다: 즉, 사랑이 많으신 창조자로서의 하나님과 그의 사랑의 대상인 우주 만물에 대한 주제이다.

> 주의 손가락으로 만드신 주의 하늘과
> 　　주의 베풀어 두신 달과 별들을 내가 보오니,
> 사람이 무엇이관대,
> 　　주께서 저를 권고하시나이까? (시 8:3-4)
>
> 하늘이 하나님의 영광을 선포하고;
> 　　궁창이 그 손으로 하신 일을 나타내는도다.
> 날은 날에게 말하고;
> 　　밤은 밤에게 지식을 전하니. (시 19:1-2)
>
> 주께서 내 장부를 지으시며;
> 　　나의 모태에서 나를 조직하셨나이다.
> 내가 주께 감사하옴은 나를 지으심이 신묘막측하심이라;
> 　　주의 행사가 기이함을 내 영혼이 잘 아나이다. (시 139:13-14)

이 시편들이 하나의 공통된 주제—창조자로서의 하나님과 그의 사역으로써의 창조 세계—를 공유하고 있다는 점과 각각의 시편이 매우 다르다는 점도 주목해보라. 시편 8편에서 시인은 창조가 매우 광대하다는 것을 깨닫고 있으며, 따라서 "그런 거대한 우주에서 일개 인간이 얼마나 중요하겠는가?"라는 의문을 던진다. 대조적으로 시편 139편에서 시인은 삶의 기적에 대해 묵상하고, 자신의 몸이 하나님의 세심한 걸작임을 고백한다. 그리고 시편 19편의 시인은 창조 세계가 입은 없어도 하나님의 영광을 찬양하고 있다고 상상한다. 창조시에는 시편 8편, 19편, 65편, 90편, 104편, 139편, 148편이 포함된다.[42) 양식 차원에서 창조시는 공식적인 시편 장르들(도움 요청시, 제의시, 혹은 찬양시와 같은 장르들) 가운데 한 가지 장르를 취하지만, 내용 차원에서는 아래 제공된 시편들과 같이 창조 주제에서 한 가지 혹은 그 이상의 측면으로 확대해 나간다.

- 시편 8편은 창조 세계의 거대하고도 복잡한 영역에서 인간이 차지하는 특별한 위치에 대해 확장하고 있는 '찬양시'이다.
- 시편 139편은 "신묘막측"하게 지음 받은 특별한 개인에 초점을 맞추고 있지만, 동시에 "피 흘리는 자들"로부터 보호할 것을 하나님께 요청하는 '도움 요청시'다.
- 시편 104편—창조시 가운데 가장 긴 시편—은 창조 세계를 붙들고 섭리하는 하나님의 지속적인 역할을 노래하는 '찬양시'다.
- 시편 19편과 148편은 창조 세계 자체가 하나님을 찬양하고 있음을 시적(詩的)으로 묘사하는 '찬양시'다: "하늘이 하나님의 영광을 선포하고"(시 19:1a)와 "해와 달이 찬양하며 하늘 위에 있는 물들도 찬양할지어다"(시 148:3).
- 시편 65편은 하나님의 신실함에 대한 표시로서 연례 가을 축제

42) 시편 33편, 46편, 144편도 종종 창조시로 분류된다. 창조시는 시편서 밖에서도 발견된다. 예를 들어, 사 40-55장과 욥기서, 그리고 특별히 암 4:13; 5:8-9과 합 3장도 포함된다.

에 초점을 맞추고 있는 찬양시다: "주의 은택으로 연사에 관 씌우시니 주의 길에는 기름이 떨어지며, 들의 초장에도 떨어지니 작은 산들이 기쁨으로 띠를 띠었도다. 초장에는 양떼가 입혔고 골짜기에는 곡식이 덮였으며 저희가 다 즐거이 외치고 또 노래하나이다"(11-13절).

6. 시편 90편은 인생의 덧없음을 묵상하고 하나님께 지혜, 은혜, 즐거움, 번영을 요청하는 '도움 요청시' 다.

창조시의 실례로써 시편 8편을 고찰해보자.

1 여호와 우리 주여! 주의 이름이 온 땅에 어찌 그리 장엄한지요!

주의 영광이 하늘을 덮었나이다.
2 주의 대적으로 말미암아
어린 아이들과 젖먹이들의 입으로 권능을 세우심이여,
이는 원수들과 보복자들을 잠잠하게 하려 하심이니이다.

3 주의 손가락으로 만드신 주의 하늘과,
주께서 베풀어 두신 달과 별들을 내가 보오니;
4 사람이 무엇이기에 주께서 그를 생각하시며,
인자가 무엇이기에 주께서 그를 돌보시나이까?

5 그를 하나님보다 조금 못하게 하시고,

영화와 존귀로 관을 씌우셨나이다.

6 주의 손으로 만드신 것을 다스리게 하시고;

만물을 그의 발아래 두셨으니,

7 곧 모든 소와 양과

들짐승이며,

8 공중의 새와 바다의 물고기와,

바닷길에 다니는 것이니이다.

9 여호와 우리 주여! 주의 이름이 온 땅에 어찌 그리 장엄한지요?

시편 8편은 1절과 9절에서 보듯 동일한 표현으로 시작하고 끝이 난다: "여호와 우리 주여! 주의 이름이 온 땅에 어찌 그리 장엄한지요!" 이와 같은 시적 장치를 수미쌍관법(Inclusio)이라고 부른다. 시편 한 가운데에는 질문이 있다: "사람이 무엇이기에 주께서 그를 생각하시며, 인자가 무엇이기에 주께서 그를 돌보시나이까?"(4절) 이 질문은 주제와 공간적인 차원에서 시편 8편의 중심에 위치한다. 양쪽 끝 사이와 중심 주변에서 시편은 여호와께서 조성한 복잡한 창조 세계—웅장한 우주의 "달"과 "별들"로부터 땅 위에 있는 "소"와 "양에 이르기까지"—를 탐구한다. 시인이 품고 있는 질문은 심오하다: 이 거대한 창조 세계에서 우리는 왜 하나님이 보잘 것 없는 우리를 돌보신다고 상상하는가? 시인의 대답은 바로 창조 "질서"에 있다. 하나님은 우리에게 창조 세계 안에서 해야 할 역할을 주셨기 때문에 우리를 돌보는 것이다. 인간은 하나님의 창조 세계를 관리하는 자가 되어야 한다. 하나님은 인간에게 창조 세계에 대한 책임을 주셨다. 즉, 하나님은 창조된 모든 만물을 "그들의 발아래" 두셨다. 이 시편의 내용을 해석하면서 존 골딩게이(John Goldingay)는 그 의미를 다

음과 같이 요약한다:

> 만일 우리가 우주 전체의 놀라운 본질에만 집중한다면, 우리는 우리 자신의 왜소함과 하찮음에 압도당할 수 있다. 그러나 하나님은 우리에게 또 다른 시각, 즉 하나님은 여전히 완성하고자 하는 창조 프로젝트가 있으며, 바로 그 속에 우리가 해야 할 중요한 역할이 있음을 바라보라 명하신다. 우리의 소명은 하나님의 창조 프로젝트 완성을 위해 일하는 것이다.... 우리는 우리 자신이 하나님의 창조 목적의 아주 소소한 부분을 감당하고 있음을 인식할 때, 이 믿기 어려운 프로젝트에 마음을 다 할 수 있을 것이다.[43]

한 시편이 동일하게 시작하고 끝날 때, 이것을 수미쌍관법("Inclusio")이라고 부른다. 이것은 시적 북앤딩(poetic bookending) 장치로써 여러 가지를 예술적으로 완성시키는데, 시(詩)를 우아하게 마무리 짓는 역할을 한다. 즉, 시가 깔끔하게 갈무리되었다는 느낌을 불러일으킨다. 수미쌍관법의 반복은 시의 중요한 주제를 한 가운데에 채워 넣거나 혹은 그 주제를 상세히 설명하는 기능도 한다. 왜냐하면 어떤 표현의 반복은 마지막 부분에서 살짝 다르게 들리기 때문이다. 예를 들어, 시편 8편에 있는 "주의 이름이 온 땅에 어찌 그리 장엄한지요?"(how majestic is your name in all the earth?)를 청중이 처음 들을 때, 이 표현의 전반부가 강조되지만("주의 이름이...어찌 그리 장엄한지요?"[how majestic is your name....]), 땅과 자연과 창조에 관한 모든 것을 이야기 한 후 시가 끝나는 지점에서는 그 표현의 후반부("온 땅에" [in all the earth])가 강조된다.

43) John Goldingay, *Psalms 1-41,* vol. 1 of *Psalms* (Grand Rapids: Baker Academic, 2006), 161.

7. 역사시(Historical psalms): "과거로부터 배우지 않는 자들은 과거의 잘못을 되풀이한다."

재미삼아 아래에 제공된 밑줄에 당신이 생각하기에 지난 몇 년간 정말로 잘못되었다거나 반대로 정말로 잘되었던 일–특별히 사람들이 알아야 한다거나 배워야 하는 것, 혹은 절대로 잊지 말아야 하는 것–을 적어보라.

____

____

____

자, 그럼 적은 것을 기반으로 노래를 하나 만들어보라. 그럴만한 시간이 없는가? 만일 실제로 시간을 내어 과거에 발생한 것에 관한 노래를 만든다면, 적어도 어느 정도는 역사시와 비슷할 것이다.

역사시("historical" psalms)는 미래를 준비하기 위해 과거를 노래하는 시편들이다. 리차드 클리포드(Richard Clifford)가 언급하였듯이, 단어 '역사적인(historical)'이 인용부호 안에 있는 까닭은 역사시들이 역사를 현대적인 의미에서 기술하기 보다는 역사 속에서 행하신 하나님의 놀라운 행위들을 이야기하기 때문이다. 그런 내러티브들에는 시편 78편, 105–106편, 135–136편들이 포함된다."[44] 각각의 역사시들은 하나님이 이스라엘 백성들을 어떻게 다루었는가에 대한 일부분을 재서술한다. 앞에서 제왕시(royal psalms)와 창조시(creation psalms)의 예들에서 보

44) Richard J. Clifford, *Psalms 1-72* (Nashville: Abindon, 2002), 23. 이 책의 저자들은 역사시 가운데서 시 77편, 89편, 132편도 포함한다.

았듯이, 역사시도 양식 면에서 볼 때 공식적인 여러 장르들 가운데 한 가지 장르를 취하고 있으며, 주제 면에서 볼 때도 이스라엘의 거룩한 역사에 있는 한 가지 혹은 그 이상의 측면을 확장한다.

- 시편 78편은 양식 면에서 교훈시이지만, 역사 차원에서는 출애굽 때로부터 광야 방랑 그리고 다윗 왕 시대까지의 이야기를 부분적으로 다루고 있다.
- 시편 105편과 106편은 양식 면에서 찬양시다(이 두 시편은 찬양의 전형적인 부름인 "여호와를 찬양하라"는 명령으로 시작하고 끝을 맺는다). 시편 105편은 주로 이스라엘을 위해 행하신 하나님의 전능하신 행위에 초점을 맞추면서 이스라엘 역사에 대해 긍정적인 시각을 취하고 있고, 시편 106편은 대조적으로 하나님에 대한 이스라엘의 반복된 반역과 신실하지 못한 이스라엘 역사에 집중하면서 이스라엘 역사에 대해 부정적인 시각을 보이고 있다.
- 시편 89편은 양식 면에서는 '도움 요청시'이지만, 역사 측면에서는 이스라엘 왕들을 생산하기 위해 하나님이 다윗 가계를 선택했다는 이야기를 한다(19–37절).
- 시편 135–136편은 특별히 애굽의 노예 상태로 있던 이스라엘에 대한 하나님의 구원과 약속의 땅의 선물에 초점을 맞추고 있는 찬양시다.

역사시를 어떻게 읽을 것인가를 느껴보기 위해 매우 비슷한 두 시편(105편과 106편)의 일부를 발췌하여 대조해보자.

시편 105:23-26

이에 이스라엘이 애굽에 들어감이여;
　　야곱이 함 땅에 객이 되었도다.
여호와께서 그 백성을 크게 번성케 하사,
　　그들의 대적보다 강하게 하셨으며,
또 저희 마음을 변하여 그 백성을 미워하게 하시며,
　　그 종들에게 교활히 행하게 하셨도다.

또 그 종 모세와,
　　그 택하신 아론을 보내시니.

시편 106:7-10

우리 열조가 애굽에서 주의 기사를 깨닫지 못하며,
　　주의 많은 인자를 기억지 아니하고;
바다 곧 홍해에서 거역하였나이다.
　　그러나 여호와께서 자기 이름을 위하여,
저희를 구원하셨으니,
　　그 큰 권능을 알게 하려 하심이로다.
이에 홍해를 꾸짖으시니 곧 마르매;
　　저희를 인도하여 바다 지나기를 광야를 지남 같게 하사,
저희를 그 미워하는 자의 손에서 구원하시며,
　　그 원수의 손에서 구속하셨고.

이 두 시편–105편과 106편–은 쌍둥이 시편이라 불릴 수 있다. 그들은 양식, 길이, 스타일, 내용 면에서 매우 유사하다. 그리고 시편서 전체에서 볼 때 시편 105편과 106편은 서로 접하고 있다. 그러나 두 시편이 쌍둥이 이지만 일란성이 아니라 이란성 쌍둥이다! 만일 "좋은 소식이 있고, 나쁜 소식이 있는데, 그중에 어떤 소식을 먼저 듣고 싶으냐?"라는 질문을 받으면, 이 두 시편의 저자들은 서로 다른 선택을 할 것이다. 첫 번째 쌍둥이–시편 105편–는 좋은 소식을 먼저 전하는 스타일의 스토리텔러(storyteller)다. 시편 105편이 전하는 이야기는 이스라엘을 위해 행하신 하나님의 전능하신 행위에 초점을 맞추고 있다. 스토리텔러는 그 공동체가 자신의 하나님이 얼마나 강력하고 신실한 분인지를 알기를 원한다. 반면 두 번째 쌍둥이–시편 106편–는 나쁜 소식을 먼저 전하는 유형의 스토리텔러다. 이 시편도 여전히 좋은 소식을 전하고는 있지만, 이 시편의 스토리텔러는 공동체가 서로서로에게 얼마나 폭력을 행사하고 상처를 주는가와 동시에 자신의 하나님이 얼마나 용서와 사랑이 많으신 분인가를 인식하기를 원하다.

역사시의 핵심은 이스라엘 역사의 연대와 이름들, 그리고 사건들을 단순히 아는 것이 아니라, 오히려 그것들로부터 배우는 것이다. 역사시들을 읽기 위해서 독자는 다음과 같은 질문을 던질 필요가 있다: 전하는 이야기가 나에게 혹은 우리에게 어떤 요구를 하고 있는가? 그 이야기는 나의 정체성에 관해 어떤 주장을 하고 있는가? 혹은 내가 어떻게 행동해야 하는가에 대해 어떤 요구를 하고 있는가? 아니면 나에게 어떤 약속이 있다는 주장을 하고 있는가?

8. 주제에 따라 분류된 기타 시편들

비슷한 주제에 따라 분류되는 여타 시편 장르들이 더 있다. 우리는 이 시편들을 각각 간략하게 설명한 후 본 장(章)을 마무리할 것이다.

(1) 참회시(Penitential Psalms)

용어 "참회시"는 도움 요청시(애탄시로도 불림)의 하부 그룹과 관련이 있다. 도움 요청시는 모두 한 가지 공통된 주제를 공유한다. 즉, 기도자는 죄 용서를 구한다. 이 도움 요청시들은 스스로 죄에 빠졌던 자들에 의해 사용된다. 그들은 어떤 율법을 어겼고, 어떤 사람을 해하였거나, 혹은 어떤 범죄를 저질렀다. 지금 그들은 자신의 잘못으로 인해 발생한 곤경으로부터 구원해 달라고 간구하고 있는 것이다. 전통적으로 서구 기독교에서는 일곱 개의 시편(시편 6편, 32편, 38편, 51편, 102편, 130편, 143편)이 참회시로 분류된다. 시편 51편은 전형적인 참회시다. 이 시편의 표제어에서 보듯이, 이 참회시는 전통적으로 다윗 왕의 삶과 연관이 있다: "다윗이 밧세바와 동침한 후 선지자 나단이 저에게 온 때에." 사무엘하 11-12장에 등장하는 이야기는 다윗이 우리야의 아내를 임신시키고, 그 죄를 덮기 위해 우리야를 죽인 이후에 나단 선지자가 어떻게 다윗과 맞섰는지를 전하고 있다. 시편 51편은 그러한 때에 드릴 수 있는 참회의 표현들을 제공한다.

> 하나님이여! 주의 인자를 좇아 나를 긍휼히 여기시며;
>
> 주의 많은 자비를 좇아 내 죄를 도말하소서.
>
> 나의 죄악을 말갛게 씻기시며,
>
> 나의 죄를 깨끗이 제하소서.

대저 나는 내 죄과를 아오니,

　　내 죄가 항상 내 앞에 있나이다. (1-3절)

이상하게도 참회시가 아님에도 불구하고 시인이 용서를 구하는 시편이 몇 개 더 있다(예를 들어, 시편 25:11은 "여호와여 나의 죄악이 중대하오니 주의 이름을 인하여 사하소서."라고 기록하고 있다). 훨씬 더 이상한 것은 시편 6편과 같이 참회시라 불리는 몇몇 시편들은 죄 혹은 용서를 명시적으로 언급하지 않는다는 것이다.

비록 이 시편들이 용서라는 특정 단어를 포함하고 있지는 않지만, 그럼에도 불구하고 참회시들은 인간과 하나님에 대해 이스라엘이 하고 있는 중요한 고백들 가운데 하나–즉, 인간은 사람과 하나님에게 죄를 짓지만, 여호와는 용서하시는 하나님이라는 것–를 증언한다. 참회시들 가운데 하나가 고백하듯, "여호와여! 주께서 죄악을 감찰하실진대, 주여! 누가 서리이까? 그러나 사유하심이 주께 있음은 주를 경외케 하심이니이다"(시 130:3–4).

(2) 저주시(Imprecatory Psalms)

소위 '저주시'는 어느 정도 '참회시'의 반대 이미지를 지닌다. 둘 다 도움 요청시의 하부 장르이지만, 참회시에서 기도자는 자기 자신과 개인적인 죄악으로부터의 구원을 기도하는 반면에 저주시의 기도자는 자신의 적들로부터의 구원을 간구한다:

내 생명을 찾는 자로 부끄러워 수치를 당케하시며,

　　나를 상해하려 하는 자로 물러가 낭패케 하소서.

저희로 바람 앞에 겨와 같게 하시고,

여호와의 사자로 몰아내소서.

저희 길을 어둡고 미끄럽게 하시고,

여호와의 사자로 저희를 따르게 하소서.

저희가 무고히 나를 잡으려고 그 그물을 웅덩이에 숨기며,

무고히 내 생명을 해하려고 함정을 팠사오니. (시 35:4-7)

저주시에는 시편 69편, 83편, 88편, 109편, 137편, 139편(19–22절), 140편이 포함된다. 이 저주시들 때문에 현대 그리스도인들은 "이 기도들이 성경에서 도대체 무엇을 하고 있는 것인가? 하나님의 사람들이 왜 다른 사람이 해 받기를 기도하는가?"라고 질문하면서 곤혹스러워한다. 이 저주시들은 특별히 "누구든지 네 오른편을 치거든 왼편도 돌려 대"라는 말씀과 "너희를 핍박하는 자를 위하여 기도하라!"(마 5:39, 44)는 말씀에 영향받은 그리스도인들에게는 너무 골치 아픈 내용이다.

저주시(Imprecatory Psalms)를 이해할 때 우리가 명심해야 할 네 가지 포인트가 있다. 첫째, 저주시들은 매우 인간적이라는 점이다. 이 시편들은 인간의 감정을 가감 없이 그대로 드러낸다. 믿음은 그러한 감정을 무시하거나 완전히 억누르지 않는데, 여기에 정직함이 있는 것이다. 둘째, 저주시들이 인간의 감정을 그대로 드러낼지라도, 기도자들은 폭력을 직접 행사하지 않는다. 로마서 12:19절은 원수 갚는 것이 하나님께 속해있다고 말씀하는데, 그것은 정의의 문제를 다룰 때 법을 통하지 않고 제멋대로 직접 복수하는 것이 아니라 하나님께 맡기라는 것을 의미한다. 저주시들을 노래하면서 시인들은 그들 안에 있는 분노를 하나님께 넘긴다. 즉 그들은 자신들이 느끼는 불의(不義)의 문제들을 하나님께 고발한 다음, 원수 갚는 문제는 하나님께 이양(移讓)하는 것이다. 셋째, 대체로 질서 정연한 사회에 살고 있는 우리는 지나온 역사의 틈바구니

> **비행기, 기차, 자동차**
>
> 고대 이스라엘의 노래처럼, 미국 노래들은 서로 다른 방식들로 분류될 수 있다. 예를 들어, 로큰롤, 컨트리 & 웨스턴 뮤직, 힙합과 랩, 재즈 등이 있다.
>
> 그러나 미국 노래는 공통된 주제에 따라서 분류될 수도 있다. 당연히 연가(戀歌)가도 있고, 실연가(失戀歌)도 있으며, 컨트리 음악에는 기차와 연관된 노래들도 많이 있다. 그러나 주제와 관련된 노래 중에서 우리 형제가 좋아하는 음악은 자동차를 주제로 삼은 노래다. 자동차 관련 노래들 가운데서 인기가 많았던 노래들을 생각해보면, "Hot Rod Lincoln," "Mercury Blues," "Little Deuce Coupe," "Little Red Corvette," "Brand New Cadillac," "Cadillac Ranch," "Highway Patrol," "State Trooper," "Silver Thunderbird," "Pink Cadillac" 등이 있다.
>
> 당신이 2000년 이후 자동차가 더 이상 존재하지 않는 먼 미래에 살고 있는 역사가라고 상상해보라. 당신은 자동차와 관련된 그 모든 노래들을 공부함으로써 21세기 미국의 삶에 대해 무엇을 배울 수 있을까? 아마도 자동차가 자유와 독립의 상징이기도 하지만 또한 위험과 사망의 상징이라는 것도 배울 수 있을 것이다.
>
> 비슷한 방식으로 학자들은 오늘날 왕, 예루살렘, 혹은 역사시 등과 같은 다양한 시편들을 공부함으로써 고대 이스라엘에 관해 많은 것들을 배울 수가 있다.

속에서 대부분의 사회가 얼마나 혼란스러웠는지를 쉽게 잊을 수 있다. 오늘날 살아있는 많은 사람들에게 뿐만 아니라 이 저주시들을 토설했던 시인들에게 있어서, 사람들이 상상할 수 있는 "악으로부터의 유일한 구원"은 악인들이 제거되는 것이다. 즉, 억압으로부터의 유일한 구원은 억압자들을 제거하는 것이다. 넷째, 어딘가에서 누군가가 우리를 대상으로 저주의 노래를 부르고 있을 수 있다는 사실을 기억해야 한다. 이 저주시들은 하나님의 정의를 묵상할 것을 요청할 뿐만 아니라 불의한 일에 우리 자신이 혹 참여하고 있는 것은 아닌지 살펴볼 것을 요구한다. 즉, 타인을 억압하는 일에 참여하여, 어디에선가 누가 "내 생명을 찾는 자로

부끄러워 수치를 당케 하시며, 나를 상해하려 하는 자로 물러가 낭패케 하소서"(시 35:4)라고 기도하면서 당신을 원수의 대상으로 삼고 있는 것은 아닌지 살펴보아야 한다.

(3) 시온시(Zion Psalms)

시온시에는 찬양시의 하부 그룹에 있는 일단의 시편들이 포함된다. 시온시들은 시온을 하나님이 거하시기로 선택한 장소로써 찬양한다-시온은 성전이 세워진 예루살렘에 있는 산의 명칭이고, 따라서 예루살렘 자체에 대한 명칭이기도 하다. 시온시들은 하나님의 약속들, 주로 다윗의 후손들 가운데서 하나님의 백성을 다스릴 영원한 왕이 나오리라(시 89:35-37)는 다윗과의 약속이거나 아브라함의 후손들은 복을 받을 것이라(시 105:9-10)는 하나님이 아브라함과 하신 약속들을 찬양한다. 이 시편들은 하나님이 예루살렘에 있는 선택된 백성들과 함께 하시며, 그들을 사랑하시고, 악으로부터 그들을 보호하실 것이라는 약속을 찬양한다. 마틴 루터가 작곡한 유명한 찬송가 "내 주는 강한 성이요"의 기초가 된 시편 46편은 아마도 가장 잘 알려진 시온시일 것이다.

> 한 시내가 있어 나뉘어 흘러 하나님의 성,
> 　　곧 지극히 높으신 자의 장막에 성소를 기쁘게 하도다.
> 하나님이 그 성중에 거하시매 그 성이 요동치 아니할 것이라.
> 　　새벽에 하나님이 도우시리로다.
> 이방이 훤화하며 왕국이 동하였더니,
> 　　저가 소리를 발하시매 땅이 녹았도다. (4-7절)

시온시는 현대인들에게 종종 낯설어 보이는데, 그 이유는 부분적으로는 현대 기술과 운송 수단 발달로 우리의 이동성이 매우 좋아져 "거리"(distance)라는 개념이 무의미해졌기 때문이다. 우리들 대부분은 더 이상 어느 특정한 장소에 영구적으로 머물러 있지 않는다. 이것은 특별히 프로테스탄트 기독교인들에게 그러하다. 그들은 "말씀"을 너무 중요하게 생각했기 때문에 성지(聖地)라는 개념과는 아주 먼 거리를 두었다. 자신을 로마와 바티칸(로마 교황청)과 연결 짓는 가톨릭 신자들과 자신을 예루살렘 성지(聖地)와 연결하고 있는 유대인들은 성지에 대해 개신교 기독교인들보다 더 많은 것을 이해하고 있다.

예루살렘이 고대 이스라엘 백성에게 어떤 의미였는가를 현대인이 이해할 수 있는 최선의 방법은 예루살렘이 이스라엘 백성을 위해 했던 역할을 성경 혹은 성찬식이 현대 기독교인들을 위해 하는 역할에 비유해 보는 것이다. 성경의 거룩한 말씀이나 성찬식의 거룩한 몸과 피와 비슷하게, 고대 이스라엘의 많은 사람들은 그 도시(시온)—그 도시의 벽과 성전과 힘—를 "은혜의 수단"으로 여겼다. 따라서 그들은 시온을 향해서 다음과 같이 노래할 수 있었다: 너희는 시온을 편답하고, 그것을 순행하며, 그 망대들을 계수하라. 그 성벽을 자세히 보고, 그 궁전을 살펴서 후대에 전하라. 이 하나님은 영영히 우리 하나님이시니 우리를 죽을 때까지 인도하시리로다. (시 48:12-14)

(4) 제의시(Liturgical Psalms)

시편서에서 마지막으로 확인할 수 있는 그룹은 제의시(祭儀詩: liturgical psalms)라 불리는 그룹이다. 이 시편들은 예루살렘에 있는 성전이나 한참 후에 회당이나 마을에서 어떤 제의적 용도로 사용되었음을 보여준다. 어떤 시편의 제의적 정황에 대한 증거 제시 여부를 단정하는 것은 쉬운 일이 아니다. 예를 들어, 시편 15편은 누가 성전에 들어갈 수 있는 지에 대한 질문으로 시작하고, 그 시편의 나머지 부분은 그 질문에 대한 제의적 응답으로 보인다.

> 여호와여 주의 장막에 유할 자 누구오며,
>
> 주의 성산에 거할 자 누구오니이까?
>
> 정직하게 행하며 공의를 일삼으며,
>
> 그 마음에 진실을 말하며;
>
> 그 혀로 참소치 아니하고,
>
> 그 벗에게 행악지 아니하며,
>
> 그 이웃을 훼방치 아니하며. (1-3절)

다른 시편들도 제의적인 행위를 어느 정도 보여주지만 제의 전체를 보여주지는 않는 것 같다. 예를 들어, 시편 47편은 "너희 만민들아! 손바닥을 치고."로 시작한다. 만일 어떤 제의시를 제사를 위해 작성된 것으로 정의한다든지 혹은 그 시편에서 하나 이상의 목소리가 등장한다면, 다음 시편들도 잠정적으로 제의시로 분류할 수 있을 것이다: 시편 15편, 24편, 29편, 91편, 95편, 115편, 118편, 121편, 134편. 게다가 시편 50편, 74편, 81편, 95편은 이스라엘의 중요한 연례 "축제들"(유월절, 수장절, 초막절)에서 사용되기 위해 작성되었던 것으로 보인다. 이 시편들은 우리가 이스라엘의 제의적 삶에 대한 정보를 모으는데 일과 어떤 중요한 믿음들이 이스라엘의 예배에 영향을 미쳤는지를 연구하는 일에 도움을 줄 수 있다. 그러나 오직 이 본문들에만 근거해서 고대 이스라엘의 전형적인 예배 모습을 재구성하는 것은 불가능하다.

9. 결론

본 장에서는, 제2장을 시작하면서 소개했던 장르의 개념을 좀 더 확장했다. 한 편의 글의 장르를 아는 것은 그 글을 이해하는데 결정적이다. 왜냐하면 단어들이 등장하고 있는 문맥이 그 단어들의 의미 결정에 기여하기 때문이다. 제2장은 시편에 두 가지 종류의 장르가 있다고 주장했다: 즉, 공통된 "양식"에 따라 분류된 장르들과 공통된 "주제" 혹은 "내용"에 따라 분류된 장르들이다. 제3장은 두 번째 장르, 즉 공통된 주제와 내용에 따른 장르에 초점을 맞추었다. 특별히 본 장은 (1) 인간 왕에 관한 제왕시, (2) 여호와는 왕이라고 선포하는 즉위시, (3) 독자에게 교훈을 주고자 하는 지혜시 혹은 교훈시, (4) 자연을 사랑이 많으신 하나님의 창조세계로 묘사하는 창조시, 그리고 (5) 역사 안에서, 특별히 이스라엘을 위해 행하신 하나님의 활동을 묘사하는 역사시들을 소개했다.

10. 심화하기

본 장에서 소개한 장르 개념 파악을 더욱 심화시키기 위해서 다음 연습문제들 가운데 한두 가지를 실습해보라.

1. 제왕시와 시온시는 다윗 언약에 뿌리를 둔 왕 제도들과 예루살렘의 도시(시온)가 모두 불완전함에도 불구하고 하나님이 그것들을 통해 일하셨다는 이스라엘의 믿음에 찬사를 보낸다. 미국 정부의 행정부 및 사법부와 같은 당신이 가치 있게 생각하는 정치, 혹은 사회 제도, 혹은 유나이티드 웨이(United Way)와 같은 자선 기구, 혹은 학교와 같은 지역 학습 기관에 관해 생각해보고, 그 기관에

찬사를 보내는 한 편의 시를 작성해보라.

2. 지혜시/교훈시는 미래의 젊은 세대에게 교훈을 제공하는 교훈적인 어조를 띤다. 당신이 10살이었을 때 개인적으로 알았으면 좋았겠다 싶은 삶의 기초가 되는 교훈 몇 가지를 생각해 보고, 그 나이의 어린 자신에게 보낼 편지 한 통이나 시 한 편을 작성해보라.
3. 저주시는 억압자들의 손에 고통당하고 있는 사람들의 분노의 감정을 그대로 드러낸다. 과거나 요즈음 어떤 순간에 당신을 정말 화나게 했던 누군가를 생각해보라. 아브라함 링컨은 자신을 화나게 했던 사람들에게 편지를 썼다고 한다. 그런데 그 편지를 봉한 다음에는 보내지 않았다. 자, 하나님에게 혹은 당신을 화나게 했던 사람에게 편지 한 통을 써보라. 그 편지에 당신의 분한 감정을 다 쏟아낸 다음 태우거나 분쇄해버리라. 여하튼 보내지는 마라!

11. 추천도서

Brueggemann, Walter. *The Psalms and the Life of Faith*. Minneapolis: Fortress, 1995.

DeClaisse-Walford, Nancy. *Introduction to the Psalms*. St. Louis: Chalice, 2004.

McCann, J. Clinton. *A Theological Introduction to the Book of Psalms*. Nashville: Abingdon, 1993.

Miller, Patrick D. *Interpreting the Psalms*. Philadelphia: Fortress, 1986.

4장
시인(Psalmist)은 누구인가?

4장

시인(Psalmist)은 누구인가?

시편의 목소리와 삶의 정황 이해하기

1. 목소리와 장소 개념 파악하기

당신이 시인(psalmist)이라면, 그 가정은 당신이 시적인 것을 하고 있다는 것을 의미하는가? 아니면 당신 자신이 어느 정도 시적인 사람이라는 것을 의미하는가? 이 질문이 어리석다는 것은 인정하지만, 어쨌든 시인은 누구인가? 시인(psalmist)은 각 시편 혹은 시편 모음집의 저자에 관해 논할 때 포괄적으로 사용되는 용어이다. 이것은 우리가 노래의 목소리를 "가수"로 말하거나 혹은 시의 목소리를 "시인(poet)"으로 말할 수 있는 방식과 유사하다.

사람들은 시를 읽거나 노래를 들을 때, 그것을 이해하기 위해 화자(話者)를 상상하거나 혹은 그 내용에 자기 자신을 대입하는 경향이 있다. 이런 경향은 한편의 시나 노래가 일인칭 관점에서 불릴 때, 특별히 "내가," "나의," "우리는," "우리의," "우리를" 등과 같은 시점에서 불릴 때, 그런 경향은 분명하게 나타난다.[45] 시편의 목소리를 대신하는 상상의 행위는 시편을 이해하기 위해서는 필수적이다. 어떤 노래가 일인칭 관점에서 불리면, 독자는 그 노래를 부르고 있는 일인칭 주어("내가")가 누구인지 상상할 필요가 있다. 노래 안에 있는 여러 가지 단서들을 근거삼아 상상력을 동원해 그 가수에 대한 그림을 그리는 것이다. 역으로, 상상력을 통해 그려진 그 그림에 기초해서 독자는 노래의 나머지 노랫말을 이해하게 된다. 예를 들어, 흘러간 포크송 "The Water is Wide"의 첫 번째 두 연(聯)을 고찰해보라.

> 바다가 너무 넓어 나는 건널 수 없어요,
> 나는 날 수 있는 날개도 없는 걸요.
> 두 사람 탈 수 있는 배 한 척 내게 만들어 주세요,
> 내 사랑하는 이와 내가 노 저어 갈게요.
>
> 배 한 척 바다로 나아가네요,
> 깊이 빠질 만큼 짐을 가득 실었지만,
> 내가 빠진 사랑만큼 가득하지는 않아요,
> 가라앉을지 헤쳐 나갈지 전 알 수 없어요.[46]

이 노래는 일인칭 관점, 즉 나는/나의/나를/내게의 관점에서 불리고 있다. 당신은 노래 가사를 읽으면서 일인칭 주어 "나(I)"를 누구라고 상상

45) 시편의 약 65 퍼센트에 해당하는 98개의 시편에서 명시적인 일인칭 주어 "내가(I)"가 등장하고 있고, 약 30 퍼센트에 해당하는 46개의 시편에서 "우리가" 혹은 "우리의"와 같은 일인칭 복수가 명시적으로 나타난다. 한 시편에서 "내가(I)"와 "우리가(we)"가 각각 존재하는 범위는 기대하는 바와 같이 그 해당 시편에 달려 있다.

46) "The Water Is Wide." 이 노래는 익명의 포크송으로 저작권이 없다.

하는가? 남성이라고 생각하는가? 아니면 여성이라 생각하는가? 얼마나 늙었을 것이라 생각하는가? 이 노래를 부르고 있는 가수는 지금 어디에 서 있는가? 가수는 지금 무엇을 보고 있는가? 그(녀)의 감성은 어떠한가? 이 가수는 무엇 때문에 이 노래를 부르고 있는가?

이 질문들에 대한 완벽한 정답들이 있기도 하고, 가능성 있는 다양한 정답들도 있다: 그 목소리는 남성일 수도 있고 여성일 수도 있으며, 비교적 어리거나 늙었을 수도 있으며, 말 그대로 해변가에 서 있을 수도 있다. 그러나 노래의 목소리를 상상하는 방법 가운데는 형편없거나 가능성 없는 것도 있다. 즉 가수가 하마일 것이라고 상상하지는 않을 것이다. 가수가 게임에서 이기려는 강한 욕망 때문에 이 노래를 하고 있는 것이라고 상상하지도 않을 것이다. 또한 그 노래의 일인칭 주어("나[I])"는 당연히 세 살짜리 아이는 아닐 것이다. 실제로 세 살짜리 아이가 그 노래의 가사를 외워 부를 수는 있다. 하지만 당신이 그 아이의 노래를 듣는다 해도 당신은 여전히 노래의 목소리로 성인을 상상할 것이다.

사람들은 한 편의 시편(대부분 일인칭 관점에서 기록되어 있음)을 읽을 때 그 시편을 노래하고 있는 목소리로써 누군가를 상상한다. "시인(psalmist)"이라는 용어는 바로 시편을 노래하는 목소리를 가리키기 위해 학자들이 사용하는 포괄적인 용어이다.

학자들이 주어진 시편의 저자를 포괄적으로 "시인(psalmist)"이라고 언급하게 된 이유는 대부분의 시편들이 익명의 저자들에 의해 쓰여졌기 때문이다. 즉, 우리는 누가 시편을 기록했는지 모른다. 그러나 누군가가 그것을 기록했다. 시편의 노랫말을 처음 불렀거나 혹은 양피지나 파피루스에 갈대나 펜으로 시편을 처음 기록했던 누군가가 있었을 것이며, 혹은 시편의 기록을 제일 먼저 명했던 누군가가 있었을 것이다. 다음의 예를 살펴보라.

시편 2편은 다음과 같이 단순하게 시작한다.

> 어찌하여 열방이 분노하며,
>
> 민족들이 허사를 경영하는고…….

7절에서 가서 우리는 이 시편을 노래하고 있는 일인칭 주어("나[I]")를 만나게 된다.

> 내가 영을 전하노라:
>
> 여호와께서 내게 이르시되 "너는 내 아들이라.
>
> 오늘날 내가 너를 낳았도다."

이 지점에서 시편의 독자는 "지금 말하고 있는 일인칭 주어 '나'는 누구인가?"에 대해 궁금해 할 수 있다. 시편 2편의 자체 문맥을 살펴볼 때 노래하고 있는 일인칭 주어 "나"는 유대 왕인 것으로 보인다. 더욱이 독자는 이 시편의 나머지 부분을 읽으면서 일인칭 주어 "나"는 하나님께 "기름부음 받은 자"(2절), 즉 세상 "열방"(8절)에 대한 통치권을 약속 받은 시온의 왕이라는 것도 알게 된다(시온은 한 때 성전이 있었던 예루살렘의 산 이름을 가리킨다). 비록 시인의 이름이 명시적으로 언급되고 있지는 않지만, 시편 2편은 시인의 역할을 하고 있는 왕의 입술을 통해 전달되고 있는 것이다.

이것은 유대 왕이 모든 시편을 노래하는 것으로 이해해야 한다는 것을 의미하는가? 그렇지는 않다. 예를 들어, 시편 72편 1절을 보면 이 시편은 왕이 아닌 다른 누군가에 의해 불리고 있는 것이 분명하다: "주의 판단력을 왕에게 주시고, 주의 의를 왕의 아들에게 주소서." 그러므로 각 시편을 읽을 때 독자는 해당 시편의 시인(psalmist)이 누구인지 마음에 그려보아야 한다.

또 다른 예로 시편 104편을 생각해 볼 수 있다. 시편 2편과 같이 시편 104편은 노래하고 있는 자에 대해 아무런 정보 없이 곧바로 시작한다. 그러나 시편 2편과 달리 시편 104편에는 일인칭 주어의 정체에 대해 독자가 분명하게 결론내릴 수 있는 정보가 부족하다. 이 시편은 다음과 같이 시작한다.

> 내 영혼아 여호와를 송축하라
> 　　여호와 나의 하나님이여 주는 심히 광대하시도다.

이 구절을 보면 자기 자신을 "내 영혼"이라고 소개하는 시인이 분명히 등장하고 있지만 그는 단지 이 시편의 시작 부분과 끝 부분에서만 등장한다.

> 나의 평생에 여호와께 노래하며,
> 　　나의 생존한 동안 내 하나님을 찬양하리로다.
> 나의 묵상을 가상히 여기시기를 바라나니,
> 　　나는 여호와로 인하여 즐거워하리로다.
> 죄인을 땅에서 소멸하시며
> 　　악인을 다시 있지 못하게 하실 지로다.
> 내 영혼아 여호와를 송축하라.
> 할렐루야. (33-35절)

이 시편에는 일인칭 주어의 정체를 분명하게 밝혀줄 실마리가 많지 않다. 그러나 마지막 몇 구절에서 저자가 어떤 동기(창조자 하나님에 대한 묵상)에서 이 시편을 기록했었는지에 대한 실마리가 희미하게 제공되어 있다. 일인칭 주어가 노래를 부르고 있기 때문에("내가 여호와께 노래하며") 우리는 시인이 아마도 성전에서 음악을 담당했던 음악가 혹은 성전 예배를 담당했던 제사장이었을 것이라고 추측할 수 있다. 그러나 구약성경에는 이들 이외의 다른 이들도 노래를 불렀으며, 더욱이 항상 성전에서 불렀던 것도 아니었다. 모세와 그의 누이 미리암은 홍해의 기적을 체험한 후 찬양을 불렀고(출 15장), 드보라와 바락은 군사적으로 승리를 거둔 후 노래했으며(삿 5장), 한나는 사무엘을 주를 섬기도록 바친 후에 노래를 불렀고(삼상 2장), 다윗 왕은 친구 요나단이 죽었을 때 노래했으며(삼하 1장), 예언자 아모스는 이스라엘 백성의 비도덕적인 모습을 비난하는 방식으로 애도의 노래를 불렀다(암 5장). 따라서 우리는 시편 104편의 시인에게 "성전 가수"와 같이 모호한 정체성을 배정하는 것과 같은 매우 일반적인 호칭에 관해서조차 조심할 필요가 있다. 비록 시편 104편이 성전 가수에 의해 기록되었더라도 성전 안에서 공적 예배가 진행되는 동안에만 부르도록 제한되지는 않았을 것이다.

시편의 일인칭 주어("나[I]")를 상상하는 행위, 즉 시인의 정체를 마음에 그려보는 일은 시편을 이해하고자 할 때 필수적인 일이다. 그러나 그것은 해석의 일부분이지 우리가 단단히 붙잡아야 할 것은 아니다. 시편을 읽을 때 무엇보다 먼저 그 시편의 고대 "목소리"가 누구였는지 상상해야 하겠지만, 그렇다고 시인의 정체를 정확하게 알아내는 일에 지나치게 몰두하거나 당신의 특정한 견해가 유일한 것이라고 (혹은 최선의 것이라고) 주장하지도 말아야 한다. 오히려 본 저서 서론에 인용된 "시 서론(Introduction to Poetry)"의 말처럼 "시인의 방에 걸어 들어가," "시의 표면 위에서 수상스키를 타며 해변에 있는 저자의 이름을 향해 손을 흔들

며," "벌집에 귀를 바짝 갖다 대고" 그저 시인이 누구였는지 상상해보라.[47)]

여록(餘錄): 시편 표제어 이해하기

제1장에서 "표제어(superscription)"라는 용어를 소개했었다. 표제어는 시편 자체가 시작되기 전에 등장하는 단어들을 가리킨다. 본 저서에서와 같이 대부분의 영어 번역본에 있는 표제어에는 구절이 표시되어 있지 않다.

어떤 독자들은 일부 표제어들을 시편의 저자를 확인할 수 있는 단서로써 해석한다. 예를 들어, 일흔 네 개의 시편은 표제어에 "다윗의(of David)"라는 표현을 포함하고 있는데, 많은 사람들은 이 표현을 다윗 왕의 저작설을 의미하는 것으로 받아들인다. 이런 이유로 이슬람의 쿠란에 있는 시편은 "다윗"이라 불리기도 한다. 그것은 베드로(시 2:7을 인용하고 있는 행 4:25-26을 보라)와 히브리서 저자(시 95:7-8을 인용하는 히 4:7을 보라)가 표제어에 "다윗의(of David)"라는 표현이 없는 시편들 까지도 다윗의 것으로 돌리는 이유이기도 하다.

"모세의(of Moses)" 시편도 있고(시 90), 에스라인이라 불리는 "헤만의(of Heman)"의 시편(시 88)과 "에단의(of Ethan)"의 시편도 있다(시 89). 개인 아삽과 연관된 시편 모음집도 있고(시 50; 73-83), "고라의 자손들" 그룹과 관련된 또 다른 모음집도 있다(시 42; 44-49; 84-85; 87-88).

"다윗의," "모세의" 혹은 "고라 자손들의"와 같은 표현들이 무엇을 의미하는지에 대해 학자들 사이에 합의가 이루어진 것은 없다. 히브리어 단어들을 직역하면 "다윗에게(to David)," "모세에게(to Moses)" 그리고

47) Billy Collins, *The Apple That Astonished Paris* (Fayetteville: University of Arkansas Press, 1988), 58.

"고라 자손들에게(to the sons of Korah)"와 같은 의미가 된다. 그 표현을 시편의 저자를 알려주는 것으로 받아들이는 자들은 단어 "~에게(to)"를 "다윗에 속한" 혹은 "모세에 속한"에 대한 약식 표현이라고 해석한다.

그러나 달리 해석할 가능성이 없는 것은 아니다. 표제어에 있는 "다윗/아삽/솔로몬에게"가 정확하게 무엇을 의미하고자 했는지 항상 분명한 것은 아니다. 그 표현은 "다윗에게 헌정된"과 같이 어느 특정한 인물에게 헌정되었음을 가리키는 것일 수도 있고, "다윗에게 영감 받은"과 같이 예술적인 영감을 표현하는 것일 수도 있다. 또한 "다윗 모음집에 속한"과 같이 하나의 특정한 시편이 어떤 모음집에 속해있는지를 가리키는 것일 수도 있고, "다윗 모음집 도시의 일부분"과 같이 일단의 특정 시편들이 수집되었던 위치를 나타내는 것일 수도 있다. 한 가지 분명한 것은 시편의 150개 시편들이 보다 작은 모음집을 모아 놓은 하나의 큰 모음집이라는 것이다. 이 작은 모음집들은 한 권의 시편으로 통합되기 전에는 독립적으로 존재했을 것이다. 이렇게 생각해볼 때 표제어에 "다윗의"를 지닌 시편들은 다윗 왕가의 예배 처소(성전)에 보관되었던 시편 모음집에 속해 있었고, "고라 자손들의"의 표제어를 지닌 시편들은 원래는 다른 어딘가에서 모여 있었고, "성전에 올라가는 노래들(시 120-134)"은 제3의 상황에서 수집되었을 것이다.

우리(역주: 본 저서의 저자인 Rolf Jacobson과 Karl Jacobson을 가리킴)는 "다윗의" 혹은 "아삽의"와 같은 표현들이 원 저작설을 나타내는 표시라는 주장에 동의하지 않는다.[48] 분명해 보이는 것은 그 표현들에 대한 해석이 시간이 흐르면서 어느 시점에선가 많은 사람들에 의해 그 표현들이 원저자로 간주되는 지점까지 진화됐다는 점이다. 우리는 본 저서에서 그

48) 이렇게 결론내리는 주된 이유는, 표제어에 "다윗의(of David)"라는 표현이 있는 많은 시편들이 다윗이 죽은 이후에나 세워진 예루살렘 성전을 언급하고 있기 때문이다.

표현들을 시편의 원저자를 가리키는 것으로 받아들이지 않는다. 오히려 우리는 익명의 누군가가 그것들을 작성해 넣었을 것으로 간주한다.

표제어의 이런 문제점에도 불구하고 표제어는 여전히 중요하다. 왜냐하면 그것은 종종 전승 초기에 시편이 어떻게 해석되었고 사용되었는지를 알려주기 때문이다. 이런 점에서 우리는 표제어를 해당 시편들이 초기에 어떻게 해석되었는지를 보여주는 증거로 간주한다. 그리고 표제어들은 그와 같은 방식으로 시편을 읽은 독자에게 도움을 제공한다.

모든 시편에 표제어가 있는 것도 아니고, 모든 표제어가 어떤 인물(들)에 관한 것도 아니다. 어떤 시편들에는 독자들이 페르소나(persona) 혹은 시편의 목소리를 어떻게 이해할 것인가를 도와주는 표제어가 있다. 시편 92편에는 다음과 같은 표제어가 있다: "안식일의 찬송시." 이 표제어는 시편 92편이 안식일 예배를 위해 사용되었다는 것을 나타낸다. 그것은 아마도 이 시편이 안식일을 위해 작성된 것은 아니지만 어느 시점에선가 안식일에 예배자가 사용할 수 있도록 채택되었다는 의미일 것이다. 그러나 이 시편에도 확인가능한 일인칭 주어("나")가 있다: "[중략] . . . 여호와께 감사하며 . . .주의 성실하심을 베풂이 좋으나이다. . . . 그러나 주께서 내 뿔을 들소의 뿔 같이 높이셨으며 내게 신선한 기름으로 부으셨나이다"(1a, 10절). 추측건대 이 시편의 일인칭 주어–"나의(내)/내게"–는 모든 시대를 초월하는 안식일 예배자를 상징한다. 이와 비슷하게 시편 30편의 표제어에는 "다윗의 시. 성전 낙성가(A Song at the dedication of the temple. Of David)"라는 표현이 들어 있다. 여기서 봉헌(dedication)에 해당하는 히브리 단어는 하누카(hanukah)이다. 이 시편은 처음에 유대인의 하누카 절기(하누카는 마카비 시대, 주전 164년의 성전 재봉헌을 기념하는 절기를 말한다)를 축하하기 위해 기록되지는 않았지만 시간이 흐르면서 그 축제가 진행되는 동안 읽히게 되었다. 그 문맥에서 읽게 되면 이 시편의 페르소나(persona) 혹은 일인칭 주어 "나(I)"—"여호와여 내가 주를 높일 것은 주께서 나를 끌어내사...."(30:1)—는 하누카 절기에 예배드렸던 자를 나타낸다.

독자가 시편의 페르소나를 이해할 때 표제어가 어떻게 도움을 주는지를 보여주는 마지막 예는 시편 102편의 표제어이다: "곤고한 자가 마음이 상하여 그 근심을 여호와 앞에 토하는 기도." 이 표제어는 고난 가운데 있는 자는 누구든지 자기 자신을 위해 시편 102편으로 기도해도 좋다는 것을 나타낸다. 그것은 각각의 독자가 적어도 고난이 진행되는 동안 하나님께 부르짖는 일인칭 주어 "내(I)"가 되라는 초청인 것이다. 이 시편은 하나님께 도와달라는 울부짖음으로 시작한다:

> 여호와여 내 기도를 들으시고,
> 나의 부르짖음을 주께 상달케 하소서.

이 기도는 누구의 기도인가? "나의" 배후에는 누가 있는가? 이 시편은 그것에 대해 아무런 정보도 주지 않는다. 다시 말해서, 표제어는 단지 "고난 가운데 있는 자의"라고 말함으로써 그런 상황에 있는 자는 누구든지 이 시편을 노래할 수 있음을 암시한다. 이 시편의 시인(psalmist)은 그저 외로움을 느끼고 사방으로부터 공격받는 고난을 경험한 자이다. 시편의 원저자가 실제 누구였는가와 시인의 정황은 명확하지 않다. 그러나 이 모호함은 고난 가운데 있는 자는 누구든지 이 시편으로 기도할 수 있음을 의미하기 때문에 유익하다. 즉, 누구든지 이 시편을 자기의 것으로 읽을 수 있는 것이다.

2. 시편에서 페르소나(persona)의 역할

"시인은 누구인가?"라는 질문을 탐구하는 일은 두 가지 해석의 실체를 조합하는 일과 관계가 있는데, 그것은 독자를 시편의 해석과 경험 세계 안으로 초청한다. 이 두 가지 실체는 바로 기도자(pray-er)의 목소리와 그가 기도하고 있는 상황이다. 달리 표현하자면, 시편의 저자는 어떤 특정한 목소리가 들리거나 경험될 수 있도록 그 시편을 각색한다. 시편의 기도자는 이 노래를 취하고, 현재 개인이 처한 상황과 일치하는 언어를 빌려옴으로써 자신이 속한 세계를 이해하고자 한다. 시인(psalmist)이 누구인가를 질문하는 것과 시를 작성한 이 "사람"과 독자가 맺을 수 있는 관계에 관해 생각하는 것은 그 시편의 페르소나는 누구이며 그 페르소나가 내게 어떤 의미가 있는가? 라는 초보적이면서도 중요한 질문으로 이끈다.

시를 읽을 때 그 시의 목소리를 단지 이야기를 전달하는 "서술자"가 아니라 "페르소나"로 생각하는 것은 도움이 된다. 시편의 페르소나 개념이 도움이 되는 이유는 시(詩)가 산문이나 스토리텔링과 다른 방식으로 의미를 창출하기 때문이다.

이야기를 읽을 때, 의미 파악은 보통 그 이야기의 등장인물들, 장소, 전개되는 줄거리를 이해하고자 할 때 발생한다. 서술자는 이야기를 하고, 독자/청자는 그 이야기의 등장인물, 상황 혹은 요소와 동일시하면서 그 이야기에 반응한다. 예를 들어, 소설 『해리포터』(*Harry Potter*)를 읽을 때, 여성은 허마이니(Hermione)와 더 동일시할 수 있는 반면 남성은 해리(Harry)와 더 동일시할 수 있다. 마찬가지로 나이 든 사람은 덤블도어(Dumbledore)와 더 동일시할 수 있는 반면 어린 아이들은 지니(Ginny)와 더 동일시할 수 있다.

시(詩)−특별히 기도시, 찬양시, 감사시−에서 의미 파악은 독자가 그 시의 정서와 표현들을 경험하는 순간에 더 많이 발생한다. 이런 의미에서 독자는 자신과 시를 노래하는 목소리와 동일시함으로써(자신을 시의 화자[話者]로 상상하든지 그 시의 목소리를 듣는 청중으로 상상하든지) 그 시를 훨씬 더 직접적으로 경험하게 된다.

시편에서 이런 현상은 대체로 시인과 시편 독자, 시편 기도자 혹은 시편 가수 사이에서 정서와 상상이 서로 교환될 때 달성된다. 시인의 경험, 즉 시의 일인칭 주어의 경험은 시편 독자 자신의 경험 혹은 표현을 전달하는 수단이 된다. 이것은 서로 다른 여러 가지 방식으로도 발생할 수 있다. 예를 들어, 독자는 자기 자신을 그 시의 일인칭 주어("나") 혹은 화자(話者)로 상상할 수 있다. 즉, 독자는 시의 페르소나(persona)의 정체를 자기 몸에 옷 입듯 걸치는 것이다. 다른 예를 들자면, 독자는 마치 자신이 시인의 목소리를 엿듣고 있는 것으로 상상할 수 있다. 즉 독자는 화자가 처한 상황과 마음의 정서를 공감하고자 할 수 있는 것이다. 또한 독자는 자신을 시인의 노래를 듣고 있는 청중으로 상상할 수 있다. 즉 여기서 우리는 시인의 청중이라는 정체성을 자기 몸에 옷 입듯이 걸치는 것이다. 각 예에서 볼 수 있듯이 우리는 스토리가 의미를 만들어내는 것보다 시(詩)가 더 직접적으로 의미를 창출한다고 상상해도 좋을 것이다. 왜냐하면 시의 목소리는 독자에게 직접 이야기하거나 혹은 독자를 위해 말하기 때문이다.

예를 들어, 시편 18편에서 발췌한 다음 몇 구절을 읽어보라. 읽으면서 시의 일인칭 주어("나")가 누구인지 상상해보라.

> 나의 힘이 되신 여호와여 내가 주를 사랑하나이다.
>
> 여호와는 나의 반석이시요 나의 요새시요 나를 건지시는 자시요.

나의 하나님이시요 나의 피할 바위시요,

나의 방패시요 나의 구원의 뿔이시요 나의 산성이시로다.

내가 찬송 받으실 여호와께 아뢰리니

내 원수들에게서 구원을 얻으리로다.

………………………………………………………

내가 환난에서 여호와께 아뢰며,

나의 하나님께 부르짖었더니.

………………………………………………………

이는 내가 여호와의 도를 지키고,

악하게 내 하나님을 떠나지 아니하였으며,

그 모든 규례가 내 앞에 있고,

내게서 그 율례를 버리지 아니하였음이로다.

내가 또한 그 앞에 완전하여

나의 죄악에서 스스로 지켰나니……. (시 18:1-3, 6a, 21-23)[49]

여기서 등장하는 일인칭 주어("나")가 바로 이 시편의 페르소나이다. 즉 기도하며, 도움을 요청하고, 죄를 고백하며, 하나님을 찬양하고 있는 인물이다. 시편의 독자는 시인이 제시한 페르소나에 관한 것을 식별한 후에 제기된 문제들을 이해하고, 도전들을 평가하며, 그것들을 자신의 삶에 적용할 수 있다. 위에 인용된 구절만 근거해 볼 때 화자(話者)를 위기를 통과한 개인 이상의 그 무엇으로 이해하는 것은 어려울 것이다. 이 시편의 다른 부분과 등장하는 특별한 언어에 기초하여 시편 18편은 대체로 왕의 감사시로 간주되고 있다. 즉 위기에서 구원받은 이후 불렀던 시

49) 시편 18편에는 28-29절과 33-40절에서 뿐만 아니라 다른 "나/나를/나의" 진술들이 많이 있다.

편이요, 왕이 일인칭 주어("나")인 제왕시이다.

위에 인용된 구절들을 다시 읽어보라. 만일 유대 왕이 이 시편을 불렀던 것으로 상상한다면, (당신이 이 구절들을 처음 읽었을 때 화자를 상상했던 것과 달리) 이 시편에 대한 당신의 이해는 어떻게 변하는가?

"페르소나(persona)"는 다른 사람들에 의해 인식될 수 있는 누군가의 성격 혹은 인격의 한 모습이다. 문학적인 용어로 "페르소나"는 대체로 제시되고 있는 등장인물에 관해 생각해보는 한 가지 방식이다. 예를 들어, 이것은 홍보 단체가 어떤 연예인에 대해 대중들에게 심어준 이미지(얼굴)일 수도 있으며, 혹은 배우가 무대 위에서 한 인물에 대해 연출하고 있는 "마스크"일 수 있다. 어떤 식으로든 페르소나는 가공의 얼굴이며, 그 배우가 정말 누구인지를 보여주는 있는 그대로의 그림이 아닌 적어도 연출된 가공의 얼굴을 말한다. 다시 말해서, 페르소나는 연출된 것, 즉 그 시(詩)를 드러내기 위해 공연자가 입은 가공의 얼굴인 것이다.

한 편의 시편을 읽을 때 우리는 다수의 인물들과 관계를 맺게 된다. 즉 시편의 저자, 마음속에 상상한 화자의 목소리, 시편을 읽거나 듣게 될 공동체, 시편 안에 제시된 인물, 그리고 시편의 독자 등과 우리는 관계를 맺는다. 그러나 일인칭 주어("나")는 여러 가지 면에서 가장 중요하다. 왜냐하면 일인칭 주어만이 시편의 독자가 시인의 페르소나를 취하도록 허용하기 때문이다. 시(詩)는 감정, 즉 어떤 상황이나 곤경에 관해 느끼는 공감을 생생하게 직접 다시 경험할 수 있도록 도와주기 때문에 독자는 시인의 표현들을 취한 다음, 그 삶의 정황을 자신의 정황으로 대입시켜 자기 것으로 받아들일 수 있다. 이런 의미에서 페르소나는 시인과 독자 사이에 동질감을 형성하고, 설명하기 때문에 시편 한 편을 이해하고 해석할 때 중요한 출입구가 된다.

시편 "리메이크하기"

시편의 페르소나(persona)–혹은 시편의 목소리–를 이해하기 위한 한 가지 방법은 다른 뮤지션들의 노래를 "리메이크"해서 부르는 뮤지션들을 생각해보는 것이다. 뮤지션들이 예전에 인기를 끌었던 노래를 골라서 리메이크 하는 일은 꽤 흔한 일이다. 몇 가지 예를 들면:

가) 에릭 클렙톤(Eric Clapton)은 원래 밥 말리(Bob Marley)가 크게 유행시켰던 "I Shot the Sheriff (But I Did Not Shoot the Deputy)"를 리메이크해서 불렀다.
나) 휘트니 휴스턴(Whitney Houston)은 돌리 파튼(Dolly Parton)의 노래 "I Will Always Love You."를 리메이크해 대 성공을 거두었다.
다) 자니 캐쉬(Jonny Cash)는 그의 말년에 나인 인치 네일스(Nine Inch Nails)의 노래 "Hurt"를 리메이크해 부르기도 했다.

이 세 명의 뮤지션들은 예전의 노래를 리메이크하면서 그들 자신만의 것으로 재탄생시켰다. 가사와 멜로디는 기존의 것을 취하지만 그 노래에 자신만의 스타일과 예술적 기교를 불어넣어 그 노래들을 그들 자신만의 것으로 만든 것이다.

돌리 파튼은 자신의 음악 동반자와 헤어지고 솔로 활동을 시작하면서 "I Will Always Love You."를 작곡했다. 이 노래는 컨츄리 음악 방송에서만 약간의 인기를 누렸었을 뿐이었지만, 휘트니 휴스턴이 자신이 주연으로 등장하는 영화의 배경 음악 일부로 그 노래를 리메이크해 부르면서, 그 노래는 연가(戀歌)가 되었을 뿐만 아니라 대 성공을 거두기도 했다.

나인 인치 네일스의 노래 "Hurt"는 원래 인생의 무의미함과 허무주의를 전달하는 노래였지만, 경건한 기독교인인 쟈니 캐쉬는 그 노래를 자신의 말년에 리메이크하면서 마치 복음송을 부르듯이 불렀다. 캐쉬는 또한 속어가 들어 있는 가사 일부("I wear this crown of sh—")를 그리스도의 십자가 사건을 연상시키는 "I wear this crown of thorns"로 개사하기도 했다.

우리는 현대 독자들이 시편을 자신의 것으로 기도하거나 노래할 때, 그들이 시편을 리메이크하고 있는 것으로 생각할 수 있다. 시편으로 기도하고 있는 그들의 삶의 정황은 고대 저자들의 삶의 정황과 물론 어느 정도 다르다. 그러나 시편을 새로운 상황에서 노래하고 기도함으로써 그들은 그 노래를 자신만의 것으로 재탄생시킨다. 말하자면, 옛 노래가 새로운 방식으로 불리는 것이다.

3. 삶의 정황 개념 이해하기

널리 알려져 있듯이 시편에는 삶의 고저(高低)를 비롯하여 그 둘 사이에서 벌어지는 많은 이야기가 담겨있다. 시편에는 일상에서 경험되는 기복(起伏)으로 가득 차 있다. 시편은 성경적인 믿음과 신앙의 핵심을 담아내고 있다. 지그문트 모빙켈(Sigmund Mowinckel)이 언급한 바와 같이, "시편에서 인간의 마음은 개인으로서, 그리고 하나님 백성의 일원으로서, 슬플 때나 기쁠 때나, 항상 자신의 것과 상응하는 정황을 발견했다."[50] 이것은 그리 틀린 말이 아니다. 왜냐하면 세심한 독자라면 시인의 페르소나를 통해 제시된 삶의 정황을 어렵지 않게 이해하고 적용할 수 있기 때문이다.

삶의 정황이란 하나의 시편을 작성케 했던 상황을 말하며, 동시에 독자를 시편 안으로 초청하는 상상의 상황을 가리키기도 한다. 흘러간 포크송 "The Water is Wide"의 예를 다시 생각해보자.

> 바다가 너무 넓어 나는 건널 수 없어요,
>
> 나는 날 수 있는 날개도 없는 걸요.
>
> 두 사람 탈 수 있는 배 한 척 내게 만들어 주세요,

---

50) Sigmund Mowinckel, *The Psalms in Israel's Worship*, 2 vols. (Nashiville: Abingdon, 1962), 1:1.

내 사랑하는 이와 내가 노 저어 갈게요.

배 한 척 바다로 나아가네요,
깊이 빠질 만큼 짐을 가득 실었지만,
내가 빠진 사랑만큼 가득하지는 않아요,
가라앉을지 헤쳐 나갈지 전 알 수 없어요[51)]

당신은 이 가수가 어디에 서서 노래하고 있다고 상상하는가? 강, 호수, 바다 가운데 어떤 곳이라고 생각하는가? 이 가수는 왜 마음이 흔들려 이런 표현들을 하고 있다고 생각하는가? 먼저, 이 가수를 넓은 미주리 강을 건너서 이제는 강물 때문에 연인과 한동안 헤어지게 된 젊은 미국인 남성 개척자라고 상상해보라.

다음으로, 아들은 새로운 삶을 찾아 미국으로 항해를 떠났고 자신은 그 아들과 영원히 헤어진 아일랜드 출신의 중년 어머니를 바로 이 가수라고 상상해보라. 다시 말해서 그녀는 아들을 다시는 보지 못할 것이다. 이 노래는 우리가 그것의 "내용"과 "시기"와 "이유"를 어떻게 상상하느냐에 따라 다르게 들린다. 독자는 한 편의 시편이 언제, 어디서, 왜 불렸을까를 상상하게 되는데, 그것을 시편의 '삶의 정황'이라 부른다.

시편에 있는 삶의 정황은 실로 다양하다. 즉, 축하와 기쁨의 순간들부터 가족 문제들, 우울증과의 개인적인 사투, 국가적인 위기의 순간들, 사람들에게 공격받고 모욕 받는 느낌에 이르기까지 참으로 다양하다.

삶의 정황 일부는 하나님의 백성들의 공동체가 성소에 모여 예배드리는 것과 분명히 연결되어 있다. 아래에서 우리는 그 문제들을 다룰

51) "The Water Is Wide." 이 노래는 익명의 포크송으로 저작권이 없다.

것이지만, 지금은 시편에 등장하되 주로 개인의 삶에 맞춰져 있는 정황들을 몇 개 살펴볼 것이다.

삶의 정황을 이해할 목적으로 하나의 시편을 읽을 때 효과적인 출발점은 시편에 제시된 페르소나(persona)로 되돌아가는 것이다. 한 편의 시편이 "나를" 혹은 "나의"에 관심을 보이면서 자신의 일인칭 주어("나")를 드러낼 때, 그 시편이 어떤 상황에서 작성되었는지 혹은 그 시편이 어떤 이유에서 작성되었는지에 대한 증거가 어느 정도 드러나게 된다. 시편 22편은 이것을 확인해볼 수 있는 훌륭한 시편이다. 이 시편에서 시인은 자신의 개인적인 상황에 대해 불평하는데, 자신의 고난을 탄식하며 자신의 인성을 거부하는 지경까지 이른다.

> 내 하나님이여 내 하나님이여 어찌 나를 버리셨나이까?
>
> 어찌 나를 멀리하여 돕지 아니하옵시며,
>
> 내 신음하는 소리를 듣지 아니하시나이까? (1절)

"나의" 상황, 즉 하나님이 자신을 멀리하고 있는 반면 자신을 물어뜯으려는 사방의 적들에게 포위되어 있다는 인식은 고난과 배신이라는 상황을 여실히 드러낸다. 이 혹독한 삶의 정황으로 인해 이 특정한 시인은 "나는~이다"라는 외침을 쏟아낸다.

> 나는 벌레요 사람이 아니라,
>
> 사람의 훼방거리요 백성의 조롱거리니이다. (6절)

인간만도 못하다는 느낌, 즉 소외되고 버림받았다는 느낌이 이 시편 자체가 어떻게 구성되는지와 시편의 독자가 어떻게 그것을 이해하고 적용할 수 있는지를 형성한다.

이와 같이 "나는~이다"라는 진술은 시편에 자주 등장하는데, 그 진술들은 해당 시편들을 발생시킨 분투와 기쁨이 어떠했는지를 알려준다. 삶의 정황을 이해할 목적으로 시편을 읽을 때는 반드시 상상력이 요구된다.

"나는" 곤경에 빠지다. 혹은 "나는" 병들다. 우리는 시편 6:6-7절에서 외로운 밤을 몸부림치며 지새우고 있는 시인을 상상할 수 있다.

> 내가 탄식함으로 곤핍하며,
>   밤마다 눈물로 내 침상을 띄우며,
>   내 요를 적시나이다.
> 내 눈이 근심을 인하여 쇠하며,
>   내 모든 대적을 인하여 어두웠나이다.

시인이 처했던 초기 상황은 통렬한 슬픔으로 가득 차 있었는데, 그것은 아마도 질병 때문인 것으로 보인다(2절을 보라). 이어서 시편은 방향을 바꾸어 시인의 적들을 반박한다. 결국 그들은 물러나게 되는데, 그것은 도와달라는 시인의 기도를 하나님이 들으셨기 때문이다.

> 행악하는 너희는 다 나를 떠나라,
>   여호와께서 내 곡성을 들으셨도다.
> 여호와께서 내 간구를 들으셨음이여,
>   여호와께서 내 기도를 받으시리로다.
> 내 모든 원수가 부끄러움을 당하고 심히 떪이여,

홀연히 부끄러워 물러가리로다. (8-10절)

이 시편의 전반적인 삶의 정황은 오랫동안 지병(持病)을 앓는 자와 그의 고난을 기뻐하거나, 혹은 그의 질병을 마땅한 결과라 생각하는, 심지어 하나님에게서 도움을 받지 못할 것(참조. 시 3:2)이라고 주장하는 적들과의 갈등으로 그려질 수 있다.

시편 39편의 배경에는 유사하면서도 다른 면이 있다. "악인들"이라고 불리는 적들이 있고, 시인은 그들 앞에서 침묵한다. 그러나 그의 침묵은 악인들에 대한 것보다 자기 자신의 악함과 관계가 있다.

내가 잠잠하고,
　　입을 열지 아니하옴은 주께서 이를 행하신 연고니이다.
주의 징책을 나에게서 옮기소서,
　　주의 손이 치심으로 내가 쇠망하였나이다.
주께서 죄악을 견책하사 사람을 징계하실 때에
　　그 영화를 좀 먹음 같이 소멸하게 하시니
　　참으로 각 사람은 허사뿐이니이다.(9-11절)

시인은 죄의 결과를 예민하게 느낀다. 일인칭 주어("나")는 자신의 죄로 인해 징계를 받고 있다고 생각하고 있으며, 간절히 용서를 구한다. 시편 38편도 시인의 질병을 죄의 결과로 이해한다는 점에서 비슷하다: "내 상처가 썩어 악취가 나오니 나의 우매한 연고로소이다"(5절). 시편 25편, 51편, 90편과 같은 시편들도 질병을 죄의 결과로 인식하고 있다. 시인들이 자신의 경험을 묘사하는 방식들과 구별되는 이 시편들의 '삶의 정황'을 보면, 독자가 문맥 차원에서 해당 시편의 내용을 어렵지 않게 파악할 수 있다.

시편의 삶의 정황을 연구할 때 우리에게 상상력이 요구된다. 두 명의 다른 독자는 주어진 시편의 삶의 정황을 두 가지 다른 방식으로 상상할 것이다. 그 목적이 완전할 수는 없겠지만, 주어진 시편에 대해 의미 있는 독법이 되도록 독자가 상상력을 동원하여 읽을 수는 있다. 삶의 정황을 주목하면 의미 있는 시편 읽기를 경험할 수 있으며, 그 시편의 의미도 해석할 수 있다. 앞으로 살펴볼 바와 같이, 삶의 정황에 주목하는 것이 언제나 쉬운 일은 아니지만 온전하고 풍성한 시편 읽기를 위해서는 필수적이다.

시편의 삶의 정황에는 서로 다른 두 가지 측면이 있다. 한 가지 측면은 소위 시인의 신체적이고 사회적인 상황과 연관이 있다. 시인의 삶 안에서 벌어지고 있던 것–그것이 신체적이든 정서적이든, 공동체적이든 법적인 문제이든– 때문에 시인은 하나님께 울부짖었다는 측면이다. 또 다른 측면은 소위 시인의 영적인 상황과 관계가 있다. 시인의 마음과 정신, 그리고 하나님에 대한 시인의 이해에서 벌어지고 있던 갈등 때문에 시인은 하나님께 부르짖었다는 점이다. 어떤 시편들은 이 두 가지 측면 가운데서 어떤 것은 배제하고 어떤 것은 강조했다. 예를 들면 에르하르트 게르스텐베르거(Erhard Gerstenberger)는 시인의 신체적이고 사회적인 상황에 역점을 두는 경향이 있었다. 게르스텐베르거는 시편의 의미는, 시편이 맺고 있는 "삶의 정황과 사회적 배경과의 상호관계 안에서 평가되어야 한다."고 주장했다.[52] 그러나 클라우스 베스터만(Claus Westermann)은 시인의 영적인 삶의 정황을 강조하는 경향이 있었다. 그는 다음과 같이 주장했다: "시편의 삶의 정황이 세속적인 제의라는 주장

52) Erhard Gerstenberger, *Psalms, Part 1, with an Introduction to Cultic Poetry*, Forms of Old Testament Literature 14 (Grand Rapids: Eerdmans, 1988), 35.

은 정당한 주장이라 볼 수 없다. 시편에서 정말 발생하고 있는 것은 결국 기도이다."[53] 베스터만은 찬양을 부르고 도움을 요청하는 기도의 진정한 문맥은 신자와 하나님의 영적인 관계라고 강조했다.

이어서 제시되는 예에서 우리는 이런 두 가지 측면 가운데서 어느 한 가지만을 선택하지 않을 것이다. 우리는 시인들이 어떤 신체적이고 사회적인 상황들로 인해 노래하고 기도했는지를 상상하겠지만, 동시에 시인들의 다양한 영적인 상황도 살펴볼 것이다.

제2장에서 주목했던 바와 같이, 가장 많이 등장하는 시편 장르는 '도움 요청시'이고, 그것의 삶의 정황은 힘겨운 고난의 때이다. 이 시편들의 시인은 불평하고, 신음하며, 하나님께 울부짖으며 도움을 요청한다. 도움이 필요한 많은 이유들, 즉 그 시편을 야기한 서로 다른 삶의 정황들이 있는 것이다 이 장르의 시편과 도움 요청시에 의인화(擬人化)된 삶의 정황들에는 반복해서 제기되는 한 가지 중요한 주제, 즉 적들과의 싸움이라는 주제가 들어있다.

"나는" 멀리 동떨어져 있어 외로우며, 적들에게 공격받는다. 시편 25편은 적들에게 둘러싸여 있고 공동체와 동떨어져 있는 시인의 모습을 탁월하게 묘사하고 있다.

주여 나는 외롭고 괴롭사오니,
　　내게 돌이키사 나를 긍휼히 여기소서.
내 마음의 근심이 많사오니,
　　나를 곤난에서 끌어내소서.
나의 곤고와 환난을 보시고,
　　내 모든 죄를 사하소서.

53) Claus Westermann, *Praise and Lament in the Psalms* (Atlanta: John Knox, 1981), 24.

내 원수를 보소서,

저희가 많고 나를 심히 미워함이니이다.

내 영혼을 지켜 나를 구원하소서,

내가 주께 피하오니 수치를 당치 말게 하소서. (16-20절)

시편 25편은 각 행이 히브리어 알파벳 순서대로 시작되는 소위 답관체(踏冠體: acrostic psalms) 시편으로써 의인과 그의 적과의 갈등을 자세히 다루고 있다. 본 시편의 가운데 부분(8–14절)에서 하나님과의 언약관계가 그려지고 있고, 이 부분을 토대로 하여 시편의 나머지 부분이 구성되어 있다. 언약을 다루고 있는 이 부분 앞뒤로 두 개의 간구(懇求)가 등장한다. 하나는 교훈을 위한 것이고(4–7절), 다른 하나는 적으로부터의 구원을 위한 간구이다(15–18절). 또 다시 이 두 부분 양쪽으로 의인들과 적들을 비교하는 한 쌍이 배치되어 있다(1–3절과 19–21절). 이런 점에서 시편 25편은 답관체 시편일 뿐만 아니라 교차대구법, 즉 가운데 부분(8–14절) 앞뒤로 평행 본분들이 배열되어 있는 시편이다:

A 긴장: 의인들과 적 (1-3절)

B 교훈: "주의 도를 내게 보이소서." (4-7절)

C 언약신학 (8-14절)

B 구원: "내게 돌이키사 나를 긍휼히 여기소서." (15-18절)

A 긴장: 의인들과 적[54] (19-21절)

위에서 요약하고 있는 시인의 필요와 외로움의 느낌들은 시인이 겪고

54) Samuel L. Terrien, *The Psalms: Strophic Structure and Theological Commentary* (Grand Rapids: Eerdmans, 2003)를 참조하라.

있는 곤란함과 불안정함의 실체를 여실히 보여주고 있다. 그러나 시편의 핵심에는 삶의 정황의 또 다른 측면이 담겨 있다. 즉 하나님과의 언약 관계에 대한 시인의 희망과 신뢰 위에 이 시편은 단단히 묶여있다는 것이다. 삶의 정황 속에는 끔찍함도 있지만 확신도 들어 있다.

또 다른 도움 요청 시편인 시편 140편은 적으로부터 구원해달라는 청원으로 시작한다.

> 여호와여 악인에게서 나를 건지시며,
> 　　강포한 자에게서 나를 보존하소서.
> 저희가 중심에 해하기를 꾀하고,
> 　　싸우기 위하여 매일 모이오며,
> 뱀 같이 그 혀를 날카롭게 하니,
> 　　그 입술 아래는 독사의 독이 있나이다. (1-3절)

공동체 구성원들 간의 논쟁으로 보이는 이 시편의 특징은 시인의 적들이 "악담하는 자"(11절)와 악을 꾀하는 자(9절), 그리고 "교만한 자"(5절)로 묘사된다는 점이다. 이 적들이 사용하는 주요 무기는 중상모략이며, 그들의 말은 독사의 혀보다 날카롭다. 시인은 오로지 하나님께 의지하는 것, 즉 궁핍한 자들의 주장을 변호하시는 분에게 자신의 문제를 들고 나아가는 것에서 희망을 발견한다. 시인은 거짓으로 증언하는 자들과 말로 핍박하는 자들을 마주하고 있다. 그러나 시인이 의지할 수 있는 것이라곤 이 시편에 있는 말씀처럼 하나님께 울부짖는 것뿐이다.

이와 같이 중상모략당하는 삶의 정황에서 시인은 종종 자신을 환영받지 못하는 인물(persona non grata)로 간주한다. "기피 인물/환영받지 못하는 인물"의 뜻인 친숙한 이 법률 표현은 이런 많은 시편들의 배경에 대한 적절한 표식이다. 고독감, 즉 공동체와의 격리로 인해 시편의 페르소나(persona)는 어렵지 않게 고립감을 반영하게 된다.

시편 25편에서 주목했던 바와 같이(도움을 요청하는 거의 모든 시편에서도 마찬가지지만), 시인의 삶의 정황에서 핵심 부분은 고난 가운데서도 하나님에 대한 신뢰를 표현하는 영적인 차원이다. '도움 요청시'에는 불평에 이어서 곧바로 여호와에 대한 확신과 믿음이 등장한다. 시인의 삶의 정황은 아무리 심각해도 하나님이 시인의 기도를 듣고 있기에 소망이 없는 것은 아니다. 시편 3편을 보면 불평에 이어서 확신에 대한 표현이 등장하는 것을 볼 수 있다.

> 여호와여 주는 나의 방패시요,
>
> 　　나의 영광이시요 나의 머리를 드시는 자니이다.
>
> 내가 나의 목소리로 여호와께 부르짖으니,
>
> 　　그 성산에서 응답하시는도다.
>
> 내가 누워 자고 깨었으니,
>
> 　　여호와께서 나를 붙드심이로다.
>
> 천만 인이 나를 둘러치려 하여도
>
> 　　나는 두려워 아니하리이다. (3-6절)

이 시편에서 시인이 처한 삶의 정황은, 자신의 생명이 하나님에 의해 유지된다는 사실을 확신의 근거로 붙들고 있는 시인의 모습으로 다시 그려진다.

시편 28편은 비슷한 긴장 가운데서 등장한다. 시인은 하나님께 도와 달라고 부르짖고, 자신의 기도를 하나님이 듣지 않을까 근심한다:

여호와여 내가 주께 부르짖으오니,

나의 반석이여 내게 귀를 막지 마소서.

주께서 내게 잠잠하시면

내가 무덤에서 내려가는 자와 같을까 하나이다. (1절)

이 시편에서도 악인들은 도처에 있으며, 그들의 특징은 두 얼굴을 하고 있고, 혀가 갈라져 있으며, 평화를 말하나 음모를 꾸민다는 것이다(3절). 시인은 하나님께 침묵하지 말아달라는 청원에 이어서 하나님이 참으로 자신의 기도에 응답하였다고 선언하며 자신의 삶의 정황을 재구성한다.

여호와를 찬송함이여,

내 간구하는 소리를 들으심이로다.

여호와는 나의 힘과 나의 방패시니,

내 마음이 저를 의지하여 도움을 얻었도다.

내 마음이 크게 기뻐하며,

내 노래로 저를 찬송하리로다.(6-7절)

시인의 기도를 하나님이 들으셨기에 시인이 도움을 받은 것이다. 이런 시편들에 반영된 삶의 정황들은 그리 어렵지 않게 상상해볼 수 있다. 각각의 경우에서 시편 자체는 무엇이 문제인가를 독자에게 잘 보여준다. 즉, 사방에 적들이 우굴거린다거나, 죄를 지은 시인이 용서를 구하거나, 적대자들이 일인칭 주어를 반대한다는 등의 문제들이다. 그런데 적들이 시인을 둘러싸고 있는 그 흔한 모습과 나란히 하나님이 기도에 응답하신다는 확신이 함께 등장한다는 것이다. 이런 모습은 시편 신학의 듀얼링 밴조스라 할 수 있다([dueling banjos]. 역주: 1955년 아써 스미쓰

[Arthur Smith]에 의해 작곡된 연주로 기타와 밴조가 서로 경쟁하듯 리듬을 주고받는 것이 특징이다). 즉, 한편으로는 현실적인 문제가 놓여 있고, 다른 한편으로는 하나님 은혜에 대한 확신을 통해 응답받는 것이 있다. 시편 대부분에 있는 삶의 정황은 각 독자에게 이 균형 상태를 반영하고 있고, 우리에게 자신의 경험을 이와 같은 방식으로 이해할 것을 요청한다.

주어진 시편의 페르소나(persona)를 자신의 것으로 받아들이는 것, 즉 시인의 입장이 되어 생각하는 것은 시편이 어떻게 의미를 창출하는가(혹은 사람은 시편을 이용하여 자신의 삶에서 어떻게 의미를 만들어내는가)와 그 의미가 무엇인가를 이해할 수 있는 효과적인 방식일 뿐만 아니라, 시편에서 핵심이 되는 수사적 기법이기도 하다. 개인은 주의를 요하는 삶의 정황들과 경험들 한 가운데 놓이게 된다. 즉, 그것들은 단지 한 사람을 초대하는 것이 아니라 적극적으로 흡수하는 것 같다. 그렇게 읽으려면 시인이 처한 삶의 정황을 우리의 정황과 연결시켜야 한다. 이것은 페르소나의 본질과 시편에서 독자에게 제시된 삶의 정황들을 통해 자극받은 상상의 행위인 것이다.

여기까지 오면서 우리는 여러 가지 실례를 언급하며 그들 사이에 놓인 유사성을 강조했다. 그 실례를 보면 시편에 있는 삶의 정황들이 독자가 처할 수 있는 정황과 매우 유사하지만, 항상 그런 것은 아니다. 시편에 반영되어 있는 몇 가지 삶의 정황들은 현재의 삶에 쉽게 적용하기 어려우며, 현대를 살아가는 독자는 부득불 고민할 수밖에 없다. 시편 137편은 종종 현대 독자들을 움츠러들게 하거나 불편한 감정을 느끼게 하는 삶의 정황을 반영하고 있는 고전적인 시편이다. 이 시편을 읽으면서 느끼는 당신 자신의 감정을 한 번 주목해보라. 당신의 마음은 시편의 정서로 가득 차는가? 아니면 시편의 정서로 움찔 놀라는가?

1 우리가 바벨론의 여러 강변—
거기 앉아서
시온을 기억하며 울었도다.
2 그 중의 버드나무에
우리가 우리의 수금을 걸었나니.
3 이는 우리를 사로잡은 자가
거기서 우리에게 노래를 청하며,
우리를 황폐케 한 자가 기쁨을 청하고
자기들을 위하여 "시온 노래 중 하나를 노래하라" 함이로다.

4 우리가 이방에 있어서
어찌 여호와의 노래를 부를꼬?
5 예루살렘아 내가 너를 잊을진대
내 오른손이 그 재주를 잊을 지로다!
6 내가 예루살렘을 기억지 아니하거나,
내가 너를 나의 제일 즐거워하는 것보다
지나치게 아니할진대
내 혀가 내 입천장에 붙을 지로다.

7 여호와여 예루살렘이 해 받던 날을 기억하시고
에돔 자손을 치소서!
저희 말이 "훼파하라! 훼파하라!
그 기초까지 훼파하라!" 하였나이다
8 여자 같은 멸망할 바벨론아!
네가 우리에게 행한 대로 네게 갚는 자가

유복하리로다

9 네 어린 것들을 반석에 메어치는 자는

유복하리로다.

적들의 자녀들이 죽었으면 좋겠다고 간청하는 기도를 듣는 것은 많은 독자들에게 감정적으로 그리고 윤리적으로 매우 불편한 일이 아닐 수 없다. 마지막 세 구절에서 우리의 간담이 서늘해지는 것은 어쩌면 당연한 일일 것이다–어쩌면 이것은 좋은 현상일 수 있다. 적들의 자녀를 죽게 해달라는 것은 매우 거친 표현이어서 읽기 어려울 수 있다. 사실 시편을 포함하고 있는 많은 찬송가들은 이런 불편한 이유로 시편 137편을 찬송가에서 제외시키는 경향이 있기도 하다. 그렇다면 시편 137편을 읽고, 그렇게 험한 기도를 할 수 밖에 없었던 삶의 배경을 이해하는 것은 불가능한 일일까?

이 시편의 정서를 이해하기 위해서는 독자가 생각해야 할 것들이 많이 있다. 누가 이 노래를 부르고 있고, 누가 "사로잡은 자"인가? 시온의 노래는 무엇이고, 에돔 자손은 누구인가? 바벨론은 누구이고, 시인은 무엇 때문에 바벨론을 그리 거칠고 악하게 공격하는가?

이 시편의 삶의 정황은 주전 586년 경 이스라엘 백성이 바벨론 제국에 포로로 끌려갔을 때이다. 유다가 멸망한 이후 예루살렘이 무너지고 성전이 파괴된 때다. 하나님을 예배하는 성전에서 멀리 떨어진 바벨론, 그 곳에서 이스라엘 백성은 바벨론인들에게 유린당한다. 바벨론인들은 이스라엘 백성에게 고향에서 부르던 노래(신학이 담긴 노래)를 불러보라고 강요한다. 에돔 족속은 이스라엘의 변방 국가이자 동맹국이었으나 나중에 입장을 바꾸어 예루살렘 멸망에 참여했던 자들이다. 나라는 잃고 노예가 된 그곳에서 시인은 노래한다. "우리의 수금," "노래," "내 오른 손" 등에 대한 시인의 언급으로 보아 우리는 시인이 예전에 성전에서 일했던 음악가였다가 바벨론에 강제로 끌려와 조롱을 당하며 시온(예루살렘의 성전)의 노래를 불러야 했던 자로 상상할 수 있다.

이 시편의 표현들은 우리 자신을 위해서 취할 수 있는 언어들은 아니지만 이해할 수 없는 표현도 아니다. 패배를 느끼고, 조롱당하며, 사랑하는 이들의 죽음을 목격하고, 하나님과의 분리됨을 이해하지 못하는 듯한 그 거친 언어는 수용하기 어려울 수는 있으나 이해 못할 표현은 아닌 것이다.

격려이자 경고 한 마디: 시편을 읽는 것은 상상의 행위로써 적극적인 상상력을 요구한다. 시편에 반영된 모든 삶의 정황을 현대 독자들이 완벽하게 이해하는 것은 아니다. 이것은 시편을 이해하기 위해서 우리의 견해를 잠시 유예(猶豫)해야 할 때가 있다는 것을 의미한다. 상상력이 부족하면 시편에 있는 어려운 본문들이 훨씬 더 어려워질 수 있다.

성조기 (The Star-Spangled Banner: 별이 빛나는 깃발)

먼동이 틀 때 그대는 보는가,
여명(黎明)의 마지막 섬광을 보면서 우리가 그토록 자랑스럽게 환호했던 것을...
치열했던 싸움을 통과한 넓은 띠와 빛나는 별들
우리가 파수(把守)한 성벽 위에서도 당당히 펄럭이고 있었던 깃발
로켓의 붉은 포화(砲火)와 창공에서 터지는 폭탄들이
밤새 성조기가 우뚝 서 있었던 증거이리라,
자유의 땅과 용자들의 고향에서
성조기는 지금도 휘날리고 있는가?

미국인들은 성조기를 생각할 때 어떤 삶의 정황이 가장 마음에 떠오를까? 많은 사람들은 큰 스포츠 행사의 개회 모습을 생각할 수 있는데, 아마도 그것이

사람들이 미국의 애국가를 가장 빈번하게 듣거나 부르는 환경이기 때문일 것이다. 사람들은 선수들이 경기장 옆 라인을 따라 횡으로 깔끔하게 도열한 모습을 마음에 그릴 것이다. 그들 가운데는 긴장을 떨어내려고 몸을 흔드는 자들도 있고, 마음을 다잡는 선수들도 있고, 지루해 보이는 이들도 있을 것이다. 이와 비슷하게, 올림픽 메달 수여식을 생각해볼 수 있다. 사람들은 국기가 서서히 게양되고 금메달 딴 선수의 애국가가 연주될 때, 시상대에 서 있는 자랑스러운 선수 세 명을 마음에 그릴 것이다

그러나 사람들은 프란시스 스콧 키(Francis Scott Key)가 애국가를 작사했던 삶의 원래 정황도 생각해볼 수 있다. 키는 1812년 전쟁(the War of 1812)으로 알려진 미국과 영국과의 갈등이 진행되던 1814년 그 시를 썼다. 발티모아 시(市) 밖에서 영국 군함에 밤새 억류되어 있던 프란시스 키는 발티모아 방어진을 향한 영국 함대의 야간 포격을 지켜볼 수 있었다. 그는 아침이 되어서야 야간 공습 결과를 확인할 수 있었는데, 그때 그는 멕헨리 요새 위에 펄럭이던 거대한 깃발을 보게 되었다.

그 장면을 보고 영감 받은 프란시스 키는 편지 뒷면을 이용해 "멕헨리 요새의 방어(The Defense of Fort McHenry)"라는 제목의 시를 써내려가기 시작했고, 나중에 그 시에 대중적인 멜로디가 입혀졌다.

다음 질문들을 고찰해보라:

- 이 시가 태어났던 원 배경에 대한 지식이 그 노래의 의미에 어떤 영향을 미치는가? 있다면, 어떤 점에서 그러한가?
- 프란시스 키가 보았던 거대한 깃발에 15개의 별과 15개의 줄무늬가 있었다는 것을 아는 것이 그리 중요한 것인가? 혹은 현대 청중들 대부분은 국가(國歌)를 부를 때 오늘날 사용하는 국기(國旗)를 생각하는가?
- 앞서 언급했던 금메달 수여자는 그 노래를 들으면서 어떤 생각을 하고 있을까? 혹은 오늘날 고등학교 밴드 지휘자는 애국가를 연주하면서 어떤 생각을 할까? 우리의 직업이 그 시의 의미에 어떤 영향을 미치는가?
- "멕헨리 요새의 방어"에서 "별이 빛나는 깃발"로 제목이 바뀐 것은 그 노래의 의미에 어떤 영향을 미치는가?
- 프란시스 키의 원래 시는 4개의 연(절)으로 구성되어 있었다. 당신은 1연(절)을 제외한 다른 연들을 들어보거나 불러본 적이 있는가?

4. 시편의 배경으로서의 성전과 이스라엘 신앙

시편 내용에서 우리가 식별할 수 있는 '삶의 정황' 이외에 대부분의 시편들은 시편이 기록된 보다 분명한 배경을 제공하고 있다. 성전 예배에 시편이 사용되었다는 사실은 역대상 16장의 본문으로 잘 알려져 있고, 저자 및 예배 규례와 연관된 대부분의 표제어들에도 분명하게 반영되어 있다.

예배 환경에서 시편이 사용되었다는 것은 몇 가지 방식을 살펴보면 분명해진다. '예배'라는 삶의 정황은 역대상 16장과 시편의 표제어들, 특별히 특정한 성전 직원을 언급하거나 특정한 음악에 따라 불렸거나, 나라의 특별한 순간과 관련된 표제어들을 조사하면 드러난다. 또한 성전에서 시편을 사용했느냐? 하는 문제는 시편 자체 안에 있는 언어와 구조에 대한 분석을 통해서도 드러난다. 마지막으로, 두 개의 특정한 시편 모음의 속성을 살펴보면, 시편과 유명한 성전 음악가들 사이에 밀접한 관계가 있었다는 것도 알 수 있다.

55 개의 시편 표제어에는 "리더에게" 혹은 "성가 지휘자에게"를 의미하는 히브리 표현이 들어 있다.[55] 아마 이 표현은 적어도 이차적인 용례에서, 가수들이 예배드릴 때 이 시편들을 불러야 했다는 것을 의미한다. 이 시편들 중에는 시편을 노래할 때 사용하는 악기 종류 혹은 그 시편이 암송되거나 불렸던 제의 배경/양식을 나타내는 표제어들도 많이 있다. 시편 54편, 55편, 61편, 67편, 76편은 각각 예배 시 "현악에 맞추어" 불러야 한다. 몇 개의 시편들은 사실상 음악 및 제의와 관련된 아리

55) 몇몇 학자들은 그 단어의 동사 형태가 빛을 발하는 것과 관계가 있다면서 이런 번역을 거절한다. 예를 들어, Mowinckel, *The Psalms in Israel's Worship*, 213을 보라. 그러나 예배드릴 때 음악 지도자에 대한 느낌은 겔 3:8-9 뿐만 아니라 대상 15:21과 23:4에서도 분명하게 드러난다.

송한 용어들을 제공하고 있지만, 아쉽게도 그 용어들이 어떤 의미인지는 알 수 없다: 시편 45편, 69편, 80편은 "백합화 곡조"에 따라 부르도록 되어 있고, 시편 8편, 81편, 84편은 "깃딧"에 맞추어 부르고, 시편 22편은 "사슴 곡조"에 맞추어 부르며, 시편 5편, 53편, 88편은 "마할랏"에 따라 부르도록 되어 있었다. 언급한 전문 용어들이 무엇을 의미했는지 혹은 어떻게 반주했을 지를 말하는 것은 현재로서는 불가능하지만, 그 시편들이 예배드릴 때 부르도록 되어 있었다는 것은 분명해 보인다.

몇몇 시편의 다른 표제어를 보면, 우리가 확인할 수 있는 예배 종류에 시편이 사용되었던 것을 알 수 있다. "감사시"인 시편 100편은 초막절에 사용하기 위한 것일 수도 있다(출 23:16-17). 시편 38편과 70편은 "기억의 제사(memorial offering)"를 위해 사용된다. 제4장을 시작하면서 언급했듯이 시편 30편에는 "성전낙성가"라는 표제어가 붙어 있다. "봉헌"에 해당하는 히브리 단어는 하누카(hanukah)인데, 아마도 이 시편의 이차적인 용도는 유대인의 하누카 축제 때 불리는 것이었다. 그런데 여기서 인정해야 할 것은 감사, 기념, 봉헌이 담긴 표제어가 해당 시편의 의미에 정확히 어떤 영향을 미치는가에 대해서는 몇 가지 해석이 가능하다는 것이다. 실례로써 "기억의 제사"와 연결된 시편 70편은 실제로는 그러한 제사에 관해 어떤 것도 언급하고 있지 않다.

1 하나님이여! 속히 나를 건지소서!
여호와여 속히 나를 도우소서!
2 내 영혼을 찾는 자로 수치와 무안을 당케 하시며,
나의 상함을 기뻐하는 자로 물러가 욕을 받게 하소서.
3 "아하, 아하!" 하는 자로 자기 수치를 인하여 물러가게 하소서.

4 주를 찾는 모든 자로 주를 인하여 기뻐하고 즐거워하게 하시며,
주의 구원을 사모하는 자로 항상 말하기를 하나님은 광대하시다
하게 하소서.
5 나는 가난하고 궁핍하오니 하나님이여 속히 내게 임하소서,
주는 나의 도움이시요 나를 건지시는 자시오니 여호와여 지체치 마소서!

기억의 제사는 이 경우 속죄제와 연결되어 있는가? 그것은 이웃과의 갈등에 하나님의 관심을 끌어들이기 위한 시도는 아닌가? 아니면 주로 도움을 요청하는 기도의 일부분인가? 독자는 이 시점에서 이 질문에 일일이 답할 필요는 없다. 왜냐하면 시편은 그 용어가 무엇을 의미하는지에 대해 분명한 대답을 제공하고 있지 않기 때문이다.

표제어에 있는 전문 용어 이외에 몇몇 시편에는 예배와 연결된 제의적 패턴 혹은 행위들을 가리키는 표식들도 있는데, 그것은 축제의 환호성과 찬양으로의 부름을 내포한다.

시편 81:3절은 "월삭과 월망과 우리의 절기에 나팔을 불지어다." 라고 노래하면서 이스라엘을 예배로 부르고 있다. 81편은 이 부름을 축제의 예배 행위들과 연결한다. 즉 크게 찬양하기, 즐거이 노래하기, 소고 소리에 맞춰 노래하기, 수금과 비파(1–2절) 등과 연결하고 있다. 이 특정한 날의 예배는 하나님이 과거에 이스라엘을 위해 행하신 기적을 축하하고 기억하기 위한 것이다. 삶의 정황은 예배와 연결될 뿐만 아니라 이스라엘 이야기를 신학적으로 기억하는 것과도 연결되어 있다.

시편 42편의 중심에는 예배 문맥에서 드려지는 도움 요청 기도가 있다. 질병과 싸우느라 성전에 갈 수 없는 시인은 하나님의 백성들과 함께 예배드릴 수 있는 때를 갈망한다:

내가 전일 성일을 지키는 무리와 동행하여,
　　기쁨과 찬송의 소리를 발하며,
저희를 하나님의 집으로 인도하였더니,
　　이제 이 일을 기억하고 내 마음이 상하는도다.

이 특별한 시편의 힘은 "바람직한 삶의 정황"(친구와 동료들과 함께 성전에서 찬양하는 것)과 현재 처한 삶의 정황 사이에서 시인이 느끼는 괴리(乖離)에 있다. 즉, 이방인과 외인들 가운데서 포로가 되어 외로이 사는 삶인 것이다. 하나님의 집 성전에서 예배드릴 때 지나온 날들에 대한 시인의 기억은 현재를 위한 격려와 소망의 역할을 하도록 되어 있다.

시편 89:15절은 비슷한 방식으로 비슷한 뜻을 나타낸다.

즐거운 소리를 아는 백성은 유복한 자라,
　　여호와여 저희가 주의 얼굴빛에 다니며.

이것들은 시편에서 발견된 예배와 구체적으로 연결된 언어를 보여주는 몇 가지 실례에 불과하다. 이 시편들은 믿음의 삶에 대한 표현과 예배 장소를 연결하고 있다.

여기서 핵심은 시편을 심도 있게 읽기 위해서 시편의 고대 이스라엘 종교 배경을 깊이 연구하는 것은 도움이 될 수 있다는 것이다. 유능한 독자는 앞에서 언급한 바와 같이 상상력이 필요하다. 그리고 독자가 다양한 시편의 삶의 정황을 상상할 때, 시편들이 작성되었던 시기에 유포되었던 용어, 관습, 사회적 현실을 연구하는 것은 도움이 된다.

마지막 실례로써 아삽의 시편들과 고라 자손의 시편들을 고찰해 보라. 이 시편들은 제4장을 시작하면서 "여록(餘錄): 시편 표제어 이해하기"에서 이미 논의를 했기 때문에 여기서 자세하게 다룰 것은 없고, 다만 다윗 왕이 언약궤를 예루살렘으로 가져와서 새로이 예배를 제정할 때, 아삽과 고라가 중요한 역할을 했다는 것이 역대기에 언급되어 있다는 점을 주목할 필요가 있다. 비록 역대기가 구약성경에 있는 후기 전승 가운데 하나이기는 하지만 그 책에 있는 정보는 비교적 초기에 아삽의 시편들과 고라의 자손들이 예배와 분명히 연결되어있음을 보여준다. 따라서 역대기 말씀에 기초하여 우리는 시편에 있는 여러 삶의 정황들 가운데 하나로써 '성전 예배'를 염두에 두어야 한다.

5. 시편에 있는 회중과 개인

시편은 개인용도를 위해 기록되었는가? 아니면 회중 전체를 위해 기록되었는가? 많은 질문들이 그러하듯이, 대답은 대체로 누구에게 그 질문이 주어지느냐에 달려있다. 왜냐하면 대답은 "그렇다"이기 때문이다. 시편은 과거나 현재나 공동체 예배의 일부분을 차지할 뿐만 아니라 시편은 또한 개인을 위해서도 사용된다. 시편 자체에 대해 인상적인 것은 각 시편들이 이러한 이중적인 용도를 염두에 두고서 기록된 것으로 보인다는 점이다.

시편 몇 군데를 보면 회중이 등장하는 것을 볼 수 있다. 그리고 개인을 염두에 두지 않은 시편이 혹 있더라도 그 수는 매우 적다. 시편 74편은 다음과 같이 하나님께 간구한다.

> 옛적부터 얻으시고 구속하사 주의 기업의 지파로 삼으신
> 주의 회중을 기억하시며 주의 거하신 시온산도 생각하소서. (2절)

시편 111편을 보면 개인 찬양이 회중 가운데서 이루어진다.

할렐루야 내가 정직한 자의 회와 공회 중에서
　　　전심으로 여호와께 감사하리로다. (1절)

이 주제는 시편에서 자주 반복되는 주제다(시 1:5; 22:22; 40:9–10; 107:32). 게다가 개인과 회중을 의도적으로 연결시키는 시편들이 몇 편 있는데, 이런 연결로 인해 그 시편들에 담긴 삶의 환경은 그 시편을 읽는 모든 이들에게 유산이 된다. 다음 실례들을 살펴보라.

시편 78:1-5

내 백성이여, 내 교훈을 들으며,
　　　내 입의 말에 귀를 기울일지어다.
내가 입을 열고 비유를 베풀어서,
　　　옛 비밀한 말을 발표하리니.

이는 우리가 들은 바요 아는 바요,
　　　우리 열조가 우리에게 전한 바라.
우리가 이를 그 자손에게 숨기지 아니하고,
　　　여호와의 영예와 그 능력과 기이한 사적을 후대에 전하리로다.

여호와께서 증거를 야곱에게 세우시며,
　　　법도를 이스라엘에게 정하시고,

우리 열조에게 명하사,

저희 자손에게 알게 하라 하셨으니.

시편 85:1-8

여호와여 주께서 주의 땅에 은혜를 베푸사,

야곱의 포로 된 자로 돌아오게 하셨으며

주의 백성의 죄악을 사하시고,

저희 모든 죄를 덮으셨나이다.

주의 모든 분노를 거두시며,

주의 진노를 돌이키셨나이다.

우리 구원의 하나님이여 우리를 돌이키시고,

우리에게 향하신 주의 분노를 그치소서.

주께서 우리에게 영원히 노하시며

대대에 발분하시겠나이까?

우리를 다시 살리사,

주의 백성으로 주를 기뻐하게 아니하시겠나이까?

여호와여 주의 인자하심을 우리에게 보이시며,

주의 구원을 우리에게 주소서.

내가 하나님 여호와의 하실 말씀을 들으리니,

대저 그 백성 그 성도에게 화평을 말씀하실 것이라.

저희는 다시 망령된 데로 돌아가지 말지로다.

시편 106:4-7, 47-48

여호와여 주의 백성에게 베푸시는 은혜로 나를 기억하시며,
주의 구원으로 나를 권고하사,
나로 주의 택하신 자의 형통함을 보고,
주의 나라의 기업으로 즐거워하게 하시며,
주의 기업과 함께 자랑하게 하소서.

우리가 열조와 함께 범죄하여,
사특을 행하며 악을 지었나이다.
우리 열조가 애굽에서 주의 기사를 깨닫지 못하며,
주의 많은 인자를 기억지 아니하고 바다 곧 홍해에서 거역하였나이다.

....

여호와 우리 하나님이여,
우리를 구원하사 열방 중에서 모으시고,
우리로 주의 성호를 감사하며 주의 영예를 찬양하게 하소서.
여호와 이스라엘의 하나님을 영원부터 영원까지 찬양할지어다.
모든 백성들아 "아멘" 할지어다!
할렐루야!

위에 언급된 시편을 보면 일인칭 주어 '나'에서 일인칭 복수 '우리'와 삼인칭 복수 '그들'로 전환되었다가 다시 일인칭으로 전환되는 변화를 볼 수 있다. 그들의 죄가 나의 죄이며, 그들을 기억할 때 나를 기억해주소서. 나는 우리 조상들이 이야기한 것을 선포할 것이다. 이 시편들의 의의는 페르소나, 즉 시편에서 제시된 인물을 독자가 자기 것으로 받아들

여 사용할 수 있다는 것이다. 이 시편들에 있는 삶의 정황은 독자에게 적절한 것으로, 아니 그것을 넘어서 필수적인 것으로 전달된다. 시편의 말씀이 입술에 놓일 때 각 개인은 비로소 기도자가 된다.

가난한 여행 나그네

다음 시를 읽고, 오로지 가사에만 근거해서 일인칭 주어 "나"(혹은 페르소나)는 어떤 종류의 사람인지 상상해보라.

> 나는 그저 가난한 여행 나그네
> 이 고통의 세상을 여행한다네.
> 그러나 내 가는 밝은 그곳에는
> 질병도 수고도 위험도 없다네.
> 그곳에 가 내 아버지를 보리라.
> 더 이상 방황하지 않을 그곳,
> 나는 오로지 요단을 건너가리,
> 나는 오로지 고향에 가리라.

검은 구름이 나를 에워쌀 것을 나는 아네,
내 길이 거칠고 가파른 것도 나는 아네.
그러나 내 앞에 황금 들판이 펼쳐져 있고,
하나님의 구속받은 자들이 영원히 잠들 그곳.
그곳에 가 내 어머니를 보리라.
그녀는 내가 오면 자신과 만나게 될 것이라 말했었지,
나는 오로지 요단을 건너가리,
나는 오로지 고향에 가리라.

첫 번째 연에서 가수는 "그곳에 가 내 아버지를 보리라."라고 노래한다. 어떤 아버지라고 생각하는가? 어떤 일이 발생했었기에 지금 자신의 아버지를 볼 수 없다고 그러는 것일까? 이 노래는 어떤 여행에 관한 노래인가? 이 가수가 도착하고자 하는 종착지는 어디인가?

이 민요는 작자미상이다. 19세기 초 미국의 흑인 노예들 사이에서 불렸던 것으로 알려져 있는데, 잘 알려져 있다시피 그들이 노예로 팔려갈 때 가족들과 뿔뿔이 헤어졌었다는 것을 기억하라. 즉 부모와 자녀는 강제로 떨어져야 했을 것이다. 그러한 끔찍한 사실을 알게 될 때 우리의 해석에는 어떤 변화가 생기는가?

이 노래에 사용된 중요한 은유(隱喩)는 가수가 "가난한 여행 나그네."라는 표현이다. 어떻게 그 은유를 해석할 것인가? 이 노래를 만든 익명의 노예들은 이 은유를 만들었을 때 시편 39:12절에 의지했던 것으로 보인다.

> 여호와여 나의 기도를 들으시며,
> 나의 부르짖음에 귀를 기울이소서;
> 내가 눈물 흘릴 때에 잠잠하지 마옵소서:
> 대저 나는 주께 객이 되고,
> 거류자가 됨이 나의 모든 열조 같으니이다.

이 구절에 있는 단어 "객"과 "열조"(역주: 원문은 '아버지/조상들'로 되어 있음)를 주목해보라. 이 노래와 시편 39편 사이의 관계가 그 노래의 의미에 어떤 영향을 미치는가?

6. 결론

페르소나(persona) 개념은 원저자에게서 발생할 뿐만 아니라 독자가 시편을 실제로 몸으로 살아내 봐야 한다는 차원에서도 발생한다. 시편의 의미가 때때로 모호하기도 하지만, 그것은 매우 의도적인 것이다. 따라서 독자가 문제 상황이나 특별한 축하 행사를 적용하는 일에 제한되거나 혹은 시인이 시작하면서 사용하는 축제적 환호에 참여하라는 부름에 반응하는 일에 제한되는 것은 아니다. 페르소나와 삶의 정황은 동일한 해석의 양면과도 같다. 그 양면을 통해 시편의 의미를 파악할 수 있고, 시편을 우리 삶에 적절히 적용할 수 있다.

7. 심화하기

본 장에서 소개한 개념에 대한 당신의 이해를 심화시키기 위해서 아래에 제시된 문제들 가운데 한두 가지를 고찰해보라.

1. 성경을 펴서 시편 13편, 25편, 51편, 91편 가운데 하나를 읽어보라. 그리고 시인의 입장이 되어 당신의 개인적인 시편을 다시 쓰되, 당신의 표현으로 써보라.
2. 시편 137편과 같은 시편은 어떤 부류의 사람이 썼을 것이라 생각하는가? 그렇게 암울하고 분노한 상태에서 말하거나 기도하고 있는 당신 모습을 상상할 수 있는가? 당신의 보복 시편은 어떻게 들릴 것이라 생각하는가?
3. 당신이 제일 좋아하는 노래를 들어보라. 노래를 듣는 것과 시편을 읽는 것은 어떤 점에서 유사한가? 노래 한 곡-그 곡의 가사, 에너지, 예술가-은 어떻게 당신에게 개인적으로 의미를 전달하는가? 그리고 어떤 종류의 시편이 당신에게 이와 같이 노래하는가?

8. 추천도서

Brueggemann, Walter. *The Psalms and the Life of Faith*. Minneapolis: Fortress, 1995.

McCann, J. Clinton. *A Theological Introduction to the Book of Psalms*. Nashville: Abingdon, 1993.

Miller, Patrick D. *Interpreting the Psalms*. Philadelphia: Fortress, 1986.

Westermann, Claus. *Praise and Lament in the Psalms*. Louisville: Westminster John Knox, 1987.

5장
하나님은 바위인가? 빛인가? 목자인가?

5장

하나님은 바위인가? 빛인가? 목자인가?

시편의 은유, 이미지, 상징주의 이해하기

1. 은유(隱喩) 개념 파악하기

하나님은 바위이신가? 목자이신가? 아니면 피난처이신가? 인간은 양인가? 나무인가? 아니면 벌레인가? 하나님의 말씀은 등불인가? 보화인가(시 119:162)? 아니면 길인가? 은유적 언어로 제기된 이 질문들은 시편의 시(詩)가 신학과 신앙 그리고 영성을 형성하는데 있어서 핵심 역할을 한다. 물론 사용된 표현들은 모두 은유들이다. 은유는 문학의 작은 단편들인 시편이 어떻게 그렇게 큰 감화를 줄 수 있는가를 잘 보여준다. 피에르 밴 해키 (Pierre van Hecke)가 언급하는 바와 같이 "은유는 히브리 시 문체론의 특징적인 부분일 뿐만 아니라. . . [중략]. . 은유는 또한 실체를 개념화시키는 방식이기도 하다. 문체 혹은 언어의 문제를 넘어서서, 은유–일반적으로 은유적 언어–는 사고(思考)의 문제이다."[56] 말하자면, 은유적 사고는 시적인 사고이다.

56) Pierre Van Hecke and Antje Labahn, eds. *Metaphors in the Psalms* (Leuven: Peeters, 2010), xii.

시편에 사용된 은유들은 독자들이 시편에 접근할 때 활용할 수 있는 중요한 접촉점이다. 은유는 독자의 상상력과 직접적인 관계가 깊고, 독자가 시편의 메시지를 이해하고 시편의 핵심과 연결될 수 있도록 도와준다.

여기서 은유의 일반적인 개념을 테스트 해보기 위해 어휘 게임을 한 번 해보자. 당신에게 중요한 물건이나 사람을 골라보라. 당신의 아버지, 어머니, 친구, 혹은 중요한 다른 어떤 사람일 수도 있고, 당신이 가장 좋아하는 스포츠 팀, 음악 그룹, 혹은 TV 쇼 일수도 있다. 그러나 그 사람 혹은 그 물건이 당신에게 얼마나 중요한지를 급우나 친구에게 스무 개 이하의 단어만 사용해서 설명해야 한다. 이런 단어 게임을 충족시킬 한 가지 방법은 한두 개의 은유를 사용하는 것이다. 당신은 "나의 어머니는 · · · 이다[여기에다 당신의 어머니의 섬세한 성격을 정확하게 전달할 수 있는 한두 개의 은유를 넣어 보라]."라고 말할 수 있을 것이다. 혹은 당신은 "나에게 미네소타 바이킹스는 · · · 이다[여기에다 일승도 거두지 못한 팀을 응원할 때 느끼는 좌절감을 전달할 수 있는 한두 개의 은유를 넣어 보라]."라고 언급할 수도 있을 것이다.

은유가 어떻게 작용하는지 이해하겠는가? 시편의 저자들은 여러 은유를 사용하여 믿음의 삶에 있는 여러 다양한 측면들(우리 자신, 우리 공동체, 다른 사람들, 그리고 무엇보다 하나님)을 독자들이 마음에 그리고, 이해할 수 있도록 도와준다.

2. 은유와 이미지 해석하기

은유란 무엇인가? 은유는 단어로 채색된 그림이다. 사실, 이 문장도 사실은유였다! "은유는 단어로 채색된 그림이다."라는 문장에서 "은유"는 그림 이미지 용어로 묘사되고 있다.

은유적 언어는 본질적으로 대표성을 띤다. 즉, 어떤 것(보통 쉽게 알 수 없거나 충분히 이해되지 않는 것)이 다른 어떤 것(보통 꽤 친숙하고 잘 이해되는 것)으로 표현된다. 은유에서는 기본적으로 '의미론적 비교'가 이루어지는데, 거기서 "A"는 "B"로 표현되지만 "B"는 문자적으로 그것이 나타내고 있는 "A"가 될 수는 없다. 시편에서 유명한 은유의 예로 "주는 나의 목자시다."가 있지만, 우리는 잠시 은유에 대해 더 많은 것을 생각해 볼 것이다.

구별되지만 서로 연결되어 있는 것이 이미지다. 이미지 역시 시편이 의미를 창출할 때 중요한 역할을 한다. 우리는 이미지와 상징들을 매일같이 다루고 있으며, 여러 가지 방식으로 이미지와 상징들의 의미에 의존한다. 이것을 입증할 만한 몇 가지 예를 살펴보자. 아래 이미지는 무엇을 나타낸다고 생각하는가?

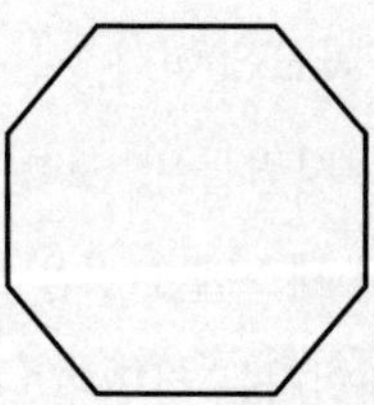

길모퉁이에서 발견되고, 적색과 흰색으로 칠해져 있는 이 팔각형은 미국에서 "정지"를 상징한다. 온전한 이미지가 없어도–적색으로 칠해져 있고 가운데 흰색으로 "정지"라는 사인(sign)이 없어도–미국 문화권에 사는 사람들의 대부분은 위의 이미지를 "정지"의 의미로 이해한다. 그러나 다음 사실을 주목하라: 즉, 이 "정지"라는 의미는 미국 문화권 안에서 갖는 특유의 의미인 것이다. 다른 문화권에서 온 사람들은 그 사인을 "정지"의 의미로 이해하지 않을 수도 있다. 일본에서 "정지" 사인은 뒤집힌 삼각형에 적색이 칠해져 있다. 또 다른 문화권에서 "정지" 신호는 원 안에 하얀 수평 막대 라인이 있을 수 있다.

따라서 하나의 이미지를 다른 문화권의 시각에서 해석할 때, 유능한 독자는 어떤 이미지나 상징에 대해 자기 자신의 문화권이 부여하는 의미가 원 문화권의 누군가가 그 상징에 부여했을 의미와 동일할 것이라고 섣불리 단정하지 않는다.

성경 해석과 관련해서, 예를 들어 구약성경에서 "목자"는 왕과 관련된 소위 '왕적 상징'(royal symbol)이다. 즉, 이스라엘이나 혹은 이스라엘에 인접한 문화권에 사는 사람들은, 보통 "목자"는 왕을 가리키는 것이라 생각하곤 했다. 그래서 에스겔 34장을 보면 예언자 에스겔이 "이스라엘 목자들"(1절)을 쳐서 예언하는 장면이 나오는데, 여기서 "목자들"은 왕들을 가리킨다. 그러나 신약 시대의 문화는 달랐다. 신약시대의 그레코-로마 문화에서 목자는 사람들에게 존중받는 직업이 아니었다. 목자들은 일반적으로 사람들에게 멸시를 받았다. 그래서 메시아의 탄생 소식이 한밤중 들판에서 양떼를 돌보던 목자들에게 전해졌을 때, 원래 청중은 이 목자들에게 "왕적 의미"를 부여하지 않았을 것이다. 따라서 그들은 그 놀라운 소식이 예루살렘에 있는 왕이 아니라 들판의 비천한 목자들에게 먼저 전해졌다는 사실을 매우 이상하게 생각했을 것이다.

자, 은유(隱喩) 주제로 다시 돌아가 보자. 은유는 언어를 활용하여 소위 "단어 그림들" 혹은 "언어 상징들"을 창출한다. 이 그림들과 상징들은 어떤 특정한 사물을 다른 사물에 빗대어 의미를 전달하는데, 즉 어떤 것(예를 들어, 하나님)에 관한 무엇인가를 나타내기 위해 다른 어떤 것(예를 들어, "빛," "요새," 혹은 "목자")을 이용하는 것이다.

위에서 언급한 바와 같이, 몸짓과 그림들이 갖고 있는 문제들 가운데 하나는 그들의 의미가 반드시 보편적인 것은 아니기 때문에 모든 문화에서 동일한 의미로 통용되는 것은 아니다. 예를 들어, "이리 오라"는 몸짓(gesture)도 미국과는 달리 중국에서는 전적으로 다른 의미를 전달한다. 당신이 중국을 여행하다가 누군가를 부르면서 집게손가락을 구부린다면, 어쩌면 뺨을 맞을 수도 있다. 헤어질 때 "잘 가요~"를 말하며 손을 흔들면, 중국인은 당신에게서 멀어져 가는 것이 아니라 오히려 당신에게 가까이 다가올 것이다. 몸짓과 사인(sign)의 의미는 보편적인 것이 아니라 속해 있는 문화에 영향을 받는다. 은유도 마찬가지다. 따라서 시편에 등장하고 있는 모든 이미지가 독자에게 쉽게 이해되지는 않을 것이다. 은유라는 것이 현대 독자가 상상력을 동원해 고대 시에 접근할 수 있게 하는 중요하고도 기본적인 통로이기는 하지만,[57] 상상력은 여전히 어느 정도의 훈련을 요구한다.

하나의 은유를 이해하고자 할 때, 고려해야 할 두 가지 요소가 있다. 첫째는 묘사되고 있는 것을 고려해야 하고, 둘째는 앞에 것을 묘사하기 위해 사용된 것을 고려해야 한다. 은유 연구에서 이 두 가지를 각각

57) William P. Brown, *Seeing the Psalms: A Theology of Metaphor* (Louisville: Westminster John Knox, 2002), 28.

목표영역(target domain)과 근원영역(source domain)이라고 언급한다.[58] 예를 들어, "여호와는 나의 빛이요"(시 27:1)에서 "여호와"는 목표영역이고, "빛"은 근원영역이다. 시편에는 하나님에서부터 여러 인간 군상들(의인들, 악인들, 적, 그리고 그 외의 부류들)과 다양한 삶의 정황들(좋은 상황과 나쁜 상황)과 하나님의 말씀에 이르기까지 은유 주제들은 다양하다. 이와 같이 다양한 목표영역을 묘사하는 근원영역 또한 동일하게 다양할 수밖에 없다. 농경적("풀")이고 지형적("산" 혹은 "바위")인, 그리고 건축학적("요새" 혹은 "거처")이고 천체의 것들("빛"과 "어두움")을 포함하는 근원영역들이 많이 있다.

은유로 하여금 무엇인가를 연상케 하고 은유를 강력하게 만드는 것은 객체가 거의 언제나 주체와 다른 영역에서 나온다는 점이다. 시편 18:46절을 주의 깊게 살펴보라: "여호와는 생존하시니 나의 반석을 찬송하며 내 구원의 하나님을 높일 지로다." 이 구절에서 여호와는 "나의 반석"이라고 언급된다. 은유의 목표 혹은 주체는 "여호와"이고, 반면에 은유의 객체, 즉 근원 이미지 '바위'는 창조 세계 영역에서 나온다. 여기서 시편은 하나님을 문자 그대로 바위를 말하고 있는 것인가? 물론 아니다—만일 여호와가 영화 판타스틱 포(Fantastic Four)에 등장하는 씽(The Thing)이 아니라면... 이 구절의 절반을 구성하는 두 표현 '여호와'와 '바위'는 문자적인 차원에서 볼 때 어떤 식으로든 서로 어울리지 않는다. 여호와는 생존하시는 분이시고, 바위는 그렇지가 않다. 그런데 여호와가 어떻게 바위가 될 수 있는가? 여호와를 '바위'로 간주하는 것이 어떤 의

58) George Lakoff and Mark Turner, *More Than Cool Reason: A Field Guide to Poetic Metaphor* (Chicago: University of Chicago Press, 1989)를 보라. 라코프(Lakoff)와 터너(Turner)의 용어는 이전에 사용하던 원관념(tenor)과 보조관념(vehicle)을 대체한다. 시편의 은유법 이론에 대해 가장 잘 전개한 글을 보려면, Brown의 *Seeing the Psalms: A Theology of Metaphor*를, 특별히 서론과 1~2장을 참조하라.

미가 있는지를 이해하기 위해서는 해석적 상상력(interpretive imagination)이 절대적으로 필요하다. 여호와를 바위로 상상하는 것은 안정성(시 40:2를 참조)과 보호(시 18:2를 참조), 확실성과 믿음직함(시 92:15를 참조)을 연상시킨다.

상상력은 은유를 이해하는데 있어서 절대적으로 필요하다. 그러나 상상력이 어떤 통제 없이 마음대로 돌아다니게 해서는 안 된다. 상상력은 시편을 낳았던 고대사회의 문화적 배경을 어느 정도 연구함으로써 터득하게 된다. 왜냐하면, 본 장을 시작하면서 언급했던 바와 같이, 모든 이미지들은 특정한 문화에 깊숙이 뿌리박혀있기 때문이다. 문화적 영역을 고려하지 않고 무조건 은유로 의사소통하고자 할 때, (위에서 언급한 중국에서 손을 흔드는 경우처럼) 오해가 발생할 수 있다.

자, 용어 "바위"에 대한 고대 이스라엘의 문화적 착근성(cultural embeddedness: 文化的 着根性)을 살펴보자. '문화적 착근성'이라는 표현의 의미를 이해하고자 할 때, 우리는 고대 이스라엘 백성들이 '바위'라는 은유와 어떤 의미를 서로 결부시켰을지를 두고서 궁금해 할 수 있다. 그들은 단지 무기로 사용되던 물매에 넣어 던질 수 있을 정도의 작은 조약돌을 생각했던 것일까? 들이받으려는 소를 피하기 위해 뛰어오를 수 있는 보다 큰 바위를 생각했던 것일까? 아니면 침략군으로부터 보호할 요새를 지을 정도의 큰 산을 생각했던 것일까? "바위"라는 이미지는, 하나님은 기대고 믿을 수 있으며, 고난의 때에는 피난처임을 의미하는 주로 긍정적인 이미지였을까? 아니면 하나님은 (바위와 같이) 우리의 기도 소리를 듣지 못하며, 걸림돌을 의미하는 주로 부정적인 이미지였을까? 이런 종류의 질문을 마음에 품기 시작한 독자라면 시편의 은유들이 요청하는 일종의 "상상하며 질문하기"에 이미 참여하고 있는 것이나 다름없다.

유능한 독자라면 이렇게 다양한 옵션들 가운데서 '어떻게' 지혜롭게 선택할 것인가를 두고서 고민할 것이다. 위에 제시한 옵션들 가운데, 만일 있다면, 어떤 대답이 가장 적절한지를 '어떻게' 결정할 수 있을까? 이 질문에 답하기 위해서 우리는 일련의 비교 본문들을 조사하여 도움이 될 만한 실마리의 유무 가능성을 확인해야 한다. 시편을 읽을 때, 비교하며 읽을 수 있는 본문들에는 다른 시편 본문들과 구약의 다른 본문들, 혹은 고대 이스라엘의 주변국들의 문화에서 출토된 미술작품 및 오랜 해석 전승 과정에서 남겨진 본문들이 포함될 수 있다. 시편 18편에 있는 "나의 바위"가 무엇을 의미하는지에 관하여 다른 시편 본문들이 어느 정도의 도움을 제공할 것이다.

> 주는 나의 반석과 산성이시니;
>
> 그러므로 주의 이름을 인하여 나를 인도하시니 지도하소서.(시 31:3)

> 나를 기가 막힐 웅덩이와 수렁에서 끌어올리시고,
>
> 내 발을 반석 위에 두사 내 걸음을 견고케 하셨도다.(시 40:2)

> 주는 나의 무시로 피하여 거할 바위가 되소서,
>
> 주께서 나를 구원하라 명하셨으니,
>
> 이는 주께서 나의 반석이시요,
>
> 나의 산성이심이니이다.(시 71:3)

> 높은 산들은 산양을 위함이여,
>
> 바위는 너구리의 피난처로다.(시 104:18)

이 비교 본문들을 살펴보면, 시편 18편의 시인이 하나님을 "나의 바위"

라 부를 때 의미하는 것과 가장 잘 맞아떨어지는 해석은 “요새를 지키기에 충분히 큰 바위” 혹은 “서 있기에 견고한 토대”라는 의미 어딘가에 있을 것이다. 어쨌든 이 비교 본문들로부터 시인이 전달하고자 했던 의미는 분명 “물매에 끼어 던질 수 있는 조약돌”이나 “걸림돌”은 아닐 것이다.

은유에 관해 마지막으로 한마디 덧붙이자면, 이미 언급했듯이, 은유가 작용하는 방식은 어떤 개념(목표영역) 위에 하나의 개념(근원영역)을 덧입히거나 겹쳐놓는 것이다. 이렇게 겹쳐놓음으로써 근원영역의 어떤 측면(들)이 목표영역과 연결되어 후자는 새로운 어떤 것을 말하게 된다. 예를 들어, 시편 23편이 “여호와는 목자”라고 노래할 때, “목자”라는 근원영역의 몇 가지 측면들이 여호와의 개념과 연결된다. 즉, 여호와는 밤새 감시하고, 지켜주고, 이끌어주고, 안전한 장소로 인도하는 자라는 개념과 연결되는 것이다. 그러나 근원영역 “목자” 이미지에는 여호와의 개념과 연결되지 않았으면 하는 다른 측면들도 있다—즉, 목자들에게 양들의 냄새가 난다거나, 긴 수염을 하고 있다거나, 혹은 텐트에서 잠을 잔다는 등의 측면들은 여호와와 연결되지 않았으면 하는 측면들일 것이다.

이런 이유로 은유(隱喩)를 연구하는 학자들은 종종 은유가 작동할 때 그것은 진실이자 동시에 거짓이라 말하곤 한다. 은유가 작동할 때, 독자는 그 은유의 목표영역과 근원영역 사이에서 마땅히 연결되어야 할 측면을 바르게 연결해야 하지만, 동시에 독자는 그 두 영역 사이에서 연결되지 않았으면 하는 측면들은 걸러내야 한다. 다시 말해서 유능한 시편 독자라면 두 영역 사이가 가능한 한 바르게 연결되도록 하면서, 동시에 가능한 한 잘못된 연결들을 기꺼이 여과하는 방식으로 상상력을 동원한다.

3. 은유와 시편

은유는 시편이 의미를 창출하고 전달하는 방식에 있어서 가장 중요하다. 평행법과 더불어 은유는 히브리 시뿐만 아니라 시편 전체에서 필수불가결한 요소이다. 시편은 확장된 은유(extended metaphor [역주: 서로 다른 두 개체에 대한 비교이지만, 특별히 시 전체에 걸쳐 사용되는 비유를 가리킴])로 시작하는데, 이 은유는 독자에게 하나님의 말씀에 기초해 사는 삶이 어떤 것인지 상상할 것을 요청한다.

1 복 있는 사람은
　　악인의 꾀를 좇지 아니하며,
　　죄인의 길에 서지 아니하며,
　　오만한 자의 자리에 앉지 아니하고,
2 오직 여호와의 율법을 즐거워하여,
　　그 율법을 주야로 묵상하는 자로다.
3 저는 시냇가에 심은 나무가 시절을 좇아 과실을 맺으며,
　　그 잎사귀가 마르지 아니함 같으니,
　　그 행사가 다 형통하리로다.
4 악인은 그렇지 않음이여!
　　오직 바람에 나는 겨와 같도다.
5 그러므로 악인이 심판을 견디지 못하며,
　　죄인이 의인의 회중에 들지 못하리로다;
6 대저 의인의 길은 여호와께서 인정하시나,
　　악인의 길은 망하리로다. (시 1:1-6)

시편 1편에는 여러 은유들이 동시에 작동하고 있다. 하나님의 말씀을 마음에 새기고 연구하는 신실한 자들은 물이 충분히 공급되는 나무에 비유된다. 사실 히브리 본문은, 그들은 의도적으로 물가에 "옮겨 심기어졌던" 나무들과 같다고 제시한다. 이 은유를 통해 하나님의 말씀은 물에 비유되고, 말씀을 읽는 독자는 물을 통해 영양을 충분히 공급받는 나무에 비유된다. 이 은유는 비교로도 확장된다. 이와 같은 자는, 심지어 가뭄과 폭풍 속에서도 좋은 열매를 맺으며 강건할 것이다. 그러나 악인들은 바람에 나부끼는 마른 겨와 같고, 가을에 떨어지는 낙엽과도 같다.

그러나 이 확장된 은유는 무엇을 의미하는가? 이 은유를 이해하기 위한 한 가지 방식은 독자가 시편 2편부터 150편까지를 물의 원천으로 이해하는 것이다. 시편 독자들은 그 안에서 영양을 공급하는 신령한 물을 마시고, 그 물은 영적인 삶에 영양분을 충분히 공급하여 힘겨운 시기에도 열매를 맺고 번성케 할 것이다.

시편 1편 한 가운데 있는 '나무' 은유를 통해서 독자들은 이어지는 다른 시편들에서도 은유들이 많이 등장할 것이라는 것을 감지한다.

시편 1편에는 핵심이 되는 은유가 하나 더 있다. 그 은유는 사람이 살아가면서 걸어야 할 "길"에 관한 것이다. 시편에서 의인의 길은 악인의 길과 비교된다. 시편 1편은 두 가지 종류의 길을 내려다본다. 더 많은 사람들이 가는 길-악인들, 즉 죄인들이 걷는 길-은 처음에는 쉬워 보이지만 파멸로 이끄는 길이다. 반면 사람이 적게 가는 길-의인들의 길-은 처음에는 외로워 보이지만 믿음의 공동체, 즉 "의인의 회중"으로 이끄는 길이다(5절). 시편 1편은 다음 사실을 약속한다. 즉 여호와는 의인의 길을 알고 있고, 하나님은 "여호와의 길"을 따라 걸으며 삶의 여정을 떠나는 자들을 지켜볼 것이라는 약속이다. 반면에 이 땅에서 자기 소견을 따라 길을 걷는 자들은 아마도 스스로 알아서 살아야 할 것이다.

다른 이름으로 불려도 나무는 나무다!

나무 한 그루를 마음에 상상해보라. 종이 위에 한 그루의 나무를 그려보는 것도 좋을 것이다. 자, 어떤 종류의 나무를 마음속에 상상하거나 그렸는가?
은유를 해석하고 이해하기 위해서 독자는 읽는 일에 "게임"를 가지고 와야 한다(이런, 우리가 문장에 실수로 "게임" 비유를 살짝 집어넣었음을 주목하라). 이제 독자는 그 문장에 상상력을 불어 넣어야 한다. 그 은유가 어떻게 작동하는지를 이해하기 위해서 시편 1편에 묘사된 인물에 관해 생각해보라. 시편 1편은 다음과 같이 시작한다.

1 복 있는 사람은
악인의 꾀를 좇지 아니하며,
죄인의 길에 서지 아니하며,
오만한 자의 자리에 앉지 아니하고,
2 오직 여호와의 율법을 즐거워하여,
그 율법을 주야로 묵상하는 자로다.
3 저는 시냇가에 심은 나무가 시절을 좇아 과실을 맺으며,
그 잎사귀가 마르지 아니함 같으니. (1-3절)

여기에 등장하는 나무를 마음에 그려보라: 이 나무는 물가에 심겨져 있고, 과실을 맺으며, 그 잎사귀는 시들지 않는다. 이 나무는 처음에 당신이 상상했던 나무와 어떤 점에서 비슷하고, 어떤 점에서 다른가? 전형적인 오렌지나무나 사과나무를 상상해보라. 그리고 이제는 고대 이스라엘인이 알고 있었을 무화과나무를 마음에 그려보라(이 나무에 대해 아는 것이 없다면, 구글[Google]로 가서 그것의 라틴어 이름인 *ficus carica*를 집어넣어 조사해보라). 당신이 다른 종류의 과수(果樹)를 상상할 때, 시편 1편의 의미에 미묘한 차이가 발생하지는 않는가?
이 '나무' 은유를 활용하기 위해 좀 더 깊이 살펴보자. 당시 흔했던 무화과나무는 고대 이스라엘의 음식과 경제에서 중요한 역할을 감당했었다. 어떤 학자는 "성경 시대의 경제를 지탱하던 버팀목들 가운데 하나인 무화과나무의 중요성은 아무리 강조해도 지나치지 않는다."는 결론을 내렸다.* 이 나무는 공동체의 삶을 지탱하는데 도움을 주었었다. 이 지식은 우리가 시편 1편의 '나무' 은유를 해석할 때 어떤 변화를 가져오는가?

* Oded Borowski, Agriculture in Iron Age Israel (Winona Lake, IN: Eisenbrauns, 1987), 114.

여기에 해석에 관한 절묘한 가능성이 존재한다. 즉, "길"(the way)과 같은 은유들을 배우는 것이 시편을 이해하는 길(the way)이라는 것이다. 위에서 설명한 바와 같이 은유들은 시편에서 하나님과 인간을 표현하기 위해서, 그리고 삶의 정황들과 태도를 묵상하기 위해, 아니 그 이상을 위해서 사용되고 있다. 이어서 전개되는 내용에는 시편에 있는 몇몇 중요한 은유적 이미지의 실례들이, 몇 개의 중요한 목표영역에서 사용되고 있는 그대로, 소개될 것이다. 이 실례들을 통해 시편에 등장하는 은유적 표현들의 종류에는 어떤 것들이 있는가를 확인할 수 있을 것이다.

(1) 인간의 삶의 정황

시인의 삶의 정황은 은유를 통해 자주 제시된다. 시편 31:12절은 시인 자신의 고난으로 인해 공동체와 격리된 모습을 보여주고 있는데, 그는 이 격리된 모습을 세상을 떠난 자 차원에서 표현하고 있다.

> 죽은 자같이 기억에서 잊어졌고,
>
> 깨진 그릇과 같이 되었도다. (시 31:12)

여기서 주목할 것은, 시인은 죽은 자와 같이 된 듯한 자신의 경험을 마음으로 상상할 뿐만 아니라 아무것도 담을 수 없는 깨진 그릇처럼 쓸모없음을 느끼고 있다는 점이다. 제4장에서 논의한 "나는~이다."라는 삶의 정황에 대한 표시들처럼, 시편에서 "나는~이다" 진술은 종종 은유로 등장하기도 한다.

시편 88편은 비슷한 이미지, 즉 하나님과 분리된 느낌을 표현하기 위해 죽은 자가 이 땅과 분리된 듯한 모습을 사용한다.

나는 무덤에 내려가는 자와 함께 인정되고,
　　힘이 없는 사람과 같으며,
사망자 중에 던지운 바 되었으며,
　　살육을 당하여 무덤에 누운 자 같으니이다.
주께서 저희를 다시 기억치 아니하시니,
　　저희는 주의 손에서 끊어진 자니이다. (4-5절)

시편 102편에서 시인은 질병으로 고난당하고 있으며, 그 고난의 특징은 광야의 들짐승처럼 고독하다.

나는 광야의 당아새 같고,
　　황폐한 곳의 부엉이 같이 되었사오며,
내가 밤을 새우니,
　　지붕 위에 외로운 참새 같으니이다.(6-7절)

시인은 물론 진짜 당아새(부엉이)가 아니지만, 이 야행성 조류의 고독의 본질은 어두운 밤을 외로이 보내는 시인의 경험을 반영한다.

(2) 나무 혹은 풀로서의 시인

"만일 당신이 나무라면, 어떤 종류의 나무입니까?" 구직 인터뷰 현장에서 구직자가 얼마나 신속하게 반응할 수 있는지를 보기 위해 종종 주어지는 질문이다. 이상하고도 오래된 이 질문은 시편에서 가장 중요한 '은유적 진술'이기도 하다. 이미 살펴본 바와 같이 시편은 다음 질문으로 시작한다. 즉, 하나님 말씀인 물가에 심겨진 나무가 될 것인가? 아니면 서 있지도 못하고 낙엽처럼 날리는 메마른 나무가 될 것인가?

시편 52:7–8절에서 나무는 다시 한 번 '비교 은유(comparative metaphor)'로 사용된다. 시인은 성전에서 피난처를 찾고, 그곳에서 확실히 터를 잡고 열매를 맺는다.

이 사람은 하나님으로 자기 힘을 삼지 아니하고,
　　　　오직 그 재물이 풍부함을 의지하며,
제 악으로 스스로 든든케 하던 자라 하리로다.
　　　　오직 나는 하나님의 집에 있는 푸른 감람나무 같음이여,
하나님의 인자하심을
　　　　영영히 의지하리로다.

풍부한 재물에만 의지하는 자와 달리 시인은 건강하고 부요케 하는 감람나무이다.

그리고 시편 92편은 의인들과 악인들을 비교한다.

의인은 종려나무 같이 번성하며,
　　　　레바논의 백향목 같이 발육하리로다.
여호와의 집에 심겼음이여,
　　　　우리 하나님의 궁정에서 흥왕하리로다.
늙어도 결실하며
　　　　진액이 풍족하고 빛이 청청하여,
여호와의 정직하심을 나타내리로다.
　　　　여호와는 나의 바위시라 그에게는 불의가 없도다.(12-15절)

시인은 하나님의 집 가까이에 심겨진, 풍성하게 성장하는 나무와도 같다. 시편 92편 전반부를 보면 악인들의 특징은 사방에서 등장한다는 것이지만, 그것은 단지 풀이 자랐다 지는 동안만 그러할 뿐이다.

> 악인은 풀 같이 생장하고 죄악을 행하는 자는 다 흥왕할지라도,
>
> 영원히 멸망하리이다.(시 92:7)

이처럼 풀 같이 마르고 시드는 이미지는 시편에서 흔하게 발견되는 은유이다. 악인들이 하나님 앞에서 시들어가는 모습으로 그려지는 것은 아니지만, 시인은 시들어버릴 그들의 종국을 위해서 기도한다.

> 저희로 급히 흐르는 물 같이 사라지게 하시며
>
> 겨누는 살이 꺾임 같게 하시며.(시 58:7)

시드는 것들에 대한 은유들은 시인들이 "악인들"을 목표삼아 빌려오는 근원영역(source domain)이기도 하다.

> 저희는 풀과 같이 속히 베임을 볼 것이며
>
> 푸른 채소 같이 쇠잔할 것임이로다.(37:2)

> 저희는 지붕의 풀과 같을 지어다.
>
> 그것은 자라기 전에 마르는 것이라.
>
> 이런 것은 베는 자의 줌과
>
> 묶는 자의 품에 차지 아니하나니.(시 129:6-7)

사실 악인들만 시들어가는 풀에 비유되는 것은 아니다. 신실한 시인도 자신의 질병을 마치 생명을 재촉하는 모습으로, 즉 소멸하고 있는 날들로 이해한다.

> 대저 내 날이 연기 같이 소멸하며,
> 　　내 뼈가 냉과리 같이 탔나이다.
> 내가 음식 먹기도 잊었음으로
> 　　내 마음이 풀 같이 쇠잔하였사오며.(시 102:3-4)

> 내 날이 기울어지는 그림자 같고,
> 　　내가 풀의 쇠잔함 같으니이다.(시 102:11)

시간과 질병으로 시인의 마음은 쇠잔해 가고, 이 은유적 삶의 정황에서 그는 하나님만을 의지한다.

시편에서는 시간조차 풀의 시듦과 비유되는데, 그것은 영속하시는 하나님의 능력을 강조하는 은유이기도 하다.

> 주의 목전에는 천 년이 지나간 어제 같으며,
> 　　밤의 한 경점 같을 뿐임이니이다.
> 주께서 저희를 홍수처럼 쓸어 가시나이다.
> 　　저희는 잠간 자는 것 같으며 아침에 돋는 풀 같으니이다.
> 풀은 아침에 꽃이 피어 자라다가
> 　　저녁에는 벤바 되어 마르나이다.(시 90:4-6)

천년은 하나님의 목전에서 잠(수면)과 같고, 해가 뜨면 사라지는 이슬과도 같다. 이 은유는 하나님의 영속성, 즉 시간의 창조자의 위엄과 무한한 능력을 상상할 수 있도록 도와준다. 계절에 따라 풀이 피고 지듯, 여러 해(천년)도 하나님 앞에서 오고간다.

시편에 있는 또 다른 강력한 이미지는 잠(수면)에 관한 은유이다. 그러나 잠이 어떻게 사용되는지에 대한 용례를 파악하기 위해서는 더 세심한 주의가 요구된다. 잠에서 깨었다가 또 다시 잠에 드는 반복은 하나님의 공급하심에 대한 증거로 이해된다.

> 내가 누워 자고 깨었으니
> 여호와께서 나를 붙드심이로다.(시 3:5; 참조 시 4:8)

잠은 사망과 죽어감에 대한 은유이기도 하다.

> 나를 생각하사 응답하시고 나의 눈을 밝히소서,
> 두렵건대 내가 사망의 잠을 잘까 하오며.(시 13:3)

다시 한 번,

> 마음이 강한 자는 탈취를 당하여 자기 잠을 자고,
> 장사는 자기 손을 놀리지 못하도다.(시 76:5)

시편과 성경 전체의 그림을 고려해 볼 때, 잠이 사망에 대한 은유이기는 하지만 사망이 마지막 단어인 것도 아니다. 잠과 쉼은 하나님이 사람에게 주시는 선물이기도 하다.

너희가 일찍이 일어나고 늦게 누우며, 수고의 떡을 먹음이 헛되도다.

그러므로 여호와께서 그 사랑하시는 자에게는 잠을 주시는도다.

(시 127:2)

마지막 구절(시 127:2)의 용례는 은유(적어도 "잠"에 대한 은유적 용례에서)는 아니지만, 잠의 본질을 이야기하고 있고, 관련된 의미장(意味場: semantic field [역주: 의미장은 의미에 있어서 서로 밀접하게 연관된 단어들의 집합을 가리키는 언어학 전문 용어])에서 발생한다. 은유로써의 잠은 단순하게 혹은 극단적으로 단순화시켜 읽혀져서는 안 된다. 시편에서 잠은, 사망의 잠까지 포함해서, 하나님이 왜 하나님이신가를 부분적으로 보여준다.

시편에서는 인간이 경험하는 여러 가지 삶의 모습과 상황들이 다양한 방식으로 그려지고 있다. 시편 75:3절은 흔들거리는 기둥들과 그 기둥들 꼭대기에서 덩달아 요동치고 있는 땅에 관해 이야기한다. 시편 75:1절에서 드리고 있는 감사에 대해 하나님은 다음과 같이 반응한다.

땅의 기둥은 내가 세웠거니와

땅과 그 모든 거민이 소멸되리라 하시도다. (시 75:3)

이 구절은 지진이나 화산 활동에 대한 문자적인 묘사일 수 있다. 하지만 시편 75편이 질투와 교만의 위험 및 심판의 약속에 주목하고 있다는 맥락에서 볼 때, 이 이미지는 한 인간의 삶에 있는 불확실성과 혼란을 묘사하기 위해 물질 영역에 존재하는 '흔들림'을 차용한 것이다. 기본적인 의미론 차원에서 볼 때 이것은 은유가 맞다. 여기서 방향을 상실한 인간의 삶의 특징이, 땅이 실제로 흔들리는 자연에서 차용된 용어를 통해 비유적으로 묘사된다. 시편 75편에서 인간의 교만은 거만한 황소와 같이, 즉 뿔을 높이 들어 올리는 것처럼, 목가적인 용어로 그려지고 있다(4–5절). 뿔을 높이 들어 올리는 이 교만한 모습은 시편에서 문제가 많은 것으로 간주된다. 이 시편의 마지막 절은 하나님이 어느 한쪽의 뿔은 높이 들고, 다른 한쪽의 뿔은 잘라낸다고 주장한다(10절: "또 악인의 뿔을 다 베고, 의인의 뿔은 높이 들리로다.").

시편 78편은 은유적 표현으로 가득 차 있다. 하나님의 진노는 타오르는 불(21절; 참조, 79:5)로 등장하고, 그 진노의 불은 하나님이 애굽에서 행하시는 기적들을 통해서 뿜어진다(50절). 하나님은 광야에서 굶주린 자기 백성을 위해 떡과 메추라기를 공급하시는데, 이 시편은 "천사의 음식"(25절)을 먹고, 하나님에게서 "비처럼 내리는 고기"(27절)를 받아 먹었던 인간에 관해 자세히 이야기한다. 인간의 덧없는 수명은 "숨"(33절), 혹은 "지나가는 바람"(39절)으로 묘사되고, 죄지은 이스라엘은 "속이는 화살"(57절)로, 하나님은 술 취해 잠든 "용사"(65절)로 각각 비유된다.

시편 73편은 일련의 은유들을 활용하여 인간–자칭 의인이든지 악인이든지–과 하나님의 관계를 묘사한다. 시인은 악인을 시기하게 되었을 때의 자신의 상황을 발을 잘못 디뎌 미끄러워 비틀거리는 모습으로 묘사하고 있다(2절, 18절). 이것은 하나님과 함께 하는 삶에 대한 은유로써 길(道)을 사용하고 있음을 암묵적으로 보여준다. 우리가 죄 가운데 빠져들어 하나님의 좁지만 반듯한 길에서 벗어나면, 그 발걸음은 비틀거리듯 불안정할 뿐이다. 대조적으로 악인들의 교만함과 거만함이 의복으로 묘사되는데, 교만은 목고리로, 강포는 옷으로 그려진다(6절). 이 악인들은 꿈을 꾸는 동안만 존재할 뿐이며, 아침에 일어나 눈을 깜박이면 잊히는 꿈과 같을 뿐이다(20절).

은유는 인간의 상황과 인간의 성격을 묘사하기 위해 다양하게 사용된다. 피가 물같이 바닥에 쏟아지고(79:3), 하나님이 시인의 눈꺼풀을

닫지 않아 수면을 취하지 못하며(77:4), 시인의 질투는 짐승 같은 행동, 문자적으로 "빼헤모트(Behmoth)"[59](73:22, "야수와 같은")에 비유되고, 시인은 자신을 "들짐승"에게 먹힐 위험에 처한 멧비둘기와 동일시하고 있으며(74:19), 시스라와 야빈의 몸은 땅의 거름이 되는 것으로 묘사된다(83:9-10).

(3) 은유와 하나님

시편에 있는 은유는 삶의 정황을 반영하는 것에 국한되지 않는다. 은유는 신학적으로도 매우 심오하다. 시편 전체에서 가장 사랑받고 있고, 잘 알려진 시편 23편의 은유는 확장되고 혼합된 은유이다.

> 1 여호와는 나의 목자시니,
> 내게 부족함이 없으리로다.
> 2 그가 나를 푸른 초장에 누이시고,
> 잔잔한 물가로 인도하시나이다.
> 3 그가 내 영혼을 다시 회복시키시고,
> 자기의 이름을 위하여 나를 바른 길로 인도하시나이다.
>
> 4 비록 내가 사망의 음침한 골짜기를 걸을지라도,
> 어떤 해(害)도 두려워하지 않을 것은
> 주께서 나와 함께 하시기 때문이로다.
> 주의 지팡이와 막대기가 나를 위로하시나이다.
>
> 5 주께서 내 원수들 앞에서 나를 위해 상을 베푸시고

59) Brown, *Seeing the Psalms*, 148.

주께서 기름을 내 머리에 부으시니 내 잔이 넘치나이다.

6 선하심과 자비가 평생 나를 쫓으리니

내가 여호와의 집에 영원히 거하리로다. (시 23:1-6)

이 시편이 은유들을 혼합해 사용하고 있다는 것에 주목하라: 여호와는 목자이자 동시에 잔치를 배설한 주인이시다. 이 시(詩)가 고등학교 영어 수업에 제출할 목적으로 작성되었다면 아마도 은유를 혼합해 사용한 것 때문에 성적이 적어도 절반 정도는 감점 받을 것이다. 시인은 양인가? 아니면 애완용 동물인가? 하나님은 목자이신가? 아니면 잔치를 베푼 주인이신가? 이 시편의 대답은 "그렇다"이다. 감사하게도 이 시편은 고등학교 영어 수업이 아니라 믿음의 삶을 위해 작성되었다.

시편 23편에 있는 가장 중요한 은유는 공급하심에 대한 은유이다. 공급자로서 하나님은 양떼를 안전한 목초지로 인도하는 목자와도 같고, 수치를 당하고 영예가 더럽혀진 자들에게 영적인 잔치에서 영광의 자리를 내어주는 주인과도 같다.

그러나 시편 23편은 민간 리더십과 영적인 리더십을 모두 염두에 두었을지도 모른다. 하나님이 목자이시지만 다윗도 목자이며(참조. 시 78:70−71), 예수님도 "선한 목자"(요 10:11, 14)이시다. '목자'라는 이 특별한 은유는 어떤 이들에게는 혼자 상상하는 것이 그리 녹록치 않을 수 있다. 양을 치는 것은, 적어도 서방 세계에서는, 더 이상 상위 다섯 개 직업 가운데 하나가 아니다(아마도 발전의 여지가 많지 않기 때문에). 특별히 만일 이 은유가 우리는 하나님의 "양"이라는 것을 의미한다면, 이 은유를 이해하기 위해서는 상당한 상상력이 필요할 것이다. 그러나 목자 이미지는 그것에 담긴 힘의 상당부분을 그대로 유지하고 있기 때문에, 주의를 기울인다면 그 이미지는 여전히 독자의 상상력에 불을 붙일 것이다.

하나님은 시편에서 목자일 뿐만 아니라 바위, 빛, 요새, 구속자 등의 은유들로 등장한다.

예를 들어, 우리는 시편에서 하나님을 가리키는 한 가지 은유–앞 부분에서 언급했던 "바위"–에 일관되게 주목할 것이다. 하나님의 말씀의 영광을 노래하는 시편 19편은 바위이신 하나님에 대한 신뢰를 표현하면서 마무리된다.

> 나의 반석이시요 나의 구속자이신 여호와여!
> 내 입의 말과 묵상이 주의 앞에서 열납되기를 원하나이다.(시 19:14)

사실 시편에서 하나님은 대체로 목자 혹은 양 우리 보다는 요새로 더 묘사되는 것 같다. 본 장을 시작하면서 주목했듯이 바위로서의 하나님 개념은 견고한 보험회사 개념과 크게 다를 바 없다. 시편에서 하나님에 대한 '바위' 이미지는 놀라울 정도로 흔하다.

많은 시편에서 '바위' 은유가 사용되지만, 가장 체계적이고 일관되게 등장하는 곳은 시편 18편과 62편이다. 시편 18편은 하나님이 시인에게 어떻게 공급하셨는가를 묘사하는 방식으로 '바위' 은유를 세 번 사용한다:

> 여호와는 나의 반석이시요, 나의 요새시요, 나를 건지시는 자시요,
> 나의 하나님이시요, 나의 피할 바위시요, 나의 방패시요,
> 나의 구원의 뿔이시요, 나의 산성이시로다.(시 18:2)

바위로써 하나님은 보호와 구원 등을 함의하지만, 바위는 단순한 은유 이상의 차원으로 사용된다. 즉, 바위는 이 시편에서 신학적으로 가장 중

요한 핵심이 되고, 시인은 그 핵심 위에서 이렇게 고백한다:

> 여호와 외에 누가 하나님이며,
>
> 우리 하나님 외에 누가 반석이뇨?(31절)

하나님의 무쌍(無雙)하심이 '바위' 은유를 통해 찬양된다. 하나님은 바위이시지만, 그 외의 어떤 "신(god)"도 바위일 수는 없다. 마지막으로 '하나님은 바위다.'라는 부조화의 주장과 충돌하면서 시인은 다음과 같이 선언한다:

> 여호와는 생존하시니 나의 반석을 찬송하며,
>
> 내 구원의 하나님을 높일지로다.(46절)

하나님은 피난처이시며 구원이시다. 이 점에 있어서 하나님은 스스로 신이라고 주장하거나 시인의 삶에 영향을 미쳤을지도 모를 그 어떤 것과 동일한 분이 아니시다.

시편 62편에서도 하나님은 바위, 즉 시인이 신뢰하는 유일한 바위로 등장한다. 적들을 앞에 두고서 시인은 하나님께 매달린다.

> 나의 영혼이 잠잠히 하나님만 바람이여;
>
> 나의 구원이 그에게서 나는도다.
>
> 오직 저만 나의 반석이시요 나의 구원이시요 나의 산성이시니,
>
> 내가 크게 요동치 아니하리로다.
>
> 넘어지는 담과 흔들리는 울타리 같은 사람을 죽이려고

너희가 일제히 박격하기를 언제까지 하려느냐?
저희가 그를 그 높은 위에서 떨어뜨리기만 꾀하고,
거짓을 즐겨하니,
입으로는 축복이요 속으로는 저주로다. (1-4절)

시인은 바위에 대한 신뢰, 즉 하나님에 대한 신뢰를 반복한다. 그 하나님 안에서만 우리는 확신을 가지고 신뢰할 수 있다.

나의 영혼아 잠잠히 하나님만 바라라,
대저 나의 소망이 저로 좇아 나는도다.
오직 저만 나의 반석이시요, 나의 구원이시요, 나의 산성이시니;
내가 요동치 아니하리로다.
나의 구원과 영광이 하나님께 있음이여;
내 힘의 반석과 피난처도 하나님께 있도다.
백성들아 시시로 저를 의지하고;
그 앞에 마음을 토하라; 하나님은 우리의 피난처시로다.

진실로 천한 자도 헛되고 높은 자도 거짓되니;
저울에 달면 들려 입김보다 경하리로다.
포학을 의지하지 말며 탈취한 것으로 허망하여지지 말며;
재물이 늘어도 거기 치심치 말지어다.

하나님이 한두 번 하신 말씀을 내가 들었나니;
권능은 하나님께 속하였다 하셨도다.
주여 인자함도 주께 속하였사오니,

주께서 각 사람이 행한 대로 갚으심이니이다.(5-12절)

두 경우에서 하나님에 대한 은유 '바위'는 아이러니의 감각을 가지고 사용되는 것으로 보인다. 시편 28편과 31편에서 시인은 바위에게 들을 것을 촉구한다:

여호와여 내가 주께 부르짖으오니;
나의 반석이여 내게 귀를 막지 마소서 주께서 내게 잠잠하시면,
내가 무덤에 내려가는 자와 같을까 하나이다.(시 28:1)

내게 귀를 기울여 속히 건지시고,
내게 견고한 바위와 구원하는 보장이 되소서.(시 31:2)

바위에 귀가 있어서 들을 수 있는가? 물론 그렇지 않다. 시편 28:1절과 31:2절에서 시인은 자신이 걸어야 할 올바른 방향에서 멀어져서, 즉 하나님과 소원해진 거리 때문에 힘겨워하는 모습의 일부분으로써 '바위' 이미지를 사용하는 것일 수 있다. 이 시인들은 곤핍한 가운데 있고, 하나님께 도움을 요청하고는 있지만, 그들의 경험은 마치 바위가 듣지 못하는 것처럼 하나님도 듣지 못하고 있다는 것을 암시한다. 이 두 시편의 아이러니는 하나님이 현재 시인에게 필요한 피난처와 보호를 의미하는 바위이시지만, 그러나, 그 바위는 시인의 도움 요청 기도를 들을 수 있으며, 시인이 정말 필요로 하는 것이 되어줄 수 있는가?

수면과 마찬가지로, "바위"라는 단어를 읽고서 그것을 곧바로 하나님과 동일시하는 것은 주의해야 한다. 시편에서 일부 근원영역(source domain)이 그 자체의 문자적 의미를 그대로 보존하기 때문이다. 시편 78

편에서 두 번에 걸쳐 바위는 문자 그대로의 바위를 가리킨다.

> 또 반석에서 시내를 내사,
> 물이 강 같이 흐르게 하셨으나....
> 저가 반석을 쳐서
> 물을 내시매 시내가 넘쳤거니와
> 또 능히 떡을 주시며
> 그 백성을 위하여 고기를 예비하시랴 하였도다.(16절, 20절)

그러나 시편 후반부 35절을 보면, 위에 언급한 구절과 의도적으로 의미론적 긴장감을 일으키고, 동시에 앞서 언급된 바위 이미지를 계속 이용하면서, 사람들은 다음 내용을 기억하고 있다고 한다.

> 하나님이 저희의 반석이시요,
> 지존하신 하나님이 저희 구속자이심을 기억하였도다.(35절)

바위로써의 하나님의 개념은 거의 언제나 구원과 연결되어 있다는 것에 주목하라. 바위(하나님)는 안전과 보호를 보장하는 장소다. 높은 벽 안에서, 즉 무너지지 않는 벽 뒤에서 시인은 적들로부터 보호를 받는다. 이것이 시편에서 등장하는 하나님의 모습이다.

이제 우리는 마지막 은유인 '전사(戰士)'로서의 하나님에 주목할 것이다. 이 비유에서도 우리에게는 상상력이 요구된다. 어떤 독자들은 '전사' 이미지에 대한 초기 반응들을 잠시 보류해야 할 것이다. 시편 24:8절은 "누가 영광의 왕인가?"라는 질문에 하나님을 전사로 묘사한다:

강하고 능한 여호와시요,

전쟁에 능한 여호와시로다.

시편 7편은 재판관으로서의 하나님의 행위들을 시인을 위해 싸우시는 전사(戰士)의 이미지를 활용해 묘사한다:

나의 방패는

마음이 정직한 자를 구원하시는 하나님께 있도다.

하나님은 의로우신 재판장이심이여,

매일 분노하시는 하나님이시로다.

사람이 회개치 아니하면 저가 그 칼을 갈으심이여;

그 활을 이미 당기어 예비하셨도다;

죽일 기계를 또한 예비하심이여,

그 만든 살은 화전이로다. (10-13절)

하나님은 전쟁 무기들을 집어 들고 이스라엘을 위해 정의와 심판을 행사하신다. 마지막으로 시편 44편의 은유 용례는 더 절묘하다. 여기서 시인(詩人)은 과거에 하나님이 이스라엘을 위해 행하신 것들, 즉 "우리 열조의 날 곧 옛날에 행하신 일"을 상기시킨다. 구원은 이스라엘의 적들에 대한 하나님의 승리들을 통해 이루어져 왔다.

하나님이여 주께서 우리 열조의 날,

곧 옛날에 행하신 일을,

저희가 우리에게 이르매,

우리 귀로 들었나이다.

주께서 주의 손으로 열방을 쫓으시고,

열조를 심으시며,

주께서 민족들은 괴롭게 하시고,

열조는 번성케 하셨나이다.

저희가 자기 칼로 땅을 얻어 차지함이 아니요,

저희 팔이 저희를 구원함도 아니라,

오직 주의 오른손과 팔과 얼굴의 빛으로 하셨으니,

주께서 저희를 기뻐하신 연고니이다.

하나님이여 주는 나의 왕이시니;

야곱에게 구원을 베푸소서.

우리가 주를 의지하여 우리 대적을 누르고;

우리를 치려 일어나는 자를 주의 이름으로 밟으리이다.

나는 내 활을 의지하지 아니할 것이라

내 칼도 나를 구원치 못하리이다. (1-6절)

전사(戰士) 은유가 은연중에 사용되고 있다는 점에도 주목하라. 즉, "하나님이 전사다."라는 표현이 명시되어 있지도 않고, 전쟁에 나가기 위해 하나님이 준비하신다는 것에 관해서도 언급되어 있지 않다. 오히려 전쟁에서 시인 자신의 노력은 중요한 것으로 간주되지 않으며, 이스라엘 승리의 근원은 근본적으로 이스라엘의 하나님에게 있다.

이스라엘을 위해 싸우시는 전사(戰士)로서의 하나님에 대한 은유는 현대 독자들이 이해하기 쉽지 않은 이미지일 수 있지만, 시편 신학에서는 중요한 자리를 점하고 있다.[60] 이스라엘의 자유, 회복, 및 믿음은

60) 전사(戰士)로서의 하나님 이미지에는 단순히 불편한 것 이상의 그 무엇이 존재한다. 리챠드 뉘스(Richard Nysse)가 언급하는 바와 같이, "구약신학을 고찰해 볼 때, 이

이 정도의 물로는 누구도 다치지 않는다!

우리(본서의 저자)는 현재 미네소타 주(州)에 살고 있다. 이곳은 "만 개의 호수의 땅"이라 불리기도 하고, 광고 시엠송의 노랫말에서처럼 "하늘처럼 파란 호수의 땅"이라고도 알려져 있다. 우리가 사는 곳에서 물은 사람들에게 언제나 소중하고 사랑을 받는 존재다. 미네소타 주(州)는 아름다운 곳으로 높이 평가를 받아 미네소타 주의 관광산업 경제에 큰 기여를 하고 있다. 여름이면 많은 사람들이 낚시, 배타기, 수영, 휴식을 즐기기 위해 휴가 차 이곳을 찾는다.

아이들은 어려서부터 수영과 수상스키, 낚시를 배운다. 그래서 대부분의 미네소타 주(州) 사람들에게 "물"과 "호수"는 매우 긍정적인 의미를 지닌 단어들이다.

그러나 고대 이스라엘에서는 그렇지 않았다! 시편을 만든 공동체에게 "물들(the waters)"과 "바다(the sea)"라는 단어들은 매우 위협적인 의미를 지니고 있었다. 시편 69편은 다음과 같이 시작한다:

> 하나님이여 나를 구원하소서,
> 　　물들(the waters)이 내 영혼까지 흘러 들어왔나이다.
> 내가 설 곳이 없는
> 　　깊은 수렁에 빠지며,
> 깊은 물에 들어가니,
> 　　큰물이 내게 넘치나이다.
> 내가 부르짖음으로 피곤하여,
> 　　내 목이 마르며,
> 내 하나님을 바람으로
> 　　내 눈이 쇠하였나이다.(1–3절)

여기서 은유로 사용된 "물들(the waters)"은 완전한 공포 이미지라는 것에 주목하라. 이 단어를 사용한 시인은 고대이스라엘에게 "거대한 물들의 이미지는 하나님과 그의 백성들을 적대하는 역동적인 세력의 화신(化身)을 의미했고, 죽음을 상징하는 이미지 자체였다"는 사실에 의지했다.* 시인이 이 단어들을 사용했다 하여 우리는 그가 말 그대로 익사하고 있었던 것으로 생각하지 않는다. 시편 69편의 시인은 단지 극도의 공포 상황을 전달하고 싶었기 때문에 고대 이스라엘 문화에서 "물들"이라는 상투적인 이미지에 의지했던 것이다. 이것이 의미하는 바는, 우리 문화권 안에 살고 있는 독자는 이 시편을 제대로 이해하기 위해서 생기발랄한 상상력을 필요로 한다는 것이다. 독자는 때때로 자신의 상징 세계와는 다른 상징체계를 상상해야만 한다.

시편 69편을 시작하는 구절들에서 한 가지 사실, 즉 물이 너무 많기도 하고, 너무 부족하기도 하다는 사실을 주목하라. '물들,' '깊은 수렁,' '깊은 물들,' '큰물들'은 은유적으로 시편의 저자를 집어삼키고 있다. 그러나 시인에게는 물이 부족하기도 하다: "내 목이 마르며." 이 은유는 역설적인 위기감을 강하게 전달한다. 시인은 마치 물에 빠져 익사하면서도 갈증으로 죽어가는 듯 기도한다.

* John Goldingay, Psalms 42-89, vol. 2 of Psalms (Grand Rapids: Baker Academic, 2007), 339.

전사이신 하나님에게 전적으로 달려있다. 하나님의 심판, 정의, 구원에 대한 성경적인 개념은 하나님의 전사 이미지와 불가분의 관계에 있다. 참으로 시어(詩語)들이 색칠하는 그림 안에 천군의 야훼 하나님이 포함되어 있을 때에야 비로소 이스라엘 백성의 정체성이 온전히 이해될 수 있다.

4. 상상력과 시편 해석

아래 두 문장을 완성해보라.

"하나님은 ________ 이다." 혹은 "하나님은 ________ 와 같다."

창의적으로 한 번 작성해보라. 고대 이스라엘 사람들이 알지 못했을, 오늘날에만 있는 근원영역에서 은유 하나를 제시해보라. 혹시 기계와 엔진 같은 공학 분야의 근원영역에서 은유를 가져올 수도 있다. 아니면 슈퍼프로세스(superprocessor)나 인터넷과 같은 전기 분야의 근원영역에서 은유를 가져올 수도 있다. 혹은 원자물리학이나 현대 화학의 근원 영역에서 은유를 도출해보라.

자, 어떤 은유를 제시했는가?

대부분의 사람들은 하나님에 대해 긍정적이고, 안전하면서도 친근한 은유를 제시한다. 그러나 이것이 시편에 있는 하나님의 모습 전부는 아니다. 우리가 이미 보여주었던 바와 같이, 시편에 있는 은유를 읽을 때는 해석적 상상력(interpretive imagination)이 요구된다. 특별히 전사(戰士)로서의 하나님에 대한 은유같이 난감한 은유를 접하게 될 때 더 풍성한 상상력이 요구된다. 사실 우리가 부정적인 것으로 간주할 수 있는 은유들도 있다. 예를 들어, 신적인 전사(戰士) 이미지와 술에 취한 이미지를 함께 보여주는 의외의 실례도 있다. 시편 78:65절은 하나님이 이스라엘 대신해 싸우기 위해 일어서는 모습을 묘사하고 있다.

> 때에 주께서 자다가 깬 자 같이,
>
> 포도주로 인하여 외치는 용사 같이 일어나사.(시 78:65)

이 시편에서 우리는 하나님을 술에 취해 의식을 잃었지만 지금은 격분 가운데 깨어서 이스라엘을 대신해 싸우시는 전사로 그려볼 수 있다.

무엇보다 먼저, 잠들어 계신 하나님의 이미지는 다소 충격적이다. 시편 121:4절은 이렇게 노래한다: "이스라엘을 지키시는 자는 졸지도 아니하고 주무시지도 아니하시리로다." 몇몇 다른 시편들도 하나님

이 주무시고 있음을 말하는 것 같다. 두 군데의 실례를 살펴보자:

> 주여! 깨소서! 어찌하여 주무시나이까?
>
> 일어나시고 우리를 영영히 버리지 마소서!(시 44:23)

> 나의 하나님! 나의 주여! 떨치고 깨셔서,
>
> 나를 공판하시며 나의 송사를 다스리소서!(시 35:23)

시인은 하나님이 정말로 주무시고 있다고 생각하는지 혹은 그 모습은 순전히 은유적인지는 분명치 않다. 하지만 시인의 인식(認識)은 분명 은유적인 것으로 받아들일 수 있다. 시인이 경험하고 있는 것은 하나님이 자신의 어려움에 전혀 주목하고 있지 않다는 것, 즉 하나님은 자신의 문제에 신경 쓰지 않고 내내 주무신다는 것이다. 이 이미지는 시인의 어려움에도 불구하고 외면하는 듯한 하나님의 침묵을 이해하기 위해 사용된다.

현대 독자들을 곤혹스럽게 하는 또 다른 은유는 하나님의 벌하시는 모습에 대한 이미지이다. 도움 요청시인 시편 39편을 보면, 시인의 기력이 질병으로 소진되고 있음을 볼 수 있다. 시인은 하나님께 용서해 줄 것을 요청한다. 즉, 자신의 종국이 어찌될지 알게 해달라고 요청하고 있는 것이다. 시인은 자신의 몸에 있는 고통이 마치 좀이 낡은 옷을 갉아 먹는 것처럼 하나님이 소멸시킨 결과라고 묘사하고 있다.

> 주께서 죄악을 견책하사 사람을 징계하실 때에
>
> 그 영화를 좀 먹음 같이 소멸하게 하시니
>
> 참으로 각 사람은 허사뿐이니이다.(11절)

하나님이 소멸시키는 좀이라니! 이 이미지가 대부분의 교회 찬송가나 복음송의 가사로 사용되지는 않지만 시인이 질병으로 시들어가고 있다는 의미와 하나님이 그 과정에서 행하고 있는 역할을 상당히 효과적으로 전달하고 있는 것은 분명하다.

5. 시편에 있는 모호함과 확장된 은유

이미지나 은유 때문에 혼란스러웠던 경험이 있는가? 혹은 당신은 이전에 누군가가 헷갈려했을 은유를 사용해본 적은 없는가? 예를 들어, 연인(戀人)이 주고받는 대화를 상상해보라. 남자가 자기 연인에게 "컵케이크! 자기는 내게 세상 전부야."라고 말한다. 그는 그 표현을 일종의 칭찬 혹은 고백으로 한 말이었다. 그런데 여자가 "자기는 나를 생일 파티에서 제공되는 빵 정도로 생각하는 거야? 어떻게 그렇게 불쾌하고 몰상식할 수가 있어?"라고 대답한다.

사실 은유는 종종 헷갈리기도 하고, 그 의미가 결코 명료한 것도 아니다. 대부분의 은유들의 의미는 분명해 보이지만, 어떤 은유들의 경우는 의미를 확인하는 것이 그리 쉽지 않다. 그런 은유들의 의미는 분명하게 확인되거나 해석되지 않는다. 이런 경우, 이 미묘한 이미지들의 의미를 확인하기 위해서는 더 많은 상상력이 필요하고, 그것을 해석하기 위해서는 더 세심한 주의가 요구된다.

은유를 해석할 때 여러 가지 이유로 헷갈릴 수 있는데, 한 가지 이유는 어떤 시기와 장소에서 매우 긍정적인 뜻을 지녔던 근원영역(source domain)이 문화적으로 다른 시기와 장소에서 매우 부정적인 뜻으로 발전될 수 있기 때문이다. 예를 들어, 우리가 시편 밖으로 살짝 벗어나면, 이사야서에서 매우 헷갈릴 수 있는 은유의 실례를 확인해볼 수 있다. 이사야 25장에서 선지자는 고난당하고 있던 백성에게 말씀을 전하면서 상황은 점점 좋아질 것이라는 약속에 열중한다. 그는 이렇게 말한다.

> 만군의 여호와께서 이 산에서 만민을 위하여
> 기름진 것과 오래 저장하였던 포도주로 연회를 베푸시리니,
> 곧 골수가 가득한 기름진 것과
> 오래 저장하였던 맑은 포도주로 하실 것이며.(6절)

"골수가 가득한" 음식을 먹는 은유 때문에 당혹스러워하는 사람들이 많이 있다. 굶주림과 영양실조가 흔했고, 고기 먹는 것이 대부분의 사람들에게 진기했던 고대 이스라엘에서, 골수를 먹는 이미지는 매우 긍정적인 것이었다. 그러나 비만 율이 높고, 대부분의 사람들이 농장에서 멀리 떨어져 사는 미국 문화에서, 골수 먹는 이미지는 어떤 사람들에게 혐오감을 줄 수도 있을 것이다. 이와 같이, 시편 133편을 보면 하나로 연합해 있어 서로 다투지 않는 고대의 공동체 이미지를 볼 수 있다.

> 형제가 연합하여 동거함이
> 어찌 그리 선하고 아름다운고!
> 머리에 있는 보배로운 기름이
> 수염 곧 아론의 수염에 흘러서
> 그 옷깃까지 내림 같고.(시 133:1-2)

고대 세계에서 손님에게 기름을 붓는 것은 환대(歡待)와 손님을 제대로

맞이하는 긍정적인 이미지였다. 그러나 현대 서방 세계에서, 손님의 머리에 기름을 붓는 (기름이 수염을 지나 옷깃까지 흘러내리는) 이미지는 그렇게 받아들여지지 않는다. 우리는 단지 어떤 사람들이 이 이미지 때문에 당혹스러워 한다고 말할 뿐이다. 핵심은 근원 영역의 이미지가 무엇을 전달하려 했었는지를 이해하기 위해서 독자는 노력해야 한다는 것이다.

일부 은유가 헷갈리는 또 다른 이유는 어떤 이미지들의 근원영역과 목표영역이 상당히 근접해 있기 때문이다. 결과적으로 은유의 구성은 다소 모호하고, 해석자 편에서 더 많은 상상력이 요구된다. 시편 38편을 보면, 친구들, 동료들 및 이웃들 까지 포함하는 시인의 적들이 시인 옆으로 비켜서서 그가 처한 상황을 지켜보고 있는 것으로 보인다:

나의 사랑하는 자와 나의 친구들이 나의 상처를 멀리하고,
　　나의 친척들도 멀리 섰나이다.

내 생명을 찾는 자가 올무를 놓고,
　　나를 해하려는 자가 괴악한 일을 말하여,
　　종일토록 궤계를 도모하오나.

나는 귀먹은 자 같이 듣지 아니하고,
　　벙어리 같이 입을 열지 아니하오니,
나는 듣지 못하는 자 같아서,
　　입에는 변박함이 없나이다.

여호와여 내가 주를 바랐사오니,
　　내 주 하나님이 내게 응락하시리이다.(11-15절)

적들의 중얼거림에도 불구하고 시인은 귀를 막고 그들의 공격에 대응하지 않는다. 청각장애가 있는 것도 아니고 말 못하는 것도 아니지만, 시인(詩人)은 자신을 마치 적들의 말을 듣지도 못하고 자신을 변호할 수도 없는 것처럼 드러낸다. 시인은 그저 하나님이 대신 변호해주기를 기다린다. 여기서 이미지의 근원영역이 인간의 감각들과 관련된 신체 영역이고, 그 근원영역 이미지가 목표영역의 동일한 감각들에 적용된 것으로 보인다. 그렇다면 이것을 은유라 볼 수 있는가? 그렇다. 비록 "여호와는 나의 목자시니" 보다 더 복잡한 은유이지만, 은유라고 말할 수 있다. 시편 38편에 있는 귀먹음과 말하지 못함의 은유는 시인의 실제 신체 상태를 나타내는 것이 아니라 삶의 정황에 대한 시인 자신의 반응과 관계가 있다. 시인은 인내를 가지고 하나님을 기다린다. 하나님은 장님도 농아도 아니시기 때문에 시인이 처한 상황을 보고 기도에 응답하신다.

다른 시편에서는 이와 동일한 근원영역-시각, 청각, 말하기-이 우상숭배를 조롱하기 위해서 사용된다.

> 저희 우상은 은과 금이요,
> 　　　사람의 수공물이라.
> 입이 있어도 말하지 못하며,
> 　　　눈이 있어도 보지 못하며,
> 귀가 있어도 듣지 못하며,
> 　　　코가 있어도 맡지 못하며,
> 손이 있어도 만지지 못하며 발이 있어도 걷지 못하며,
> 　　　목구멍으로 소리도 못하느니라.
> 우상을 만드는 자와 그것을 의지하는 자가

다 그와 같으리로다.(시 115:4-8; 참조. 135:15-18)

여기서 우상의 이미지는 인간의 속성들을 무생물체에 겹쳐놓은 것으로 인해 조롱을 받는다. 이 은유는 인간의 손이 하는 일과 인간 감각의 속성들을 서로 비교하면서 불가능한 것에 대한 부조화 이미지를 만들어 낸다.[61]

다른 경우 은유는 실체에 대한 진술로 보일 수 있지만, 사실 은유는 과장법을 통해 만들어진다. 시편 91:12-13을 살펴보라.

> 저희(천사들)가 그 손으로 너를 붙들어,
>
> 발이 돌에 부딪히지 않게 하리로다.
>
> 네가 사자와 독사를 밟으며,
>
> 젊은 사자와 뱀을 발로 누르리로다.

하나님의 보호와 공급하심에 대한 이 요청을 문자 그대로 이해해야 하는가? 그럴 수도 있다. 이와 같은 표현을 문자 그대로 이해하는 종파들이 분명 존재한다. 하지만 시편 91편은 "나의 피난처요 나의 요새요 나의 의뢰하는 하나님이라"(2절)고 고백하는 자의 보증을 위한 과장법적 은유로써 이해할 때 가장 자연스럽다.

모호한 은유의 또 다른 예는 종종 메리즘(merism [헬라어: merismos] 양극대칭법)이라 불리는 시적 기교에서 찾아볼 수 있다. 메리즘(양극대칭법)은 어떤 실체의 양극단을 말함으로써 전체를 표현하고자 하는 기법이다. 동(東)쪽에서 서(西)쪽까지는 "모든 곳"을 의미하고, 머리에서 발

61) 참조. 시 94:9. 이 구절의 은유는 하나님께 적용될 때 내용이 뒤바뀐다: "귀를 지으신 자가 듣지 아니하시랴 눈을 만드신 자가 보지 아니하시랴."

까지는 "전신"을 의미하며, 큰 자에서 작은 자까지는 "모든 사람"을 의미한다.

시편에서 특별히 흥미로운 메리즘은 해와 달의 용례이다. 시편에서 해와 달은 "낮과 밤" 혹은 어떤 것-보통 하나님의 보호-의 항구성(恒久性)을 나타낸다. 이 메리즘은 인간 왕의 영속적인 통치를 위한 축복기도로도 사용된다:

> 저희가 해가 있을 동안에 주를 두려워하며,
> 달이 있을 동안에 대대로 그리하리로다.(시 72:5)

또 다른 시편에서 해와 달은 영속적인 시간과 그 안에 있는 하나님의 창조 능력의 특징을 보여주기 위해 사용된다:

> 여호와께서 달로 절기를 정하심이여
> 해는 그 지는 것을 알도다.(시 104:19)

모든 창조 세계의 대표로써 해와 달은 하나님을 찬양하는 자들로 의인화된다.

> 해와 달아 찬양하며
> 광명한 별들아 찬양할지어다.(시 148:3)

그러나 적어도 한 경우에 있어서 '해와 달'이 다르게 작용하는 것을 볼 수 있다. 즉, 시편 121편에 있는 해와 달은 시인에게 위협이 될 만큼, 즉 강도들만큼 여행자들에게 해를 입힐 수 있는 위험 요소로 제시된다.

낮의 해가 너를 상치 아니하며,

밤의 달도 너를 해치 아니하리로다.(시 121:6)

종종 담배는 그냥 담배이고, 바위는 그저 바위이며, 달은 단지 달일 뿐이다. 그러나 어떤 경우 달은 다른 의미를 지닐 수 있다. 시편 121편과 관련해서, 사막 기후에 사는 사람들이 한 낮에 누구라도 쓰러뜨릴 수 있는 태양의 능력을 두려워했다는 것은 어렵지 않게 이해할 수 있다. 그러나 달이 한 밤중에 어떻게 해를 입힐 수 있다는 말인가? 이 표현을 어떻게 이해할 것인가에 대해서는 학자들마다 의견이 서로 다르다. 어떤 학자들은 이 표현을 달–특별히 만월(滿月)–이 불길한 영향을 끼칠 수 있다는 미신적인 시각을 언급하고 있는 것으로 이해한다. 이런 맥락에서 제임스 림버그(James Limburg)는 다음과 같이 적고 있다: "달빛에 노출되면 정신 착란이 생긴다고 생각했다. 달을 의미하는 라틴어 루나(luna)에서 기원한 단어 루내틱(lunatic: 미친, 정신 나간)은 이 개념을 반영한다."[62] 다른 학자들은 이스라엘의 주변 국가들이 해와 달을 신(神)으로 경배했다는 것과 그들이 이 구절에 있는 해와 달을 어둠의 세력으로 간주했다는 것에 주목했다. 이런 맥락에서 한스 요아킴 크라우스(Hans–Joachim Kraus)는 다음과 같이 주장했다: "바벨론 사람들은 비참한 일들이 월신(月神: moon–god) 때문에 발생한다고 생각했고, 열병과 문둥병도 바로 그 월신(月神) 때문에 걸리는 것으로 보았다. 그러나 그 생각은 귀신에 사로잡힌 것으로 여겨졌던 정신병의 고통과 관계된 것일 수도 있었다. [중략]. . .[그리고 그러한 위협에 대해 시편은] 하나님이 지키고 보호하신다고 약속한다."[63] 그러나 대다수의 학자들은 "해와 달"을 간단하게 하

62) James Limburg, *Psalms* (Louisville: Westminster John Knox, 2000), 424.

63) Hans-Joachim Kraus, *Psalms 60-150*, trans. Hilton C. Oswald (trans. of 5th German

나님의 영속적인 보호를 보여주는 메리즘(merism, 양극대칭법)으로 이해한다. 크레이그 브로일스(Craig Broyles)의 말은 대다수의 이 입장을 대변할 수도 있을 것이다: "해와 달의 평행적 표현은 (마치 달 자체가 어떻게 우리에게 해를 입힐 수 있나?를 찾기 위해 노력하는 것처럼) 각 개체를 나타내는 것이 아니라 낮과 밤의 총체를 의미하는 것이다."[64]

여기서 우리가 주장하는 것은 어떤 은유들의 경우 그 의미가 모호하다는 것, 즉 다양한 답변들이 가능하다는 것이다. 그러나 어떤 은유의 의미가 모호함에도 불구하고, 그 본문에 담긴 일반적이고 보장되는 의미에 관해서는 일치하는 부분이 여전히 존재한다. 해와 달로부터 나그네를 보호하는 "그늘"로써의 하나님에 대한 은유는 위험으로부터 그 나그네를 막아주시는 하나님의 보호 능력에 대한 약속이다.

6. 결론

시편에서 은유는 시적 본질의 핵심이다. 시편의 시는 단어 그림(word picture)에 색을 입혀 의미를 창출하고, 그 과정을 통해 독자는 삶을 이해하고, 신학적으로 건전한 상상력을 전개하며, 시편이 발생한 고대 세계와 연결할 뿐만 아니라 독자가 살아가는 오늘날의 세계도 이해할 수 있게 된다. 히브리 성경에 사용된 은유들은 친숙한 것들과 곤혹스럽게 하는 것들이 혼재한다. 하나님은 목자이신가? 바위이신가? 아니면 빛이신가? 혹은 하나님은 옷을 닳게 하는 좀인가? 아니면 주무시는 자이며, 술에 취한 전사인가? 시편의 은유들을 살펴보면, 그 대답은 "그렇다"이다.

---

ed., 1978; Minneapolis: Augsburg, 1989), 430.

64) Craig Broyles, *Psalms* (Peabody, MA: Hendrickson, 1990), 449.

은유는 해석할 때 상상력을 요구하고 동시에 상상력에 힘을 불어 넣기도 한다. 그리고 그 상상력을 통해 시편 읽기는 도전이 되기고 하고, 기쁨이 되기도 한다.

7. 심화하기

본 장에서 소개한 개념들에 대한 이해를 더욱 심화시키기 위해서 아래에 제시된 연습 예제 가운데 한두 개를 시도해보라.

1. 당신을 묘사하는 은유들을 다섯 개에서 열 개까지 목록을 작성해보라. 그런 다음에 하나님을 묘사하는 은유들도 다섯 개 내지 열 개의 목록을 작성해보라. 두 목록에서 유사한 점들이 발견되는가? 혹은 차이점들은 없는가? 유사점이나 차이점들은 무엇이고, 당신이 하나님과 당신 자신에 관해서 신학적으로 생각할 때 작성한 목록이 어떤 도움을 주는가?
2. 시편 23편을 보라. 목자 이미지를 당신의 일상의 것으로 대체하여 1-4절까지 다시 써보라. 하나님이 인간과 맺는 교제 방식 가운데 어떤 이미지가 당신에게 가장 잘 이해되는가?
3. 친구(들)에게 하나님에 대한 이미지 세 개를 생각해볼 것을 부탁해보라. 은유들은 진실이기도 하지만 동시에 그렇지 않을 수도 있다(하나님은 어떤 점[강하고 의지할 수 있다는 점]에서 바위와 같기도 하고, 어떤 점[말이 없고, 생각할 수 없다는 점]에서는 바위와 다르다). 하나님이 당신의 친구가 제시한 은유와 같은가? 아니면 다른가?

8. 추천도서

Brown, William P. *Seeing the Psalms: A Theology of Metaphor*. Louisville: Westminster John Knox, 2002.

Hecke, Pierre van, ed. *Metaphor in the Hebrew Bible*. Dudley, MA: Peeters, 2005.

Keel, Othmar. *The Symbolism of the Biblical World: Ancient Near Easter Iconography and the Book of Psalms*. Winona Lake, IN: Eisenbrauns, 1997.

6장

영광의 왕이 뉘신가?

6장

"영광의 왕이 뉘신가?"

시편 신학 이해하기

시편은 삶에 관한 것이다. 더 자세히 말하자면, 시편은 '믿음의 삶'에 관한 것이다. 시편은 하나님과 관계된 삶에 관한 것이고, 선하게 창조되었지만 지금은 타락한 창조 세계 한 가운데서 살아가는 삶에 관한 것이며, 선하게 지음 받았지만 타락해 있는 사람들과 공동체를 형성해가며 살아가는 삶에 관한 것이다. 윌리엄 브라운(William Brown)이 쓴 것처럼, "시편을 구성하는 다양한 장르들과 시편 모음들(역주: 다윗 시편 모음, 아삽 시편 모음 등)에 흔하게 등장하는 것은 '담화의 주요 대상인 하나님'이다. 하나님의 모습은 시편이 다양한 것만큼이나 다양하고 복잡하다."[65] 어쨌든, 시편은 하나님에 관한 책이다. "도움 요청시"는 기도를 들으시고 응답하실 수 있는 여호와의 존재를 믿으면서 드리는 기도다. "찬양시"는 여호와의 행위들과 성품에 관해 증거한다. 그의 손은 역사 안으로 들어와 있고, 그의 마음은 뜻하신 목적을 향해 역사를 움직여 나간다. "신뢰시"는 하나님의 부재로 보이는 상황 한 가운데서 그의 임재에 대한 믿음

65) William P. Brown, *Seeing the Psalms: A Theology of Metaphor* (Louisville: Westminster John Knox, 2002), 137.

을 표현한다.

이 모든 것을 통해 우리는 기초적인 질문 하나를 던지게 되는데, 시편 24:10절은 다음과 같이 질문한다: "영광의 왕이 뉘신가?" 시편의 하나님은 어떤 모습일까? 시편 24편은 그 질문에 이렇게 대답한다: "만군의 여호와께서 곧 영광의 왕이시로다"(10절). 그러나 그 이상으로 표현할 수는 없을까? 이스라엘의 기도를 들으셨고, 이스라엘이 신뢰했으며, 이스라엘이 증거했던 하나님은 누구신가? 이스라엘이 믿음의 길을 걸을 수 있도록 인도했던 하나님은 누구신가? 즉, 시편의 하나님은 누구인가?

우리는 이 질문을 다루기 시작하면서 자연스럽게 '신학'이라는 영역 안으로 들어선다. 신학에 대한 한 가지 전통적인 정의(안셀름 [1109년에 사망])는 "이해를 추구하는 신앙"(fides quaerens intellectum)이다.[66] 신학은 하나님에 관해 전적으로 탐구하고 연구하는 분야이다: "하나님의 인격, 하나님의 행동 양식들, 하나님과 우리의 관계 등이 포함된다. 따라서 우리는 시편 신학을 논하면서, 하나님에 관해 시편이 무엇을 말하는가에 좀 더 구체적으로 집중할 것이다.

아니면, 시편 24편에서와 같이, "영광의 왕이 뉘신가?"로 질문할 수 있을 것이다. 이 질문을 제대로 다루기 위해서 우리는 하나님에 관한 질문들을 150개로 구성된 시편 전체를 향해 던질 것이다. 이 시편들이 모두 동일한 사람에 의해 작성된 것이 아니기 때문에 당연히 다양성이 존재할 것이다. 은유를 들자면, 시편을 연구하면서 얻게 되는 하나님의 그림은 유화(油畵)보다는 모자이크에 더 가깝다. 화가는 유화를 그릴 때 여러 색깔을 섞어 직선과 곡선과 음영을 조절한다. 그렇게 해서 완성된

66) Daniel Migliore, *Faith Seeking Understanding: An Introduction to Christian Theology*, 2nd ed. (Grand Rapids: Eerdmans, 2004), 2를 보라.

그림은 통일성을 보여준다. 이렇듯 모든 물감들이 섞여 사용되었기 때문에 유화를 감상하는 자는 그림에 녹아든 각각의 물감 색채를 일일이 확인하기 어려울 수 있다. 모자이크의 경우는 예술가가 이미 존재하는 돌, 유리, 도자기 파편들을 사용하는데, 말 그대로 그 파편들을 함께 모아 이미지를 만들어내는 것이다. 이런 모자이크 그림에 있는 선들은 다른 그림의 선들에 비해서 고르지 않고 투박하다. 따라서 감상자는 모자이크에 사용된 돌, 유리, 도자기 파편들의 모양과 색깔과 선들을 고스란히 식별할 수가 있다.

시편 신학을 할 때 해석자의 임무는 이미 존재하는 시편들에서 하나님의 그림을 모은 다음 종합하는 것이다. 그리고 어떤 예술가도 150개의 색유리 조각으로 완전히 똑같은 이미지를 만들어 내지 못하는 것처럼, 어떤 독자도 150개의 시편들로부터 완전히 똑같은 하나님의 초상(肖像)을 그려내지는 못한다. 본 장(章)에서 제시하는 것은 150개의 시편에서 하나님의 초상을 모아보는 것이다. 우리가 그리는 초상은 시편의 유일한 신학으로써 제시되는 것이 아니라, 예술적 기교에 동참하라는 초청이요, 시편을 읽으면서 만나는 하나님에 대해 당신 자신의 초상을 그려보라는 초청으로써 제시되는 것이다. 그런 점에서 본 장(章)은 이해를 추구하는 신앙의 대화에 동참하라는 초청이다.

1. 시편 배후의 전제: 하나님의 인자하심

시편 신학에 접근하는 한 가지 방식은 다음과 같다. 즉, 150개의 시편 전체가 하나님에 관해 공유하고 있는 한 가지 기본적인 전제가 있는가? 라고 질문하는 것이다. 달리 말하자면, 우리가 시편에 있는 모든 시와 기도와 찬양들을 주의 깊게 연구하면, 시편 전체의 배경으로써 역할 했던 하나님에 관해 어떤 주장할 수 있는가? 하는 것이다.

아래에는 도움 요청시, 찬양시, 감사시, 신뢰시, 교훈시와 같은 여러 다른 장르에서 발췌한 구절들이 있다.

> 우리에게 향하신 여호와의 인자하심(ḥesed)이 크고
> 진실하심('emet)이 영원함이로다.(117:2)

> 주여! 주의 성실하심으로 다윗에게 맹세하신
> 이전 인자하심이 어디 있나이까?(89:49)

> 주의 얼굴을 주의 종에게 비취시고,
> 주의 인자하심으로 나를 구원하소서.(31:16)

> 오직 나는 하나님의 집에 있는 푸른 감람나무 같음이여,
> 하나님의 인자하심을 영영히 의지하리로다.(52:8)

> 여호와께서 그 왕에게 큰 구원을 주시며,
> 기름 부음 받은 자에게 인자를 베푸심이여....(18:50)

> 그러나 하나님이 실로 들으셨으며,
> 내 기도 소리에 주의하셨도다.
> 하나님을 찬송하리로다. 저가 내 기도를 물리치지 아니하시고,
> 그 인자하심을 내게서 거두지도 아니하셨도다.(66:19-20)

악인에게는 많은 슬픔이 있으나
여호와를 신뢰하는 자에게는 인자하심이 두르리로다.(32:10)

여호와의 인자하심과
인생에게 행하신 기이한 일을 인하여 그를 찬송할지로다.(107:8,15,21,31)

분명한 것은 이 구절들이 하나의 패턴을 보여주기 위해 세심하게 선별되었다는 것이다. 따라서 독자는 이어서 나올 내용에 대해 많은 의심을 갖고 나아가야 할 것이다. 즉, 위에 제시된 구절들은 우리가 독자들이 내리기를 바라는 결론으로 이끌기 위해 크게 경도되어 있다. 자, 그럼 독자가 어떤 결론에 이르기를 우리가 원하는지 터놓고 이야기해보도록 하자. 위에 제시한 모든 구절에는 중요한 용어 하나가 포함되어 있다. 우리는 그 용어가 모든 시편의 기저에 기본적으로 깔려있는 신학적 전제라고 믿는다. 그 전제란 여호와는 인자하신 하나님이라는 것이다.[67] 위에 제시한 구절들은 독자들이 내렸으면 하고 바라는 결론을 지지하기 위해 선별된 것들이지만, 본 장(章)의 나머지 내용들을 보면 그 결론을 지지하는 구절들이 위에 제시한 구절들보다 훨씬 많다는 것을 알게 될 것이다. 시편 전체가 전제하는 것은 이스라엘이 "인자하심(ḥesed)의 하나님"을 믿었다는 것이다.

자, 헤세드(ḥesed)라는 단어를 좀 더 깊이 살펴보자. '인자하심'(loving faithfulness)은 사실 히브리 단어 한 개(ḥesed)를 번역한 표현이다(역주: 본서의 저자는 히브리 단어 헤세드를 번역하기 위해 두 개의 영어 단어

67) 이 주장에 대한 보다 전문적인 내용을 참조하기 위해서는 Rolf A. Jacobson, "The Faithfulness of the Lord Endures Forever': The Theological Witness of the Psalter," in *Soundings in the Theology of the Psalms: Perspectives and Methods in Contemporary Scholarship*, ed. Rolf A. Jacobson (Minneapolis: Fortress, 2011), 111-38을 보라.

"loving"과 "faithfulness"를 조합했다. 한글에도 헤세드에 해당하는 정확한 동의어가 없기 때문에 본 번역서에서는 개역성경의 번역을 따라 '인자하심'을 사용할 것이다).

구약성경에서 이 단어는 하나님의 외적 행위들 기저에 있는 특성뿐만 아니라 하나님의 내적 성품을 묘사한다. 즉, 하나님의 성품과 하나님의 특징적인 행위들이 이 단어(ḥesed)로 정의되고 있다.

영어에는 헤세드(ḥesed)에 해당하는 동의어가 없기 때문에 번역가들은 일반적으로 여러 단어들에 의존하고 있으며, 해당 문맥에 가장 잘 맞아 보이는 단어를 사용한다. 헤세드를 번역하기 위해 사용되었던 영어 단어들에는 사랑(love), 신실함/충실함(faithfulness/fidelity), 친절함(kindness), 충성(loyalty), 헌신(commitment), 자비(mercy) 등이 있다. 종종 학자들은 번역에 미묘한 차이를 부여하기 위해 두 개의 단어들을 조합하기도 한다: "loving-kindness," "steadfast love," "sovereign love," "covenant love," 그리고 (우리가 본서에서 채택한) "loving faithfulness"등이 있다. 누구보다 '헤세드'라는 단어를 깊이 연구했던 캐써린 쎄컨펠드(Katharine Doob Sakenfeld)는 최근에 이 단어에 대해 다음과 같이 적었다:

> 구약성경에서 일반적으로 [헤세드]는 한 사람이 다른 사람으로부터 절실한 도움이 필요한 관계 문맥에서 사용된다. 즉, 그러한 관계에서 일반적으로 기대할 수 있는 것 이상의 도움과 종종 기본적인 복지나 궁핍한 자의 생존에 필수적인 도움이 필요한 문맥에서 사용된다. 또한 이 단어는 그 둘의 관계를 지지하고 유지하기 위해서 한 사람이 상대방에게 보인 지속적인 태도 및 행위들을 표현하기 위해 사용될 수 있다...[중략].... 하나님과 관련해 사용될 때, 헤세드는 이스라엘 공동체와 맺은 언약 관계 안에서 하나님이 행

하신 기본적인 충성을 보여준다.[68)]

헤세드(h.esed는 구약성경에서 신학적으로 가장 중요한 단어들 가운데 하나이다. 일련의 관련된 단어들과 함께 이 단어의 중요성은 출애굽기 34:6–7절을 연구하면서 확인해볼 수 있다. 월터 부르그만(Walter Brueggemann)은 이 본문을 "구약성경에서 가장 놀랍고도 중요한 말씀 가운데 하나"라고 설명했다.[69)] 이 본문은 성경에서 가장 오래된 신조 같은 조각—말하자면, 이스라엘이 여호와와 관계를 맺은 이후 가장 초기에 나온 신조와 관련된 유물—들 가운데 하나로 구성되어 있다. 이 본문에서 여호와는 자기 자신에 관해 여러 표현들을 사용하신다. 달시 말해서, "6–7절에 있는 말씀은 여호와의 자기 계시로써, 하나님의 충만한 성품과 의도를 모세에게 계시해주고 있다."[70)]

> 여호와께서 그(모세)의 앞으로 지나시며 반포하시되,
> "여호와로라, 여호와로라, 자비롭고, 은혜롭고, 노하기를 더디하고,
> 인자와 진실이 많은 하나님이로라.
> 인자를 천대까지 베풀며,
> 악과 과실과 죄를 용서하나,
> 형벌 받을 자는 결단코 면죄하지 않고,
> 아비의 악을 자녀손 삼사 대까지 보응하리라." (6-7절)

---

68) Katharine Doob Sakenfeld, "Khesed," in *The New Interpreter's Dictionary of the Bible* (Nashville: Abingdon, 2008), 3:495-96와 동일 저자의 *The Meaning of Hesed in the Hebrew Bible* (Missoula, MT: Scholars Press, 1978)를 보라.
69) Water Brueggemann, "Exodus: Introduction, Commentary, and Reflection," in *The New Interpreter's Bible: A Commentary in 12 Volumes* (Nashville: Abingdon, 1994), 1:946.
70) Ibid.

출애굽기 34장의 문맥을 보면, 용서하시는 여호와의 속성이 유독 두드러진다—여호와는 죄를 "삼사 대까지" 기억하시지만, 죄를 용서하시고 "천대"까지 신실하신 분이시다. 이야기의 문맥은 또한 여호와의 연민 어린 용서를 강조한다. 하나님이 이스라엘과 언약관계를 맺자마자(출 19-20, 24), 이스라엘은 조각상을 경배함으로 죄를 짓고 언약을 파기했다(출 32). 모세는 여호와께 자비를 베풀어 달라고 간청한다. 여호와는 모세의 중보기도에 응답하시고, 십계명을 다시 주시며, 언약을 갱신하고, 6-7절에 있는 "자기계시"을 선언하신다.

그 이후로 이스라엘은 이 신조 같은 조각을 마음에 계속 지니고 다녔고, 그것을 여호와의 정체에 관한 고백으로 소중히 여겼다. 이 기본적인 고백에서 변형된 것들이 구약성경 전반에 걸쳐 발견되고 있고(민 14:18; 느 9:17; 렘 32:18; 욜 2:13; 욘 4:2), 시편 86:15절, 103:8절, 145:8절에서도 발견되는데, 본 장(章)의 목적과 관련해서 매우 중요한 시편들이다. 여호와는 "인자하심(헤세드)과 진리(애매트)의 하나님"이라는 이 고백의 핵심 구절은 이스라엘을 위한 압축된 신앙고백이 되었다. 이것은 특별히 두 단어가 일곱 번 함께 등장하는 시편에서 분명하며, 시편에서 가장 짧은 시편인 117편에도 다음과 같이 함께 등장한다.

> 우리에게 향하신 여호와의 인자하심(ḥesed)이 크고,
>
> 진실하심('emet)이 영원함이로다.(2절)[71)]

더욱이 단일어(單一語) 헤세드(ḥesed)는 이스라엘의 믿음을 훨씬 더 간단하게 요약하고 있다: "여호와의 인자하심이 영원함이로다"(시 118:1). 이

71) 이 짝어는 시편 25:5-6, 10; 26:3; 31:1-8; 40:10-11; 57:10; 61:7; 69:13; 85:11; 86:15; 89:14; 108:4; 115:1; 117:2; 138:2에서도 등장한다.

표현은 시편에서만 32번 등장하고 있으며, 구약성경의 어떤 책 이상으로 시편이 헤세드를 사용해서 하나님의 성품을 묘사하고, 하나님의 백성과의 관계된 그의 행동과 존재 방식의 특징을 잘 묘사하고 있다.

이스라엘은 이 단어를 통해서 여호와를 자신들과 오랫동안 관계를 맺고 있는 하나님으로 증거했다. 여호와는 일단 관계를 맺으시면, 선(善)을 위해 그 관계 안에 계속 머무시고, 어떤 이유로도 그 관계를 포기하지 않으신다. 여호와는 그 관계를 유지하거나 갱신하기 위해 필요한 것이라면 무엇이든지 기꺼이 행하신다: 즉, 이것은 죄를 용서하고, 무조건적으로 사랑하며, 두 번이든 세 번이든 지속적으로 기회를 주는 것 등을 포함한다.

2. 하나님의 신실하심과 시편의 장르들

위에서 시편의 기본 장르들—도움 요청시, 감사시, 찬양시, 신뢰시, 교훈시 등—에서 발췌한 구절 목록을 제시했었다. 각 구절에는 단어 헤세드(인자하심)가 기본적으로 등장하고 있다. 여기서 다음 질문은 아마도 이런 질문이 될 것이다: "이스라엘의 하나님이 인자하심의 하나님이었다는 기본 전제가 각각의 다른 장르에서 어떻게 작용하고 있는가?

시편의 주요 장르를 각각 살펴보면, 각 장르가 "여호와는 인자하심의 하나님"이라는 이스라엘의 기본적이고 신학적인 고백과 어떻게 살짝 다르게 나름대로 작용하고 있는지 확인할 수 있다. 이어지는 섹션에서 우리는 기본적이면서도 신학적인 이 고백이 시편의 주요 장르들 안에서 어떻게 달리 작용을 하는지 탐구하게 될 것이다.

(1) 여호와의 인자하심과 찬양시

기억하다시피 찬양시의 일반적인 패턴은 이중적이다. 찬양으로의 부름이 먼저 등장한 다음 찬양의 이유가 뒤따른다(이유는 보통 "왜냐하면(for)"으로 번역되는 히브리 단어 키[ki]로 시작된다). 이 패턴을 배경 삼아 시편 106편, 107편, 117편, 118편, 136편의 도입 구절들을 살펴보라.

> 할렐루야!
> 여호와께 감사하라 그는 선하시며;
> 　　(왜냐하면) 그 인자하심이 영원함이로다!(106:1)
>
> 여호와께 감사하라 그는 선하시며;
> 　　(왜냐하면)그 인자하심이 영원함이로다.(107:1)
>
> 너희 모든 나라들아 여호와를 찬양하며,
> 　　너희 모든 백성들아 저를 칭송할지어다.
> (왜냐하면) 우리에게 향하신 여호와의 인자하심이 크고,
> 　　진실하심이 영원함이로다.
> 할렐루야(117:1-2)
>
> 여호와께 감사하라 저는 선하시며
> 　　(왜냐하면) 그 인자하심이 영원함이로다!
> 이제 이스라엘은 말하기를,
> 　　"그 인자하심이 영원하다 할지로다!"
> 이제 아론의 집은 말하기를,
> 　　"그 인자하심이 영원하다 할지로다!"

이제 여호와를 경외하는 자는 말하기를,

"그 인자하심이 영원하다 할지로다!" (118:1-4)

여호와께 감사하라 그는 선하시며,

(왜냐하면) 그 인자하심이 영원함이로다!

모든 신에 뛰어나신 하나님께 감사하라,

(왜냐하면) 그 인자하심이 영원함이로다!

모든 주에 뛰어나신 주께 감사하라,

(왜냐하면) 그 인자하심이 영원함이로다!(136:1-3)

이 구절들이 예시하고 있는 것은, 이스라엘이 찬양의 이유들을 모두 포괄하는 단일이유가 필요했을 때, "여호와의 인자하심이 영원함이로다." 라는 표현이 그 일을 멋지게 해냈다.

게다가 모든 찬양시를 면밀히 조사해보면, 여호와가 자신의 인자하심을 증명하는 두 개의 넓은 영역, 즉 여호와의 인자하심을 경험할 수 있는 두 영역(창조와 역사)을 확인할 수 있다.

시편들이 하나님의 인자하심을 증명하는 첫 번째 영역은 창조 영역이다. 시편 136편의 말씀을 보면 여호와는 혼돈으로부터 믿을만한 창조세계를 조성하신 분이다.

지혜로 하늘을 지으신 이에게 감사하라,

(왜냐하면) 그 인자하심이 영원함이로다.

땅을 물 위에 펴신 이에게 감사하라,

(왜냐하면) 그 인자하심이 영원함이로다.

큰 빛들을 지으신 이에게 감사하라,

(왜냐하면) 그 인자하심이 영원함이로다.(5-7절)

시편에는 하나님과 함께 한 이스라엘 역사의 두 가지 측면이 강조된다. 첫째, 시편은 하나님과 함께 한 이스라엘의 역사가 순전히 신적인 은혜와 용서의 문제였음을 증거한다. 이스라엘의 역사는 이스라엘이 하나님께 얼마나 일관되게 불성실했는가를 보여주는 길고도 슬픈 이야기이다: "우리 열조가 애굽에서 주의 기사를 깨닫지 못하며 주의 많은 인자를 기억치 아니하고 바다 곧 홍해에서 거역하였나이다"(7절); "여호와께서 여러 번 저희를 건지시나 저희가 꾀로 거역하며 자기 죄악으로 인하여 낮아짐을 당하였도다"(43절). 그러나 여호와는 용서가 많으시니, 왜냐하면 언약을 지키고 용서를 배품으로써 자신의 인자하심을 보여주는 것이 하나님 자신의 본질이기 때문이다: "저희를 위하여 그 언약을 기억하시고 그 많은 인자하심을 따라 뜻을 돌이키사"(45절).

둘째, 이스라엘 역사에서 하나님의 인자하심은 종종 경이로운 행동 양식–인간의 능력이나 이해 범위를 뛰어 넘는 놀라운 기적들–을 취했다. 이 행동들에는 무엇보다 하나님이 아브라함과 사라에게 한 약속도 포함된다: "이것은 아브라함에게 하신 언약이며 이삭에게 하신 맹세며"(시 105:9).[72] 신학적인 용어로 이 행위는 "선택," 즉 하나님이 아브라함과 사라와 그들의 후손을 선택하신 행위를 가리킨다(12–15절을 보라). 하나님은 아브라함과 사라를 먼저 선택하셨지만 그들의 후손들에게도 변함없이 신실하셨기 때문에 많은 경이로운 구원과 구조 행위들 안에 그들에 대한 하나님의 인자하심이 드러났다: 여호와께서 "그 거룩한 말

72) 시편 이외의 구약 성경과 고대 근동 자료에 등장하는 것처럼, 시편의 '물들' (waters)과 '바다' 는 혼돈의 화신(化身), 즉 하나님의 창조 능력을 반대하는 무질서한 세력의 물질적 형태로써 이해된다.

씀과 그 종 아브라함을 기억하셨음이로다"(42절). 이 행위들에는 애굽의 노예상태에서 이스라엘을 구원하신 것, 언약의 선물, 율법의 선물, 광야에서의 인도하심, 약속의 땅의 선물, 영원한 왕조의 초석으로서의 다윗의 선택, 하나님의 이름이 거할 장소로써 예루살렘의 선택 등이 포함되어 있다.[73)]

(2) 여호와의 인자하심과 도움 요청시

"찬양시"가 하나님의 성품 및 역사와 창조 세계 속에 드러난 하나님의 행위들의 특성을 증거하고 있다면, "도움 요청시"는 저명한 구약 학자 월터 부르그만(Walter Brueggemann)이 반증(反證: countertestimony)이라고 불렀던 것을 통해서 설명될 수 있을 것이다.[74)] 이 반증(反證) 과정을 통해 이스라엘은 여호와에 관한 자신의 증언을 반대 심문함으로써 "그 증언의 타당성, 일관성, 신뢰성, 일치성을 조사한다." 부르그만이 말한 것처럼, 이스라엘의 "핵심 증언에 담긴 중요한 주장들"에 대해 자유롭게 질문할 수 있어야 한다. 누군가의 증언이 믿을만한 것이 되기 위해서는 그 증언에 대해 질문하는 것이 허락되어야 하는 것이다. 즉, 어떤 실체에 대한 권위적인 해석이 질문 받는 것을 거절한다면, 그 권위는 믿을 수 있는 권위가 될 수 없다. 이런 점에서, 도움 요청시에서 여호와가 자기 백성들에게서 힘겨운 질문들과 심지어 비난을 구하고 있다는 점에 주목하는 것은 중요하다.

도움 요청시에 등장하는 고대의 고통당하는 자들은 하나님의 인자하심(ḥesed)에 의문을 제기하기도 하고, 동시에 역설적이게도 그 인

73) 역사시들을 참조하라: 시 78편; 89편; 105편; 106편; 107편; 132편.

74) Walter Brueggemann, *Old Testament Theology: Testimony, Dispute, Advocacy* (Minneapolis: Fortress, 1996), 317 (8장 전체)를 보라.

자하심을 그들의 소망과 기도의 근거로 삼기도 한다. 시편 89:49절은 아마도 시편에서 가장 거친 불평을 담고 있는 구절일 것이다. 이 구절은, 시편 89편(시편의 세 번째 권[Book III]의 마지막 시편)에서 전환점 역할을 한다—시편 89편은 학자들이 시편 전체에서 전환점으로 간주하는 시편이기도 하다.[75] 이 구절에서 고통당하는 자는 백성에 대한 하나님의 헌신과 인자하심(ḥesed)에 의문을 제기한다: "주여, 주의 성실하심으로 다윗에게 맹세하신 이전 인자하심(ḥesed)이 어디 있나이까?" 공동체 도움 요청시 안에서도 시인들은 다음과 같이 기도한다: "그 인자하심(ḥesed)이 길이 다하였는가? 그 허락을 영구히 폐하셨는가?" 의문을 품고 있는 몇몇 구절들도 비슷한 방식으로 하나님을 비난한다.

> 내 하나님이여, 내 하나님이여, 어찌 나를 버리셨나이까?(22:1)
>
> 여호와여 어찌하여 멀리 서 계십니까? (10:1)
>
> 주여 깨소서 어찌하여 주무시나이까? (44:23)
>
> 여호와여, 나를 영영히 잊으시나이까? (13:1)
>
> 주여 어느 때까지 관망하시리이까?(35:17)

하나님을 향해 던진 이 독한 질문들, 즉 거의 고소(告訴)나 다름없는 질문들의 문맥에서, 도움 요청시들이 그럼에도 그들의 유일한 소망은 바로 하나님의 인자하심(ḥesed)에 있다고 주장하는 것은 훨씬 더 충격적이다. 아래에 인용된 애탄시의 도움 요청 구절들에서, 시인이 처해 있는 위기가 아무리 특이하더라도, 여호와의 인자하심이 어떻게 시인의 도움 요

75) Gerald H. Wilson, *The Editing of the Hebrew Psalter*, Society of Biblical Literature Dissertation Series 76 (Chico, CA: Scholars Press, 1985): 212-28과 동일 저자의 "The Use of Royal Psalms at the Seams of the Hebrew Psalter," *Journal for the Study of the Old Testament* 35 (1986): 85-94를 보라.

청 기도의 기초가 되는지를 주목해보라.

시편 17편에서 고통당하고 있는 시인은 억압하는 적들로부터 구원해달라며 이렇게 기도한다.

> 주께 피하는 자를 그 일어나 치는 자에게서 오른손으로 구원하시는 주여!
>
> 주의 기이한 인자(ḥesed)를 나타내소서.(7절)

시편 31편에서 질병으로 고생하는 자로 보이는 자도 다음과 같이 기도한다:

> 주의 얼굴을 주의 종에게 비취시고,
>
> 주의 인자하심(ḥesed)으로 나를 구원하소서!(16절)

시편 40편에서 죄와 억압자들에게 둘러싸인 고난 받는 자는 이렇게 기도한다:

> 여호와여 주의 긍휼을 내게 그치지 마시고,
>
> 주의 인자(ḥesed)와 진리로 나를 항상 보호하소서!(11절)

공동체 시편인 시편 44편에서 공동체 전체가 국가의 적으로부터 구원해달라고 기도한다.

> 일어나 우리를 도우소서,
>
> 주의 인자하심(ḥesed)을 인하여 우리를 구속하소서!(26절)

시편 69편에서 은유적으로 목까지 치고 들어온 물에 빠져들고 있는 시

인은 무죄를 주장하며 이렇게 기도한다:

> 여호와여 열납하시는 때에,
>
> 나는 주께 기도하오니,
>
> 많은 인자(ḥesed)와 구원의 진리로 내게 응답하소서.(13절)

시편 109편에서 죄 지었다고 누명을 쓴 자도 다음과 같이 기도한다.

> 여호와 나의 하나님이여!
>
> 나를 도우시며 주의 인자하심(ḥesed)을 좇아 나를 구원하소서!(26절)

그리고 시편 25편과 51편의 두 시인은 죄를 범했지만 용서를 구하며 다음과 같이 기도한다:

> 여호와여! 주의 긍휼하심과 인자하심이 영원부터 있었사오니,
>
> 주여 이것을 기억하옵소서!
>
> 여호와여 내 소시의 죄와 허물을 기억지 마시고;
>
> 주의 인자하심(ḥesed)을 따라 나를 기억하시되
>
> 주의 선하심을 인하여 하옵소서!(25:6-7)

> 하나님이여! 주의 인자(ḥesed)를 좇아,
>
> 나를 긍휼히 여기시며;
>
> 주의 많은 자비를 좇아,
>
> 내 죄과를 도말하소서!(51:1)

위의 기도들을 한데 묶고 있는 것은 "여호와의 인자하심(ḥesed)"이다. 공통으로 들어 있는 이 신학적 토대 위에서 시인들은 도움 요청 기도를 드리는 것이다. 위에 제시한 시편들의 기도는 다양한 위기 상황에서 하나님께 드려지고 있고, 다양한 형식을 취하고 있다. 이 시편들을 노래한 목소리들은 서로 달랐지만, 시인들이 품고 있는 소망의 근거는 동일했다. 우리가 마지막에 인용한 시편 25:6–7절과 시편 51:1절에 집중해 보면, 용서해달라는 요청이 오직 여호와의 인자하심에 기초하고 있는 것을 확인할 수 있다. 시인은 용서 요청의 근거를 자신의 행동–더 이상 죄짓지 않겠다는 약속이나, 과거의 죄를 상쇄하기 위해 선행을 하겠다는 맹세나, 혹은 참회의 모습을 보일 요량으로 여러 예배에 참석하는 것이나, 진정한 회개의 모습을 보이기 위해 자벌(自罰)의 시간을 늘리는 것 등의 행동–에 두기 보다는 자비로우시고, 은혜로우시며, 신실하신 여호와의 성품에 의지한다.

따라서 도움 요청시에서 우리는 일종의 역설을 볼 수 있다. 한편으로는, 도움 요청시의 불평 내용에서 하나님의 인자하심이 의심을 받는다. 고통당하는 자들은 자신들이 당하고 있는 고난이 여호와의 인자하심에 대해 이스라엘이 증언한 것과 충돌한다며 하나님께 도전한다. 다른 한편으로, 도움 요청시에 담긴 청원에서 시인들은 여호와의 인자하심을 전적으로 의지한다. 시인들은 용서를 구하든지, 치료를 간구하든지, 거짓 누명을 벗겨달라고 하든지, 억압자들로부터의 구원을 요청하든지, 그들의 요청 근거를 일관되게 여호와의 신실한 성품(ḥesed)에 둔다. 바로 이 모호한 실체–즉, 여호와의 인자하심을 의심하는 것과 동시에 역설적이게도 인자하심에 의지하는 것–에서 도움 요청시는 그들의 신학을 전개한다. 도움 요청시들은 우리에게 의심이 믿음의 삶의 일부분이요, 의문을 품고 사는 삶도 성경적 신앙이 제공하는 대답의 일부분임을 가르쳐 준다.

(3) 여호와의 인자하심과 신뢰시

"찬양시"는 하나님의 성품에 관해 증거하고 있고, "도움 요청시"는 여호와의 인자하심을 의심하면서도 동시에 의지하는 반면, "신뢰시"는 하나님의 인자하심에 전적으로 의지한다. 제2장에서 이미 신뢰시를 소개했었다. 도움 요청시와 같이 신뢰시는 위기 상황에 처한 시인들이 부르는 시이다. 그러나 도움 요청시가 여러 질문들로 고뇌하면서도 믿음을 표현하는 반면 신뢰시(이름이 암시하는 바와 같이)는 그 안에 담긴 신뢰 분위기로 특징지어진다. 신뢰시들은 은유적 미사여구를 이용해 현재 삶을 에워싸고 있는 위험들을 이렇게 열거한다: "사망의 음침한 골짜기"(23:4), "나의 원수된 행악자가 내 살을 먹으려고..."(27:2), "땅이 변하든지 산이 흔들려 바다 가운데 빠지든지"(46:2). 그러나 유사한 은유적 묘사를 통해 신뢰시들은 여호와에 대한 믿음을 다음과 같이 확고히 한다: "여호와는 나의 목자시니"(23:1), "여호와는 나의 빛이요 나의 구원이시니"(27:1), "하나님은 우리의 피난처시요 힘이시니"(46:1) 등등이 있다.

예상하는 바와 같이, 신뢰시의 시인들이 위기 한 가운데서도 여호와를 신뢰할 수 있는 이유는 그의 신실한 성품(ḥesed) 때문이다. 신뢰시들과 다른 장르의 신뢰 섹션에서 발췌한 구절들에서, 신뢰시들이 어떻게 하나님의 성품을 증거하고 있는가와 하나님의 임재와 능력을 어떻게 우아하게 은유적으로 묘사하고 있는가를 살펴보라.

> 강포한 자여 네가 어찌하여 악한 계획을 스스로 자랑하는고?
> 하나님의 인자하심(ḥesed)은 항상 있도다!
> 오직 나는 하나님의 집에 있는 푸른 감람나무 같음이여;

하나님의 인자하심을 영영히 의지하리로다.(52:1, 8)

저(하나님)가 하늘에서 보내사

나를 삼키려는 자의 비방에서 나를 구원하실지라,

하나님이 그 인자(ḥesed)와 진리를 보내시리로다....

대저 주의 인자(ḥesed)는 커서 하늘에 미치고;

주의 진리는 궁창에 이르나이다.(57:3, 10)

나의 하나님이 그 인자하심(ḥesed)으로 나를 영접하시며;

내 원수의 보응 받는 것을 나로 목도케 하시리이다.(59:10)

하나님이 한두 번 하신 말씀을 내가 들었나니

권능은 하나님께 속하였다 하셨도다.

주여 인자함(ḥesed)도 주께 속하였사오니,

주께서 각 사람이 행한 대로 갚으심이니이다.(62:11-12)

주의 인자(ḥesed)가 생명보다 나으므로

내 입술이 주를 찬양할 것이라.(63:3)

긍휼(ḥesed)과 진리가 같이 만나고,

의와 화평이 서로 입 맞추었으며!

진리는 땅에서 솟아나고,

의는 하늘에서 하감하였도다.(85:10-11)

더 많은 예들을 제시할 수 있으나, 이것만으로도 요점을 납득시키는데 충분할 것으로 보인다. 신뢰시에서 시인들은 단지 신뢰를 표현할 뿐만 아니라 왜 신뢰할 수 있는가?에 대한 이유—여호와의 인자하심(ḥesed)—를 당당하게 증거한다. "신뢰"는 고난을 직면했을 때 발휘하는 용기—적어도, 우리가 용기를 우리 안에서 끄집어내는 성질(性質)로 이해하지만 않는다면—가 아니다. 신뢰시들을 읽으면서, 시인들이 단지 용기를 발휘했다는 것으로 혹은 시련 가운데서 단지 믿음을 가져야 한다고 말하는 것으로 이해한다면, 이 시편들을 크게 잘못 읽은 것이다. 오히려 신뢰시들은 신뢰를 하나님의 약속에 대한 반응으로 이해한다. 신뢰시 시인들은 혼돈 한 가운데서 발휘되는 신뢰를 단순한 용기나 배짱의 결과가 아니라 하나님의 신실한 활동으로 불붙은 뜻밖의 기적으로 간주한다. 시인들은 그들 자신의 자원을 의지해도 좋지만 다음 사실도 알고 있다: "주께서 저희를 홍수처럼 쓸어 가시나이다. 저희는 잠간 자는 것 같으며 아침에 돋는 풀 같으니이다"(90:5). 그러나 시인들은 여호와의 "날개" 아래에서, 그리고 그의 "방패와 손 방패" 뒤에서, "밤에 놀람과 낮에 흐르는 살과 흑암 중에 행하는 염병과 백주에 황폐케 하는 파멸을 두려워 아니할 것"을 알고 있다.

제5장에서 연구했던 바와 같이, 시편이 의미를 창출하는 중요한 방법 가운데 하나는 은유(隱喩)를 통하는 것이다. 은유는 시편의 신학적인 의미를 창출할 때도 그러하며, 특별히 신뢰시에서는 더욱 그러하다. 시편의 심오한 은유들과 풍성한 이미지는 단지 시편이라는 케이크 위에 장식용 크림으로 살짝 덮어주는 기능을 하는 것이 아니다. 오히려 은유와 이미지는 시편 자체이다. 윌리엄 브라운(William Brown)이 진술한 바와 같이, "이미지들이 '아이디어에 단지 옷 입히는 기능'을 한다는 여전

히 만연되어 있는 개념에 영향 받지 않도록 주의해야 한다."[76] 하나님에 대한 신뢰를 표현하기 위해 시인들이 사용하는 이미지들 혹은 은유들은 의미의 핵심적인 부분이다. 즉, 하나가 또 다른 하나와 구분될 수 없다. 양떼를 푸른 초장으로 인도하는 '목자'와 같은 이미지는 청중에게 이미지뿐만 아니라 경험을 전달한다. 이 경험은 시편, 특별히 신뢰시에 담겨 있는 신학적인 증언 내용의 일부이기도 하다. 신뢰시들은 실제 세상 안에서 삶을 위협하는 여러 실체들을 일일이 열거하면서 두려움의 감정과 불안감을 일으키지만, 신뢰시들은 또한 여호와를 은유적으로 빛, 목자, 요새, 보호하는 날개, 그늘, 방패 등으로 묘사함으로써 신뢰와 확신을 자아낸다. 따라서 신뢰시를 읽는 것은 이 이미지들이 제공하는 위로를 경험하는 것이고, 그런 이미지들이 의미하는 보호와 인도하심의 약속들을 단단히 붙잡는 것이다.

(4) 여호와의 인자하심과 감사시

여호와의 인자하심과 관련하여 고려해야 할 마지막 시편 장르는 "감사시"이다. 제2장에서 감사시를 소개하면서 "감사시"와 "찬양시"의 유사성을 언급했었다. 찬양시와 같이 감사시의 목적은 여호와의 행적을 증거하며 찬양하는 것이다. 그러나 찬양시가 하나님의 보다 일반적인 일들을 다루는 반면 감사시는 질병으로부터의 회복이나 억압자들의 공격으로부터의 구원과 같은 하나님의 인자하심에 대한 보다 구체적이면서 현재 진행 중인 특정한 경험들을 증거한다. 감사시는 또한 도움 요청시과 밀접한 관계를 가지고 있다. 도움 요청시는 위기 한 가운데서 드리는 기도이고, 시인은 종종 위기가 지나가면 하나님께 "찬양을 드리겠다는 약

76) Brown, *Seeing the Psalms*, 11.

속"을 한다. 반면 감사시는 위기가 지나간 이후에 부르는 찬양이고, 위기가 지나가면 찬양하겠노라 약속했었던 그 약속의 성취이기도 하다.

시인들이 심각한 위기 상황에서 구원받았던 경험을 회고하면서 "악으로부터의 구원"을 여호와의 인자하심(ḥesed)으로 돌리는 것은 그리 놀라운 일이 아니다. 도움 요청시에 등장하는 고통 받는 자들이 힘겨운 상황에서 자신들을 구원해 줄 하나님의 인자하심에 의지하는 것과 같이, 감사시의 시인들은 구사일생을 회고하면서 "하나님의 인자하심 있었기에 고난을 버틸 수 있었다."고 고백한다.

시편 40편의 전반부는 신뢰시가 어떻게 여호와의 성품을 증거하는지 분명하게 예시한다. 첫 다섯 절에서 시인은 위기 탈출을 이렇게 이야기한다: "내가 여호와를 기다리고 기다렸더니, 귀를 기울이사 나의 부르짖음을 들으셨도다. 나를 기가 막힐 웅덩이와 수렁에서 끌어 올리시고, 내 발을 반석 위에 두사 내 걸음을 견고케 하셨도다."(1–2절) 이어지는 구절들에서 시인은 하나님이 행하신 것과 하나님이 누구인지에 관한 증거로써 개인적인 찬양을 드리고 있다:

내가 대회 중에서
　　의의 기쁜 소식을 전하였나이다;
여호와여 내가 내 입술을 닫지 아니할 줄을
　　주께서 아시나이다!
내가 주의 의를 내 심중에 숨기지 아니하고,
　　주의 성실과 구원을 선포하였으며;
내가 주의 인자와 진리를 대회 중에서
　　감추지 아니하였나이다.(9-10절)

시인은 악으로부터의 구원을 여호와의 "인자하심(ḥesed)"을 직접 경험한 예로써 해석할 뿐만 아니라, 그 경험에 대한 개인적인 증거를 은혜의 수단으로써 이해하는데, 회중들도 그 은혜의 수단을 통해 여호와의 인자하심을 경험하게 된다. 감사시는 하나님의 구원을 직접 경험한 것들을 노래함으로써 다른 이들에게도 하나님의 인자하심을 전달해준다. 시인들이 구원의 경험을 하나님의 인자하심에 대한 실례로써 묘사하는 또 다른 예들을 보면, 다음과 같은 모습들이 포함되어 있음을 볼 수 있다.

시편 18편에서 왕은 하나님이 어떻게 자신을 위기에서 구원하셨는가를 보고한다.

> 여호와께서 그 왕에게 큰 구원을 주시며;
>
> 기름 부음 받은 자에게 인자를 베푸심이여,
>
> 영영토록 다윗과 그 후손에게로다.(50절)

또 다른 왕적 신뢰시인 시편 21편에서 왕의 대리자는 하나님이 어떻게 왕을 구원하셨는지를 다음과 같이 보고한다.

> 왕이 여호와를 의지하오니,
>
> 지극히 높으신 자의 인자함으로 요동치 아니하리이다.(7절)

시편 32편은 용서를 경험한 자가 부른 감사시이다.

> 악인에게는 많은 슬픔이 있으나,
>
> 여호와를 신뢰하는 자에게는 인자하심이 두르리로다.(10절)

감사시인 시편 66편에서 시인은 하나님이 백성들을 위기에서 구원하신 것과 그의 용서를 찬양한다.

그러나 하나님이 실로 들으셨으며;
내 기도 소리에 주의하셨도다!

하나님을 찬송하리로다. 저가 내 기도를 물리치지 아니하시고,
그 인자하심을 내게서 거두지도 아니하셨도다.(19-20절)

시편 92편은 어떤 위기를 통과한 다음 어떤 목적을 갖고 성소에 들어온 누군가가 부른 감사시이다.

주의 이름을 찬양하며 아침에 주의 인자하심을 나타내며,
밤마다 주의 성실하심을 베풂이 좋으니이다.(2절)

시편 107편은 아마도 가장 웅장한 감사시일 것이다. 네 개의 평행 연(聯: stanza)에서 이 공동체 노래는 이스라엘이 여호와의 손을 통해 경험했던 인자하심을 묘사하고 있다. 시편은 다음과 같이 친숙한 표현으로 시작한다: "여호와께 감사하라! 그는 선하시며 그 인자하심이 영원함이로다."(1절) 그리고 각 연(聯: stanza)이 끝나는 지점에서 시인은 이렇게 노래한다:

여호와의 인자하심과 인생에게 행하신 기이한 일을 인하여
그를 찬송할지로다...(8, 15, 21, 31절)

시편 107편은 이 주제를 살짝 변형시켜 마무리한다.

> 지혜 있는 자들은 이 일에 주의하고,
> 여호와의 인자하심을 깨달으리로다.(43절)

감사시에 따르면, 여호와의 인자하심은 그를 의지하는 자들 누구에게나 흐르는 마르지 않는 샘과 같다: "(여호와께서) 광야를 변하여 못이 되게 하시며 마른 땅으로 샘물이 되게 하시고"(107:35). 샘은 사막에 갇힌 불행한 인간뿐만 아니라 추수를 기다리며 사는 굶주린 사람들에게도 흐른다. 샘은 옥에 갇히고, 포로로 끌려가거나, 병에 걸려 시름하는 자들에게도 흐르며, 비천한 자들, 죄인들, 심지어 마음이 정직한 자들에게도 흐른다.

3. 하나님과 그의 인자하심

시편 신학, 즉 시편이 어떤 종류의 하나님을 전제하느냐에 관해 이제 몇 가지 주장을 할 수 있게 되었다. 이 질문에 대한 탐구는 평생에 걸쳐 연구하고 기도하고 대화할 가치가 있는 것이며, 독자는 바로 이 평생에 걸친 대화에 초대받은 것이다. 아래에 몇 가지 생각을 간략하게 제공한다.

(1) 창조 세계의 모든 것에 헌신적인 하나님

첫째로, 전체 시편에 전제되어 있는 하나님의 모습은, 여호와는 창조 세계의 모든 것에 헌신적인 하나님이라는 것이다. 롤프 제이콥슨(Rolf Jacobson: 역주. 본 저서의 공동 저자 가운데 한 사람)이 그의 소논문에서 주장했던 바와 같이, 여호와의 이런 헌신적인 모습은 "충실함이라는 보다 큰 그물"로 묘사될 수 있을 것이다. 개인들은 "왜 하나님은 내게 더 인자하지 않으신 건가? 왜 하나님은 내 기도에 응답하지 않으시는가? 하나님이 그렇게 인자하시다면, 왜 내가 원하는 것을 허락하지 않는 것인가?"라는 질문을 던지기도 한다. 그러나 우리(역주: 본서의 공동 저자인 Jacobson 형제)는 하나님이 개인들에게 뿐만 아니라 창조 세계의 모든 것들에도 복잡한 방식으로 인자하시다는 것을 인정한다:

> 하나님의 인자하심(ḥesed)은 법과 질서가 치밀하게 스며있는 믿을 수 있는 창조 세계를 창조했다. 따라서 그 세계는 생명이 풍성히 거할 수 있는 신뢰할만한 환경을 제공한다. 그러나 높은 절벽에서 떨어지며 하나님께 구원해 달라고 울부짖는 신자에게(시 91:12), 중력법칙에 대한 하나님의 충실함은 위로가 되지 않을 수 있을 것이다...[중략]... 인간은 하나님의 충실함을 단지 하나님과 신자(혹은 신자의 공동체)를 서로 연결하는 한 가닥의 줄로 격하시키는 경향이 있다. 그러나 시편은 하나님의 충실함을 관계적 헌신의 그물로써 묘사는 것으로 보인다. 거기서 여호와는 한 사람의 개인이나 공동체뿐만 아니라 어지러울 정도로 많은 피조물과 창조물에게도 인자(ḥesed)하시다.[77]

시편이 선포하는 하나님의 인자하심은 자신의 선민(選民)에게 뿐만 아니라 창조 법칙에도 동일한 인자하심을 말한다. 이 인자하심은 이스라엘 역사 및 교회 역사에서 뿐만 아니라 예측할 수 있는 자연 법칙과 위계질서(位階秩序)에서도 확인할 수 있다.

77) Jacobson, "The Faithfulness of the Lord Endures Forever," 155.

여호와께서 달로 절기를 정하심이여,

해는 그 지는 것을 알도다.

주께서 흑암을 지어 밤이 되게 하시니,

삼림의 모든 짐승이 기어 나오나이다.

젊은 사자가 그 잡을 것을 쫓아 부르짖으며,

그 식물을 하나님께 구하다가

해가 돋으면,

물러가서 그 굴혈에 눕고,

사람은 나와서 노동하며

저녁까지 수고하는도다.(104:19-23)

(2) 도전에 개의치 않으신 하나님

시편에서 부상(浮上)하는 하나님의 초상을 얻기 위해서는 시편의 한 가지 중요한 역설을 다루어야 한다. 한편으로는 시편의 시들이 '여호와는 인자하심의 하나님'이라 주장한다는 것이고, 다른 한편으로는 하나님께 속한 개인들과 백성의 공동체가 종종 고난을 경험한다는 것이다. 도움 요청시의 내용을 보면, 하나님의 백성은 '생명의 창조자가 인자하신 하나님'이라는 믿음과 서로 상충되는 듯한 여러 환경들을 경험한다. 시편은 외견상 이렇게 서로 모순되는 실체들 사이의 긴장을 해결하지 않는다. 오히려 시편은 이 두 종류의 모순적 경험—사랑 많고, 신실하며, 진실 되고, 함께 하시는 하나님에 대한 경험과 고난, 억압, 악에 대한 경험—들 사이에서 우리가 믿음으로 삶을 살아내야 한다고 주장한다.

시편—도움 요청시와 신뢰시에서—이 제공하는 것은, 신실한 자들은 그런 모순을 경험하는 동안 계속해서 기도해야 한다는 것이다. 하나님께 외치고, 부르짖고, 격하게 토로하는 것이다. 시편 신학은, 하나님의 백성들이 자신에게 도전하거나, 의심하거나, 분노에 차 소리 지를 때, 하나님은 그것을 개의치 않으신다고 주장한다. 하나님의 인자하심은, 그의 백성이 하나님께 기도할 때, 은유적으로 말해서, 그들은 장갑을 벗어서 그것을 하나님께 드릴 수 있다는 초청을 포함한다. 하나님! 당신은 지금 어디에 계신가요? 왜 이런 일이 벌어지도록 하셨나요? 소위 당신의 인자하심은 어디에 있는 건가요? 하나님은 이런 질문과 도전을 받아들이지만, 찬양하는 대신 질문한다 하여 자신과 맺은 사람 및 백성과의 관계를 끊지는 않으신다. 사실 하나님은 그런 도전을 막지 않으신다.

어떤 점에서 욥기서가 제시하는 것도 크게 다르지 않다. 도전과 의심을 갖고 기도하는 것은 한 개인이 고난을 견디고 공동체가 고통당하는 자들과 함께하는 적절한 방식임을 제시한다. 욥기서에서 욥은 심하게 고난당하고 있는 의인이다. 엘리바스, 빌닷, 소발이라는 이름의 친구들이 고난당하고 있는 욥과 함께 하기 위해 멀리서 온다. 그러나 욥이 자신의 난 날을 저주하고 하나님을 의심하자 친구들은 불편해하면서 그에게 하나님에 관해 조언하기 시작한다. 욥기서 대부분에서 욥과 그의 친구들은 이 싸이클을 반복한다. 욥은 하나님을 의심하고 도전하며, 친구들은 그에게 조언한다. 욥기서가 끝나갈 즈음에 하나님은 욥에게 말씀하시지만, 이어서 엘리바스에게도 이렇게 말씀하신다: "여호와께서 욥에게 이 말씀을 하신 후에 데만 사람 엘리바스에게 이르시되 내가 너와 네 두 친구에게 노하나니, 이는 너희가 나를 가리켜 말한 것이 내 종 욥의 말 같이 정당하지 못함이니라. 그런즉 너희는 수송아지 일곱과 수양 일곱을 취하여 내 종 욥에게 가서 너희를 위하여 번제를 드리라. 내 종 욥이 너희를 위하여 기도할 것인즉 내가 그를 기쁘게 받으리니 너희의 우매한 대로 너희에게 갚지 아니하리라 이는 너희가 나를 가리켜 말한 것이 내 종 욥의 말 같이 정당하지 못함이니라."(욥 42:7-8) 대부분의

하나님은 어디에 계신가?

시편의 중요한 신학 개념들 가운데 하나는 하나님의 "임재"와 "부재"이다. 아래 제시한 구절들을 읽고, "하나님의 임재에 관해서 이 구절들은 무엇을 말하는가? 그 구절들은 어떤 점에서 동의하거나 동의하지 않는가? 그 차이는 어떻게 설명될 수 있는가?"와 같은 질문들을 던져보라.

어찌하여 열방으로
　"저희 하나님이 이제 어디 있느냐?" 말하게 하리이까.
오직 우리 하나님은 하늘에 계셔서
　원하시는 모든 것을 행하셨나이다(115:2–3)

하나님이 그 성중에 거하시매 그 성이 요동치 아니할 것이라;
　새벽에 하나님이 도우시리로다(46:5)

내가 주의 신을 떠나 어디로 가며,
　주의 앞에서 어디로 피하리이까?
내가 하늘에 올라갈지라도 거기 계시며;
　음부에 내 자리를 펼지라도 거기 계시니이다.(139:7–8)

주의 빛과 주의 진리를 보내어,
　나를 인도하사;
주의 성산과 장막에
　이르게 하소서.(43:3)

번역본들은 이탤릭체로 쓰여 있는 표현을 "나에 관하여 맞는 말을 하지 아니 하였도다."로 번역하면서 오류를 범하고 있다. 이 번역들은 욥기서 전체에 걸쳐 욥이 하나님께 불평하고 의심하며 도전하고 있다는 사실을 놓치고 있다. 그의 친구들은 욥과 함께 기도하든지 혹은 그를 위해 기도하기 보다는 오히려 그에게 충고한다. 그들은 욥의 신학을 수정하려 들고, 욥은 자신의 신학을 삶으로 살아내면서도 하나님께 불평한다.

욥기서와 같이 시편은 도전, 의심, 심지어 강력한 비난까지도 정당한 것으로 이해하는 하나님을 증거한다. 시편의 하나님–신뢰와 찬양의 표현뿐만 아니라 의심과 도전의 표현을 이용해 기도함으로써–은 우리에게 하나님과 관계있는 신학을 살아갈 것을 요청한다.

(3) 타자를 통해 일하시는 하나님

시편은 또한 하나님의 인자하심을 종종 다른 사람들 혹은 다른 것들을 통해서 전달되는 인자하심으로 이해한다. 즉, 하나님은 종종 타자를 통해서 일하신다. 한 사람이 어떤 때는 하나님의 인자하심을 드러내는 수단이 될 수도 있지만, 그 동일한 사람이 다른 시기의 다른 수단을 통해 하나님의 인자하심을 경험할 수도 있다.

시편에서 하나님의 "대리자"로 가장 두드러지게 일하는 인물은 인간 왕(human king)이다. 즉, 하나님은 그를 통해 일하신다. 이 모습은 특별히 제왕시(royal psalms)에서 분명하게 드러나는데, 인간 왕은 모든 백성의 복지, 모든 땅과 그 안에 사는 모든 생명에 대한 책임을 진다. 이것 때문에 시편은, 하나님의 인자하심을 대행하는 수단으로써의 왕의 소명을 가장 우아하면서도 자주 노래하고 있다. 이런 모습은 제왕시 전체에서 분명하게 나타나지만, 특별히 시편 72편–하나님의 뜻의 대리자인 왕을 위한 중재 기도–에서 잘 드러난다:

> 하나님이여! 주의 판단력을 왕에게 주시고,
>
> 주의 의를 왕의 아들에게 주소서.
>
> 저가 주의 백성을 의로 판단하며,

주의 가난한 자를 공의로 판단하리니.
의로 인하여 산들이 백성에게 평강을 주며,
작은 산들도 그리하리로다.
저가 백성의 가난한 자를 신원하며,
궁핍한 자의 자손을 구원하며 압박하는 자를 꺾으리로다.(1-4절)

시편에서 하나님은 다른 대리자들을 통해서도 자신의 인자하심을 드러내시는데, 그들이 모두 사람인 것은 아니다. 예를 들어, 하나님의 선물로 이해되는 예루살렘 도시를 통해서 하나님은 계속 일하신다.

너희는 시온을 편답하고 그것을 순행하며,
그 망대들을 계수하라.
그 성벽을 자세히 보고;
그 궁전을 살펴서
후대에 전하라.
이 하나님은 우리의 하나님이시며
영영히 우리 하나님이시니
우리를 죽을 때까지 인도하시리로다.(시 48:12-14)

여기서 핵심은 예루살렘 도시–도시의 성벽들, 거리들, 지붕들과 집들을 포함해서–가 하나님의 은혜와 사랑을 전달하는 수단이라는 것이다. 이것들뿐만 아니라 그 도시의 정부, 행정부, 시장, 법률 등이 하나님에게서 나온다. 그러한 일상, 즉 평범한 것들이 하나님의 신실함을 드러내는 사인(sign)들인 것이다. 마틴 루터(Martin Luther)가 작성한 하나님에 관한 소교리문답(the Small Catechism)을 보면, 시편에서 하나님의 인자하심(ḥesed)이 통치자나 도시와 같은 대리자들을 통해 드러날 때 그것이 무엇을 의미하는지를 잘 요약하고 있다: "몸과 생명을 위해 필요한 모든 필수품들과 영양분을 포함하여 하나님은 '매일' 그리고 '풍성히' 신발, 옷, 음식, 음료, 집, 농장, 배우자, 자녀들, 들판, 가축과 모든 소유들을 제공하신다."[78] 루터의 진술이 의미하는 바와 같이, 하나님은 정부 혹은 국가 권력 조직에서 고위직에 있는 자들뿐만 아니라 지역 구조(정부 조직들, 법인 조직들, 비영리 기구들 등)와 모든 사람들의 직업을 통해서 일하신다. 하나님은 농부들과 농장을 통해서, 교사들과 학교를 통해서, 부모와 가정이라는 구조를 통해서 일하신다. 이 모든 대리자들이 하나님의 법에 충실하고 사랑과 정의의 대리자로서의 역할을 충실히 할 때 하나님의 인자하심은 그들을 통해 흘러나간다.

(4) 세상 안에서 활동하시는 하나님

하나님이 대리자들을 통해 일하신다는 주장은 그가 활동적이며 강력한 방식으로 임재하지 않는다는 것을 주장하는 것은 아니다. 종종 시편에서 "악인들"과 "적들"은 하나님이 세상에서 활동하지 않는다고 주장한다.

> 악인은 그 교만한 얼굴로 말하기를,
>
> "여호와께서 이를 감찰치 아니하신다." 하며;
>
> 그 모든 사상에 "하나님이 없다." (시 10:4)

78) Martin Luther, "The Small Catechism," in *The Book of Concord: The Confession of the Evangelical Lutheran Church*, ed. Robert Kolb and Timothy Wengert (Minneapolis: Fortress, 2000), 354.

저의 마음에 이르기를 "하나님이 잊으셨고,
그 얼굴을 가리우셨으니 영원히 보지 아니하시리라." (시 10:11)

어찌하여 악인이 하나님을 멸시하여
그 마음에 이르기를 "주는 감찰치 아니하리라." 하나이까?(시 10:13)

그 입으로 악을 토하며 그 입술에는
칼이 있어 이르기를,
"누가 들으리요?" 하나이다.(시 59:7-8a)

저희는 악한 목적으로 서로 장려하며
비밀히 올무 놓기를 함께 의논하고 하는 말이
"누가 보리요?" 하며.(시 64:5)

말하기를 "여호와가 보지 못하며,
야곱의 하나님이 생각지 못하리라" 하나이다.(시 94:7)

악인들의 주장과 달리 시편은 일관되게 하나님이 보고, 들으며, 감지하고, 행동하신다고 주장한다. 시편은 하나님이 이 세상에서 적극적으로 활동하는 행위자(agent)라고 거듭 주장한다. 하나님은 기도에 응답하신다. 하나님은 능동적으로 활동하시며, 하나님이 쓰신 책의 마지막 장(章)을 향해 역사를 인도하신다. 이것이 의미하는 것은 시편이 종종 하나님의 "놀라운 기사"라고 부르는 것을 이루기 위해서 하나님이 역사에 개입하신다는 것을 의미한다. 때로는 여호와는 질병을 치료하시고, 억압자들로부터 탈출할 수 있게 도와주신다. 하나님은 종종 부자들을 더욱 부요케 하고, 가난한 자들을 더욱 가난케 하며, 압제자들을 더욱 강하게 만드는 인간의 계층 구조를 넘어뜨려 위아래를 뒤집으신다.

> [여호와께서] 압박당하는 자를 위하여 공의로 판단하시며,
> 주린 자에게 식물을 주시는 자시로다.
> 여호와께서 갇힌 자를 해방하시며,
> 여호와께서 소경의 눈을 여시며,
> 여호와께서 비굴한 자를 일으키시며,
> 여호와께서 의인을 사랑하시며,
> 여호와께서 객을 보호하시며 고아와 과부를 붙드시고,
> 악인의 길은 굽게 하시는도다.(시 146:7-9)

그러나 세상에서 하나님의 활동이 언제나 정상적인 방법을 방해하시는 것은 아니며, 하나님이 잘못을 크게 바로 잡을 목적으로 언제나 위기 한가운데로 개입해 들어오시는 것도 아니다. 시편은 또한 하나님이 정기적으로 취하시는 행동들로써의 축복하심, 용서하심, 언약 준수와 같은 행위들을 확언한다. 하나님의 축복하시는 행위들은 강력한 행동들로서, 거기서 하나님은 생명을 위해 자기 자신의 능력을 다른 사람에게 양도하신다. 시편은 하나님의 축복이 등장하는 곳에 생명이 번성한다고 주장한다(시 134편을 보라). 그것은 하나님이 축복하셔야 비로소 창조 세계가 생명으로 가득 찬다는 하나님의 본질과도 일치한다: 즉, 새로운 세대가 태어나고, 추수가 풍성해지며, 기쁨이 슬픔의 자리를 대신하고, 사람은 목적과 의미를 발견한다. 하나님의 용서도 그와 같은 행위로써 세상의 생명력을 옥죄는 죄의 얼룩을 제거한다. 용서가 종종 죄를 기억에서 지우거나 오점을 덮어주는 것 같이 부정적인 방식으로 묘사되기도 하지

만, 용서는 훨씬 더 능동적인 종류의 행위이다. 용서를 통해 하나님은 둘로 찢어진 관계를 재결합하신다. 하나님은 공동체를 회복시키시고 관계가 풍성해질 수 있는 수단을 제공하신다. 마지막으로, 하나님은 자신이 맺은 언약의 약속들을 지키시면서 이스라엘 백성(이스라엘 백성 개인들을 포함해서)과 창조 세계(창조 세계의 개별적인 차원을 포함해서)와 맺은 관계를 유지해 나가신다. 시편에 따르면, 언약관계는 이스라엘(과 창조세계)에 대한 하나님의 자유로운 선택과 그 관계에 대한 하나님의 분명하고도 영속적인 헌신을 포괄하는 그의 인자하신 성품(ḥesed)에 뿌리내려 있다. 시편 145편은 시편의 다른 본문만큼이나 우아하면서도 분명한 하나님의 언약적 헌신과 인자하심의 범위를 잘 담아내고 있다.

여호와는 은혜로우시며 자비하시며,
　　노하기를 더디하시며 인자하심이 크시도다.
여호와께서는 만유를 선대하시며,
　　그 지으신 모든 것에 긍휼을 베푸시는도다.

....

주님이 하시는 모든 말씀은 다 진실하고,
　　그 모든 업적에는 사랑이 담겨 있다.(13b)[79]
여호와께서는 모든 넘어지는 자를 붙드시며,
　　비굴한 자를 일으키시는도다.
중생의 눈이 주를 앙망하오니,

---

79) 역주: 답관체 시편(acrostic psalm)인 시 145편의 13절과 14절 사이에 히브리 알파벳 "눈( )" 구절이 생략되어 있음을 볼 수 있는데, 이 구절을 보통 로 부른다. 이 구절(13b)은 비록 BHS 히브리 본문에는 등장하지 않지만, 칠십인역(LXX), 라틴 벌게이트역, 시리아 페쉬타역, 사해사본에는 등장하고 있기 때문에 영어역본들 가운데는 NIV와 ESV가, 한글 번역성경 가운데는 공동번역과 새번역이 이 구절을 번역해 놓았다. 위에 제시된 13b의 번역은 새번역 성경에서 발췌했음을 밝힌다.

주는 때를 따라 저희에게 식물을 주시며,
손을 펴사
모든 생물의 소원을 만족케 하시나이다.
여호와께서는 그 모든 행위에 의로우시며,
그 모든 행사에 은혜로우시도다.
여호와께서는 자기에게 간구하는 모든 자,
곧 진실하게 간구하는 모든 자에게 가까이 하시는도다.
저는 자기를 경외하는 자의 소원을 이루시며,
또 저희 부르짖음을 들으사 구원하시리로다.(8-9절, 13b-19절)

4. 결론

본 저서의 서론에서 언급하였듯이 시편은 믿음의 시(詩)이다. 즉, 시편은 연구되기 위한 것이 아니라 읽히기 위해 기록된 시이다. 시편 읽기를 배우는 것의 핵심은 그것을 분석하는 것이 아니다. 시인 빌리 콜린스(Billy Collins)의 표현을 빌리자면, 시편 분석은 시편의 고백을 고문하는 것이나 마찬가지다. 오히려 진짜 핵심은 시편의 물마루를 타고 서핑하는 법과 시편의 산 정상에서 노래하는 법과 시편의 가장 깊은 곳에서 신음하는 법을 배우는 것이다. 이것은 시편 전체와 시편 신학에 있어서도 마찬가지다. 시편 신학은 삶을 통과한 신학이다. 까다로운 질문들에 대한 최선의 답변들을 일일이 모두 이해하는 것이라기보다는 깨진 세상 한 가운데서, 그리고 인자하신 하나님과의 관계에서, 상처 난 다른 사람들과 함께 삶을 살아내는 것이 바로 '신학'이다.

이런 입장과 더불어, 전체 시편이 모든 이들에게 이스라엘의 찬

그들의 말이 아닌 행동을 통해서...

우리는 본 장(章)에서 하나님에 관해서 시편이 무엇을 말하는가? 라는 질문을 가지고 시편 신학을 생각해보았다. 그런데 시편 신학에 접근하는 또 다른 방식은 그들이 말하는 것이 아니라 그들이 행동하는 것에 초점을 맞추어 보는 것이다. 학자 해리 나수티(Harry Nasuti)는 시편에서 중요한 것은, 시편이 하나님에 관해 말하는 것이 아니라 시편이 사람들에게 하나님께 할 말을 주고 있는 것이라고 주장했다. 다시 말해서, 시편이 하고 있는 것은 하나님과의 관계를 가능하게 하는 것이다. 왜냐하면 우리는 시편의 말을 이용해서 하나님께 말하기 때문이다. 나수티는 다음과 같이 적고 있다: "시편 신학에서 적어도 동일하게 중요한 것은 시편 본문들이 그것들을 이용한 개인 신자들 및 신앙 공동체들과 하나님과의 관계를 어떻게 사용할 수 있도록 하는 지를 이해하는 것이다." 그리고 "시편에서 가장 독특한 점들 가운데 하나는 기도하는 개인들이 일인칭 화법을 계속 사용하여 신과 인간이 조우할 수 있도록 하는 시편의 중재 능력이다. 이 시편들은 기도하는 개인들이 하나님 앞에서 정확한 입장을 취할 수 있도록 해줌으로써 하나님의 경험을 활용할 수 있도록 도와준다."

* Harry Nasuti, "God at Work in the World," in *Sounding in the Theology of the Psalms*, ed. Rolf A. Jacobson (Minneapolis: Fortress, 2011), 29, 40.

양에 동참하라는 시편으로 갈무리되는 것은 우연이 아니다. 이 초청은 기도하고, 찬양하며, 신음하고, 시편 신학을 삶으로 살아내는 방법을 가르치는 일에 모든 만물을 초청한다. 시편은 다음과 같은 초청으로 끝이 난다.

1 할렐루야!
그 성소에서 하나님을 찬양하며,
그 권능의 궁창에서 그를 찬양할지어다.
2 그의 능하신 행동을 인하여 찬양하며,

그의 지극히 광대하심을 좇아 찬양할지어다.

3 나팔 소리로 찬양하며,

비파와 수금으로 찬양할지어다.

4 소고 치며 춤추어 찬양하며,

현악과 퉁소로 찬양할지어다.

5 큰 소리 나는 제금으로 찬양하며,

높은 소리 나는 제금으로 찬양할지어다.

6 호흡이 있는 자마다 여호와를 찬양할지어다.

할렐루야! (시 150)

5. 심화하기

당신의 이해를 심화시키기 위해 아래 제시한 연습 문제들 가운데 한두 개를 고찰해보라.

1. 성경을 펴서 시편을 찾아라. 하나님에 대한 이미지 열 개를 찾을 때까지 계속 읽으라. 그리고 종이 한 장 위에 그 열 개의 이미지를 다 그려보라.
2. 시편을 공부해보지 못한 친구를 찾아서, "하나님은 의심받는 것이나 심지어 도전받는 것에 개의치 않으시다"는 개념을 그가 이해할 수 있는 말로 설명해보라. 그리고 그 개념에 대해 어떻게 생각하는지 친구에게 물어보라.
3. 본 장은 시편의 주요한 신학 메시지가 "여호와는 인자하시다"라는 것을 주장했다. 이 개념에 반대하는 주장이나 혹은 감사의 마

음을 당신의 말로 시편 하나를 작성해보라.

6. 추천도서

Brueggemann, Walter. *Israel's Praise: Doxology against Idolatry and Ideology*. Minneapolis: Fortress, 1988.

Jacobson, Rolf A., ed. *Soundings in the Theology of the Psalms: Perspectives and Methods in Contemporary Scholarship*. Minneapolis: Fortress, 2011.

Kraus, Hans-Joachim. *Theology of the Psalms*. Minneapolis: Augsburg, 1986.

Miller, Patrick. *They Cried to the Lord: The Form and Theology of Biblical Prayer*. Minneapolis: Fortress, 1994.